ZHONGGUO
GUANGBO DIANSHI
XUESHU SHI

中国广播电视学术史

张建珍 ◎ 著

吉林大学
出版社

· 长春 ·

图书在版编目（CIP）数据

中国广播电视学术史 / 张建珍著． —— 长春：吉林
大学出版社，2021.6

ISBN 978-7-5692-8426-3

Ⅰ．①中… Ⅱ．①张… Ⅲ．①广播电视－新闻事业史
－中国 Ⅳ．①G229.29

中国版本图书馆CIP数据核字(2021)第118105号

书　　名	中国广播电视学术史
	ZHONGGUO GUANGBO DIANSHI XUESHU SHI
作　　者	张建珍 著
策划编辑	杨占星
责任编辑	滕　岩
责任校对	田　娜
装帧设计	徐占博
出版发行	吉林大学出版社
社　　址	长春市人民大街4059号
邮政编码	130021
发行电话	0431-89580028/29/21
网　　址	http://www.jlup.com.cn
电子邮箱	jlup@mail.jlu.edu.cn
印　　刷	三河市明华印务有限公司
开　　本	787mm×1092mm　　1/16
印　　张	17.25
字　　数	240千字
版　　次	2021年6月　　第1版
印　　次	2021年6月　　第1次
书　　号	ISBN 978-7-5692-8426-3
定　　价	58.00元

前　言

　　世界广播电影电视的发展已经有一百多年的历史了。经过一百多年的发展，广播电影电视不仅是当前覆盖范围广、受众多、影响大的传播媒介形式，在社会信息传播、人们文化娱乐消费、新闻宣传和舆论监督、塑造人们的意识形态等方面发挥着重要的作用，而且也是当前全球和各国经济结构调整与文化建设之中重要的产业领域，是全球和各国文化创意产业的核心。而随着当代高科技的发展，广播电影电视同信息产业之间的联系越来越密切，两者之间在文化、产业、传播媒介等方面的交叉性也在不断提高。网络广播电影电视、手机广播电影电视等传播媒介的出现，为网络和广播电影电视的播放时间和传播内容带来了革命性变化。与此同时，经济、技术和文化的发展使全球广播电影电视之间的竞争不断加剧、交流更加广泛。好莱坞电影在全球不可撼动的市场地位、世界几大传媒集团在视听传播领域的支配地位、全球广播电影电视产品和技术交易日趋活跃等，都意味着广播电影电视在当代政治、经济、社会、文化等方面具有举足轻重的地位。

　　呼应世界广播电影电视事业的发展，世界各国，尤其是发达国家的广播电影电视研究已经形成系统的学科和科学的研究方法，取得了丰富的研究成果，并产生了一大批重要的研究者。

　　发达国家的广播电影电视研究最初是同公共舆论研究和大众娱乐研究联系在一起的。研究者研究广播作为舆论表达工具如何反映、影响了社会舆论，进而影响人们的选择和行为，研究了广播宣传在形成社会共识、舆论话题、集体行为和政治选择等方面的作用。研究者还研究了以好莱坞和欧洲电影为代表的大众文化的性质、对社会意识的影响以及对精英文化的冲击等。20世纪前10年的研究主体主要是政府、公司等资助的社会性和商业性机构，研究方法以社会调查、资料分析、艺术分析等为主。20世纪30年代开始，尤其是在"二战"前后，广播在社会动员、宣传国家政策、形成民族共同意识和社会道德、新闻与信息传播方面的价值充分体现并为人们所认识，好莱坞电影和欧洲电影的全球扩张及其竞争、电影技术与艺术的发展、各国电影文化影响力的增加以及各个国家对电影传播的重视，再加上传播学的兴起，研究者开始广泛地运用传播学、社会学、心理学、文艺学、新闻学等方面的理论进行研究，涉及广播电影对大众意识影响、社会动员作用、宣传效果、传播方式、对政治选举的影响、广播电影艺术学与文化学、广播电影的意识形态研究等众多领域。研究者既有社会机构也有学术机构，研究方法主要有三大类，一是以美国研究者为代表的社会学实证研究方法，二是以法兰克福学派为代表的批判研究方法，三是广泛开展的广播电影艺术研究。

20世纪30年代，电视开始出现，并在第二次世界大战之后先在发达国家开始使用，随后于20世纪60年代前后逐渐在发展中国家兴起，在20世纪80—90年代，随着卫星电视、有线电视技术的成熟，电视在各国都发展成为传播领域的第一媒体。电视的兴起与发展既极大地改变了世界传播格局，促使人们提出了"地球村"的概念，也深刻地影响了全球各民族文化，国际文化传播的不平等因之而不断加剧，以致联合国提出了建设平等的国际文化秩序。电视的兴起也改变了广播、电影、电视三者之间的关系，并使之成为人们研究的重要课题。

总之，从电视兴起以来，广播电影电视的研究也发生了重大变化，我们大体上可以从学科建设、学术研究两方面介绍20世纪60年代以来，以发达国家为代表的广播电影电视研究。

一、西方发达国家的广播电影电视研究

第一，20世纪60年代前后，发达国家的大学一改一直以来轻视广播影视文化的精英立场，逐渐开设广播影视课程，随后创办了广播影视系或学院，招收广播影视专业的本科生、研究生，编写广播影视教材，建立广播电影电视学会，出版广播电影电视研究刊物，召开相关学术会议等。一大批文化与传播研究学者，如霍拉斯·纽卡姆（Horace Newcomb）、雷蒙德·威廉斯（Raymond Williams）、艾瑞克·巴尔诺（Eric Barnouw）、威尔伯·施拉姆（Wilbur Schramm）、约瑟夫·克拉珀（Joseph Klapper）、乔治·格本纳（George Gerbner）、赫伯特·席勒（HerbertI Schiller）、马歇尔·麦克卢汉（Marshall Mcluhan）、安德列·巴赞（André Bazin）、哈罗德·亚当斯·英尼斯（Harold Adams Innis）、斯图亚特·霍尔（Stuart Hall）、约翰·费斯科（John Fiske）、约翰·哈德利（John Hartley）、戴维·莫利（David Morley）、克里斯托弗·考克威尔（Christopher Candwell）、安·卡普兰（Ann Kaplan）、布鲁斯·格龙贝克（Bruce Gronbeck）、阿瑟·伯格（Arthur Asa Berger）以及银屏学派学者等，运用传播学、社会学、符号学、马克思主义、精神分析、政治经济学、女性主义、后殖民主义、阐释学、全球化理论等理论，在广播电影电视研究的对象、方法、意义等方面做出了杰出的论述。

第二，广播电影电视研究最初都是从新闻性批评开始的。雷蒙·威廉斯（Raymond Henry Williams）、皮埃尔·布尔迪厄（Pierre Bourdieu）、斯图亚特·霍尔（Stuart Hall）等学者加入研究之中，从而改变了广播电影电视研究状况，并逐渐提高了其学术和文化地位。就世界当前的广播电影电视研究来说，我们大体上可以将其总结为以

下几个方面。

1. 广播电影电视的传播学研究。这类研究注重广播电影电视的传播者、传播媒介、接受者以及社会之间的关系研究。研究课题涉及广播电影电视传播强度、传播内容与方式、媒介特点、接受者的主动与被动、接受者文化与环境影响、受众的反馈等。研究视野也从传播者中心向接受者中心转移，运用行为主义、建构主义和语言学的研究成果重新反思、建立广播电影电视传播学研究理论方法。同时，广播电影电视的国际传播研究在近几年也获得长足的发展，西方发达国家以及新兴的发展中国家都十分注重广播电影电视在建构国家形象、建设文化软实力、扩大国际话语权和影响力等方面的作用，从而加大广播电影电视国际传播研究力度，而跨国传媒集团的全球扩张也需要研究支持，因而这些传媒集团和相关基金支持的广播电影电视国际传播研究项目也在增加。广播电影电视的国际传播研究涉及全球化与本土化、广播电影电视国家传播秩序和政治经济结构、广播电影电视跨国传播战略和策略、广播电影电视全球市场与传播、广播电影电视国际传播史等领域。而随着新的具有高度整合性优势的传播技术的出现，广播电影电视的传播研究领域变得更加广泛复杂，广播电影电视与新媒体的关系、新媒体带来的广播电影电视生产、传播、接受、使用、满足等方面的变化成为广播电影电视的研究课题。

2. 广播电影电视社会学研究。广播电影电视在当代社会、文化中的重要地位决定了广播电影电视通过传播内容、议题设置等可以影响受众的思想意识、情感价值、行为时间等，因此，广播电影电视的社会学研究在广播电影电视产生之日起就引起了人们的关注，这些研究涉及广播电影电视与社会发展、儿童成长、女性发展、第三世界发展、全球化、现代化、社会动员等一系列问题。这类研究一方面借助社会实证研究方法，另一方面运用现代化理论、女性主义理论、心理学研究成果、政治经济学理论尤其是发展经济学理论、全球化理论等，分析广播电影电视在人格塑造、主体性建构、社会发展、价值观与世界观等方面的影响。

3. 广播电影电视的文化研究。广播电影电视强大的传播力量对传统的高雅文化与通俗文化的等级、独立的民族文化界限和文化认同、地方传统文化、文化传播与接受方式、文化与自由的关系以及现代以来各国建构的国家文化等都产生了重大的冲击，因此引发了众多学派对广播电影电视文化进行研究。法兰克福学派、格拉斯哥学派、英国伯明翰大学、芝加哥传播学派等，运用马克思主义理论、语言学理论、文化理论、后殖民主义理论、女性主义理论、现象学理论、结构主义理论、符号学理论等，通过文化研究、文本阐释研究和实证研究结合的方式，从文化工业、大众文化、消费文化、文化资本、文化帝国主义、文化安全、文化认同、文化多元主义、文化霸权、后殖民主义文化、跨文化传播、文化抵抗、全球化与本土化等一系列理论对广播电影电视的传播展开研究并进行深化。

4. 广播电影电视的政治经济学研究。广播电影电视最初在西方发达国家大多作为公共性资源，传播新闻、信息以及其他类型的文化，在美国则一开始就主要作为纯粹的私有化市场存在，后者因为经济、技术、管理以及其他竞争优势而逐渐发展，并严重地冲击了广播电影电视的公共性质。大多数西方发达国家在20世纪80年代前后都开始了广播电影电视的私有化改革。电影生产与传播虽然一开始就是以私有化企业的方式出现，但随着电影作为一种文化艺术形态的确立，不少西方国家也将电影纳入文化资助行列。这就意味着任何一个国家的广播电影电视都存在以下几个方面的政治经济学问题，也因此促成了广播电影电视的政治经济学研究：第一，广播电影电视资源的所有制形式、性质及与文化的关系等问题；第二，社会各阶层、各群体、各民族、各种族、各地区以及不同性别、年龄的人在广播电影电视资源的拥有、分配、使用等方面的问题，广播电影电视文本再现这些不同的社会存在方式的问题；第三，广播电影电视在国家政治生活中的作用、影响等方面的问题。另外，全球性资本、技术、人力资源以及文化的形成，创造了大型跨国传媒集团，他们既可以通过全球性传播网络将自己生产的广播电影电视产品传播到任何一个地方，又可以通过资本、技术等资源收购、兼并一些国家的广播电影电视企业。这就促进了广播电影电视的全球政治经济学研究：首先，是对跨国传媒集团在广播电影电视领域垄断地位、扩张战略与策略、与全球资本主义的关系及其对各国广播电影电视生产与传播体系影响的研究；其次，是对广播电影电视国际生产与传播对国际关系的影响、国家文化软实力与国际关系话语权建构的作用、民族国家广播电影电视国际传播战略与策略研究等；再次，是对国际广播电影电视管理体制、生产与传播体制等方面的比较研究。

5. 广播电影电视学研究。广播电影电视要通过一定的传播内容和传播媒介才能实现其传播的目的，因此广播电影电视生产与传播总是要落实到广播电影电视的制作、类型、艺术、语言、文化等方面。这就意味广播电影电视研究将包括庞大的广播电影电视生产、制作和文本研究。首先，广播电影电视研究包括广播电影电视的语言、声音、摄像、叙事、音乐、剪辑、播出方式、策划、画面、表演、舞美、剧本等一系列制作方面的研究；其次，广播电影电视研究还包括新闻、综艺、娱乐、谈话、广告、广播剧、电视剧、体育、咨询、购物、真人秀、教育等各类节目类型的研究，电影的类型研究和艺术电影研究，以及节目模式研究等；再次，还包括广播电影电视史研究。

6. 广播电影电视产业研究。当代广播电影电视已经发展成为全球和各个国家重要的文化产业领域，广播电影电视的产业研究也方兴未艾。首先，广播电影电视宏观经济学研究，包括广播电影电视的产业政策、产业格局、产业结构、产业发展、产业管理、经济环境、其他宏观产业问题等方面研究；其次，广播电影电视的微观经济学研究，包括广播电影电视企业投融资、企业管理、项目开发与管理、广播电影电视产品的生产与投资战略、频道整合与开发、品牌建构、营销、绩效考核、人才创新、产品创新、企业兼并重组、院线建设等方面的研究；再次，还包括国内和国际广播电影电视企业与基金的合作、兼并等方面的研究。

从上述世界广播电影电视研究的内容和发展中可以看出广播电影电视研究的四个特点：①广播电影电视研究是跨学科的研究，需要吸收新闻与传播学、社会学、文艺学、政治学、经济学、国际关系学、哲学、电子科技学等学科的研究成果；②广播电影电视研究是一个人文与技术、理论与实践、民族与国际、文化与市场、创作与接受等方面联系非常密切的领域；③广播电影电视研究的重要性、迫切性、前沿性、创新性在加强，随着广播电影电视在当代文化传播和经济结构中作用的加强，广播电影电视全球市场的形成和国际竞争的加剧，以及新的传播技术带来的广播电影电视传播的变化，广播电影电视研究也需要随之加强，在研究对象、研究方法、研究理论、研究范围、研究课题、研究刊物等方面需要进行全面的反思和建构，但广播电影电视研究在各国学科建设和学术研究中的地位还比较边缘化；④广播电影电视研究的系统性、理论性、批判性和实践性有待加强，国际广播电影电视研究之间的交流也有待加强。

二、我国的广播电影电视研究

我国的广播电影电视研究起步于20世纪初。20世纪初，电影传入我国，人们开始关注电影现象，在一系列刊物中刊载了有关电影介绍、欣赏与分析的文章，并提出了"影戏"概念。20世纪20年代，随着国产电影的发展，民族电影概念成为电影分析与批评的重要视域。与此同时，随着20世纪20年代初期无线广播电台的创立，广播技术和文化研究开始进入人们的视野，尤其是广播新闻更是成为新闻学的一个分支。20世纪30年代，"左翼文化运动"兴起，电影研究中的马克思主义视野有力促进了中国电影的民主化进程。抗日战争和解放战争期间，国共两党都很重视广播宣传效果，因此产生了一些从宣传角度研究广播的成果。新中国成立后，电影和广播的宣传性和意识形态建构作用受到空前的重视，当时的研究主要是从马列主义、毛泽东思想出发，研究电影和广播的阶级性、政治性、宣传性等，也有一些广播的业务研究、广播史料的整理等。1958年，我国第一座电视台正式开播，有关电视的业务研究也陆续出现，但这一时期电视还没有获得独立的传播地位，因此电视研究基本上未展开。同时，广播电影电视学校在这一段时间也获得了比较大的发展，成为广播电影电视研究的主体，广播电影电视的历史研究和业务研究是他们的主要课题，其他的研究主要是宣传主管机构研究人员做出的。尤其是改革开放以来的40余年里，我国通过体制与机制改革、传播产业化和市场竞争改革以及传播技术的不断创新等，使广播电影电视在传播媒介数量、传播产品、传播产值、传播覆盖范围、传播的受众、传播影响力等方面都发展成为传播领域第一媒体。广播电影电视在我国经济、政治、文化与社会中的地位，以及近些年全球与国内广播电影电视竞争的加剧，都促使我国不断提高广播电影电视的地位。国家不仅通过一系列的广播电影电视管理政策、财政金融税收政策、科技促进与创新政策、文化创新政策等方式鼓励广播电影电视文化和技术的创新与发展，而且将包括广播电影电视在内的文化产业提高到战略地位，通过文化产业振兴战略促进广播电影电视快速、健康发展。近年来，国家更是将广播电影电视产业作为调整经济结构、促进产业升级、创造国民经济新的增长点和国家文化软实力建设重要领域，加大广播电影电视领域的改革力度、政策支持力度等，促进广播电影电视融资、文化创造、技术创新，以适应当前全球广播电影电视竞争的不断加剧并能在传播技术不断创新的市场中建设核心竞争力和文化传播力。在广播电影电视逐渐成为我国的第一媒体之后，广播电影电视研究更是蓬勃发展。

我们可以从两个方面总结我国广播电影电视研究的现状。

第一，我国广播电影电视研究机构逐渐完善，学术研究机制也逐渐成熟。目前，我国有包括北京大学、清华大学、中国人民大学、北京师范大学、复旦大学、南京大学、武汉大学、四川大学等一流大学在内的几百所院校所开设的新闻与传播学院都下设了广播电影电视专业，中国传媒大学、北京电影学院、中央戏剧学院、上海戏剧学院等都有广播电影电视表演、导演、剪辑等专业，中国社会科学院新闻与传播研究所、中国艺术研究院也都下设了广播电影电视研究中心或者广播电影电视艺术研究所。同时，中央电视台、中国电影集团、中央人民广播电台等广播电影电视机构也都设立了一些广播电影电视研究中心。《新闻与传播研究》《现代传播》《中国广播电视学刊》《南方电视学刊》《当代电影》《电影艺术》《中国电视》《中国广播》《当代传播》《国际传播》《中国广播电视年鉴》《中国电影年鉴》等学术刊物为广播电影电视研究提供了阵地，国家哲学社会科学研究课题、教育部研究课题和国家广播电视总局等国家或省部级研究课题也提升了广播电影电视研究质量。

第二，广播电影电视研究取得了丰富的成果。1. 在广播电视学术研究中，学科建设研究一直是重点。从20世纪60年代开始，我国的广播电视学科建设，包括课程、教材、教学等方面的研究逐步展开，学科理论、学科史、教学方法论、学科对象等日渐丰富完善，形成了比较完整的学科知识体系。出版了《中国广播电影电视学》《中国电视论纲》等著作。广播电影电视史研究成果丰富，出版了《中国当代广播电视史》《中国现代广播史》《新中国电影史》《中国电影发展史》等研究成果。广播电影电视的专门研究也迅速发展，涉及电视纪录片、电视剧、广播电视新闻、广播电影电视文艺、电视专题片、现场直播、栏目化、频道专业化、频率专业化、广播电影电视娱乐节目、广播剧、电视制作技术、广播电影电视广告等方面研究，出版了《广播电视评论学》《影视编辑学》《影视剧诗学》《电视编辑原理》《电视文艺学导论》《电视文化学》《广播电视广告原理》《广播电视法律制度概论》《电视戏曲论纲》《影视纪录片制作》《电视节目类型学》《中国当代广播电视文艺学》《电视剧原理》等著作。与此同时，一方面，由于广播电视发展同技术的快速发展密切相关，而技术发展几乎是日新月异的，这在不断改变广播电视的活动方式、存在形态等，也不断地扩展着广播电视学科建设的领地。另一方面，由于广播电视同市场、资本、文化消费等紧密联系在一起，故而促使了广播电视不断产生新的现象，并对广播电视不断提出新的问题，也因此不断地改变着广播电视学科的界限、对象、理论、方法等。当然，我国的广播电视学科研究作为基于快速发展、体量巨大的中国广播电视事业的学科知识体系的建构，确实已经形成了自有的体系，但是国内广播电视高等教育资源和话语权等方面的问题，也导致这一学科建设研究中存在学科史反思不足、学科思想理论多元化不足等问题。

2. 广播电影电视受众研究也取得了丰硕的成果。收视率与收听率、广播电影电视与现代化研究、广播电影电视与儿童成长研究、广播电影电视受众调查方法、广播电影电视舆论引导与舆论监督等以受众为中心的研究为广播电影电视的发展提供了基础。

3. 广播电影电视文化研究。研究者吸收西方广播电影电视文化理论，结合中国广播电影电视发展状况，从大众文化、女性主义、人文主义、后殖民主义、政治经济学、符号学、叙事学、人类学等各个角度研究广播电影电视。

4. 广播电影电视研究领域不断开拓，如：产业化以及由此带来的广播电影电视体制改革研究；全球化带来的广播电影电视全球化与本土化关系研究以及跨文化传播研究；中国的崛起提出了广播电影电视如何建构文化软实力的问题；广播电影电视的利益诉求与文化诉求之间的关系问题；广播电影电视的娱乐性、消费性与其公共性、真实性等方面的关系问题；广播电影电视与政治透明性、社会公正性、舆论表达、舆论监督的关系问题；广播电影电视受众研究，电视素养研究；广播电影电视与新媒体的关系研究；广播电影电视批评研究；广播电影电视业务研究；有关国外的广播电影电视研究也逐渐系统化；广播电影电视史的研究也获得了长足的发展，并展开了史学反思。《中国电影产业报告》《中国电影艺术报告》《中国电视产业报告》《中国传媒产业报告》等年度报告的出版，为中国广播电影电视产业和文化的发展及研究提供了有力支持。

5. 国外广播电影电视研究成果的翻译、消化、吸收和创新，形成了结合中国广播电影电视发展现实、具有国际眼光的广播电影电视研究成果。通过国际广播电视电影研究及其研究成果的引进，又促进了中国广播电影电视的国际交流和国际传播。总之，自20世纪20年代我国出现广播至今，已经近百年。从1958年北京电视台成立到现在也已经60多年了。自从广播出现以来，围绕广播运营、内容生产、传播、广播艺术、广播文化等方面的研究层出不穷，第一座电视台成立之后，有关电视的运营、内容、艺术、文化、意识形态等方面的研究成果，以及广播电视的历史、制作等方面的综合研究等，也已经比较丰富，形成了具有相对完整的学术体系的研究成果。

6. 我国的广播电视史从20世纪20年代东北出现了最早的广播电台就已经开始了，但比较系统的广播史研究要等到20世纪60年代。在20世纪80年代，随着改革开放以及更多新材料的发现和学术思想更加活跃，一些长期被忽视的广播电视史研究进入学术研究中，例如新中国成立以前国民党、国民政府进行的广播史研究。同时，这一时期的广播电视史研究也更加系统化，出现了广播电视史研究专著。尤其值得注意的是，这一时期的广播电视史研究的史学观念发生了变化，如对于"左"的史学观念的突破等。20世纪90年代以来，随着广播电视事业快速发展，广播电视史学向产业史、地方史、民族广播电视史、艺术史等各个方向发展，并将女性主义、政治经济学、全球化等各种史学理论方法带入广播电视史研究中，形成了广播电视史研究多元而丰富的景观。但回顾广播电视史研究也不难发现，广播电视史研究在史学观念的反思性与多元性、在史学研究方法的自觉性与理论性、在史学材料的丰富性等方面还存在一些不足。

7. 在广播电视研究领域，广播电视制作方面的研究应该是数量最多的，无论是广播电视制作导论、理论等方面的科研成果，还是广播电视某一类型，如电视剧、广播电视新闻、电视节目等方面的制作研究，都有浩如烟海的成果。这类研究有以下四个方面的特点。

一是这类研究实践性强，经验性突出，或者结合广播电视教学的需要，或者结合广播电视行业、技术等方面发展的需要，总结了广播电视制作方面的基础性知识，回应了广播电视制作人才发展的需要。

二是这类研究现实性与发展性比较突出。广播电视制作是在工业、科技支持下的文化制作活动，而工业、科学技术又是快速发展的，许多关键性的广播电视制作技术、设备以及传播技术、设备的出现，都不断地改变着广播电视制作的技术、方法、流程以及艺术呈现等，所以广播电视制作方面的研究与整个行业的发展保持着同步性、开放性甚至探索性关系。例如20世纪80年代直播的出现，就带来了广播电视直播制作这一新的研究领域，而真人秀制作技术发展也将其变为广播电视制作研究颇为关注的对象。

三是广播电视制作研究的细分性与专业性。广播电视新闻、广播剧、播音主持、电视剧、电视综艺、策划、后期制作、包装、摄像、舞美、制片等诸多细分领域各有其专业性，因此其研究也就具有细分性、专业性的特点。

四是这一研究具有重视技术的特点。由于广播电视制作是在机器设备支持下完成的，也由于广播电视制作具有工业化、分工化、协作性等方面的特点，需要通过各种技术管理才能完成，所以广播电视制作研究就具有了突出的技术性特点。

8. 在我国，广播电视各具体活动领域，如广播电视新闻、广播剧电视剧、广播电视节目以及广播电视广告等方面的研究成果也是非常丰富的。由于这些领域都是关系到广播电视内容方面的，所以人们对其进行的研究不仅数量众多，而且将后现代主义、女性主义、消费主义、马克思主义、文化研究、意识形态研究、政治经济学、全球化、身份理论等多种研究理论和研究方法都运用到这一研究领域中，形成了对于广播电视文本、广播电视文化现象、受众接受阐释与使用等方面的丰富研究成果。这一研究领域也因此呈现理论性、分析性、批评性与反思性比较强的特点。同时，这一领域的研究也在一定程度上形成相互批评的形态和不断深化的发展过程。相较于20世纪80年代早期的经验性批评，从20世纪80年代的后期开始的批评就比较重视理论性，且其研究领域、理论视野、学术方法也不断深化与扩展，比如电视剧的身份、性别、民俗、文化、民族等理论视野的研究不断丰富。

但是这一研究领域也存在四个问题。第一，理论的原创性不足。大多是将西方的理论运用到中国广播电视文本和文化现象上。第二，尽管这些研究具有一定的批评性，但除了女性主义、消费主义、文化研究等之外，对广播电视文本、广播电视文化现象的其他研究则相对比较弱。第三，中国广播电视理论自觉和自信不足。尽管中国广播电视实践是非常丰厚的，也具有历史的、民族的、世界性的意义，但广播电视理论能很好地解释、批评的中国自觉与自信确实明显不足，落后于中国广播电视实践的发展。第四，对于广播电视内容的前沿性问题，尤其是新媒体发展所可能造成的各种前沿性问题，比如对人工智能、人机一体等技术造成的广播电视活动中的人类主体性挑战就缺乏深入的研究。

我国广播电视学术研究伴随着广播电视事业的发展已经有接近百年的历史了。这一学术领域百年历史中所进行的探索,在关于中国广播电视的艺术学、政治经济学、传播学、历史学、文化批判的研究积累了丰富的学术成果,也一次次努力从学术上提出广播电视研究的中国方法和理论,也多次从全球广播电视学术话语的不平等角度展开批判,这些学术成果不仅对我国广播电视发展是极具价值的,对全球广播电视实践与学术发展也具有启示意义。但在看到我国广播电视学术所取得成就的同时,也应该注意到在近百年的学术史中,广播电视学术研究在思想理论的创新方面、在建构广播电视的中国经验并与世界广播电视学术研究展开对话的学术话语体系方面都还存在不足。令人感到安慰的是,近年来广播电视研究随着我国成为世界性大国和文化大国,随着世界广播电视发展进入高科技阶段,随着我国广播电视更加具有文化的自信自觉与世界级地位等,广播电视学术研究也逐渐具有民族性与世界性结合的前沿特点,具有了思想理论创新的强烈冲动,并进行了探索,这或许能将我国广播电视学术研究带入一个新的时代。

目 录

第一章 2009年之前的电视学研究综述

我国电视研究从1958年北京电视台成立之时起就已经开始，一方面集中在电视传播的意识形态宣传上，另一方面集中在具体的电视业务上。但由于这一时期的电视传播还不成熟，电视研究还没有独立为一个学科对象，也缺乏系统的研究。20世纪80年代前后，我国电视事业逐渐走上高速发展的道路，电视传播在社会文化和传播领域中的影响日渐重要，电视研究也随着电视事业的发展及其需要而逐步发展起来，电视事业、电视教育、电视研究的发展也催生与促进我国电视学的建构，电视学逐渐也成熟起来。但我国电视学在发展过程中也存在理论与实践、学科体系性与科学性等方面的不足，引起了研究者的关注。在这里，笔者通过梳理几十年来我国电视学的历史，分析、总结我国电视学各阶段的学术资源、理论背景、学科形态与学科反思等，以期促进我国电视学的发展。

一、20世纪80年代我国电视学研究概述

北京电视台建成之后，随着电视业务的展开，电视学研究也随之开展，范围涉及电视宣传、电视新闻、电视剧、电视晚会、电视摄像、电视节目安排等领域，但这些研究还是经验性的，也是比较琐碎的，尚不足以构成系统的电视学。

20世纪80年代，随着电视成为重要的传播媒体，电视学的建构才正

式开始。1985年，左漠野提出广播电视应当有中国特色的科学研究的看法。① 1986年，田本相有感于电视业的迅速发展，提出电视学研究到了必须引起高度重视的时候了。他认为，在面临世界新的技术革命挑战的时代背景下，在向"四个现代化"进军的征途中，我国的电视事业要完成时代赋予的历史使命，就必须把电视理论的建设提到日程上来。② 应该说，建设中国特色的电视学已经成为这一时期从政府主管部门到学术界再到电视业界的共识。所以，左漠野指出我国广播电视工作者应坚持"自己走路"的方针，扬独家之优势，汇天下之精华，取得显著的成绩。广播电视不仅对国内人民的政治、经济和文化生活产生巨大的影响，也是世界各地的人们了解中国人民的一个窗口。这意味着广播电视的独立性已经确立，已经成为一个重要的、独特的社会、文化领域，它应当成为一个专门的科学研究领域，我国需要有适合自己的广播电视学。③

事实上，在明确提出建设系统的电视学之前，人们已经开始在电视艺术、电视剧、电视新闻、电视制作、电视编导等方面进行了不少专门研究，取得了很丰富的研究成果。叶家铮的《电视特性和电视新闻作品的主要特征》④《从电视传播的特性谈电视新闻之"新"》⑤郝佐的《电视新闻的特点》⑥、孔令铎的《电视的优势》⑦、任远的《论电视传播的

---

① 左漠野. 我们需要广播学、电视学——左野漠同志的一封信[J]. 现代传播，1985（03）：40-41.

② 田本相. 重视电视理论建设创立具有中国特色的电视学[J]. 现代传播，1986（01）：16-21.

③ 左野漠. 建设广播电视学断想——写在《中国广播电视学刊》创刊的时候[J]. 中国广播电视学刊，1987（01）：4-6.

④ 叶家铮. 电视特性和电视新闻作品的主要特征[J]. 北京广播学院学报，1981（02）：59-65.

⑤ 叶家铮. 从电视传播的特性读电视新闻之"新"[J]. 北京广播学院学报，1983（03）：30-115.

⑥ 郝佐. 电视新闻的特点[J]. 新闻大学，1982（04）：104-105.

⑦ 孔令铎. 电视的优势[J]. 新闻广播电视研究，1983（01）：33-34.

特性》①、刘静的《谈谈电视新闻的视听优势》②、朱羽君的《景别的运用——摄影杂谈之一》③《广角、长焦距、变焦距镜头的表现力》④《运动镜头感情色彩》⑤、冯温玉的《电视剧艺术漫议》⑥、徐远辉的《试论电视剧的特性》⑦、张凤铸的《博取广纳 自成一体》⑧⑨、高鑫的《试论电视剧的艺术风格》等文章都将电视同其他传播形式、艺术形式以及文化形式相比较，力图确认电视自身独特的传播与艺术特点，并分析了电视新闻、电视镜头、电视剧、电视语言等具有的特征。这些研究成果为系统的电视研究积累了重要的学术资源。

正是在上述研究的基础上，1986年前后，一批关于电视研究的专门著作陆续出版，如李平云编著的《电视节目制作》、高鑫著的《电视剧创作概论》、任远编著的《电视编导基础——新闻、服务、教育、文艺节目制作》、丁浪编著的《电视剧的足迹》、叶子和刘实著的《电视创作技巧》、张凤铸著的《影视基础理论和技巧》、田本相与夏骏著的《电视片艺术论》、钟大年著的《电视片编辑艺术》等。这些著作以电视制作和电视艺术为中心，重点研究了各种类型节目的特点与制作、电视编辑、电视摄影与表演、电视创作的要素和过程等方面的规律以及电视的基本原理。这些著作是我国最早系统研究电视制作、艺术和传播规律的作品，为我国电视学的建构奠定了基础。其中《电视节目制作》涉及了电视的发展、电视的特性、电视技术以及电视新闻、艺术等方面的

---

① 任远. 论电视传播的特性[J]. 北京广播学院学报，1984（1）：64-72.

② 刘静. 谈谈电视新闻的视听优势[J]. 北京广播学院学报，1984（4）：42-48+61.

③ 朱羽君. 景别的运用——摄影杂谈之一[J]. 北京广播学院学报. 1980（2）：59-61.

④ 朱羽君. 广角、长焦距镜头的表现力——摄影杂谈之二[J]. 北京广播学院学报，1981（01）：74-78.

⑤ 朱羽君. 运用镜头的感情色彩[J]. 北京广播学院学报，1982（03）：59-62.

⑥ 冯温玉. 电视剧艺术漫议[J]. 北京广播学院学报，1981（1）：68-74.

⑦ 徐远辉. 试论电视剧的特性[J]. 北京广播学院学报，1983（3）：19-25.

⑧ 张凤铸. 博取广纳 自成一体——电视剧探讨之一[J]. 北京广播学院学报，1984（4）：34-37.

⑨ 张凤铸. 博取广纳 自成一体——电视剧探讨之二[J]. 北京广播学院学报，1985（1）：41-47.

内容，通俗易懂地介绍了电视节目的制作理论、制作方式和一些技术问题。《电视剧创作概论》则以比较严谨的学术研究方式系统地介绍了电视剧的基本知识，涉及电视剧的历史、特征、类别、题材、主题、人物、冲突、情节、结构、语言、风格、剧本等一系列问题，总结了电视剧制作方法和规律。[①]《影视基础理论和技巧》则以影视艺术为核心，论述了镜头运用技巧、画面、声音、节奏、时空、蒙太奇、长镜头、剧作形式、风格流派等。[②]施天权的《广播电视概论》以广播电视新闻为核心，全面介绍、阐述了有关电视的基本知识及广播电视理论的基本概念、基本观点，介绍了广播电视的产生过程与世界各国广播电视的现状，总结了广播电视事业的自身特点，我国在新闻传播方面的优势与不足，中国广播电视的特性和面临的问题，等等。[③]尽管这些研究或者以某一节目类型为研究对象，或者以电视制作为研究对象，或者是电视从业经验的总结，但其中还缺乏对电视系统的、整体的、理论性的把握。这些专著的出版既是此前中国电视研究的发展和提高，总结了此前电视新闻、电视剧、电视艺术与电视制作等方面研究的成果，吸收了国外电视学的理论与知识以及其他艺术、传播领域的研究成果，也为形成系统的中国电视学研究提供了深厚的学术基础。

电视的发展和电视学术的积累，迫切地要求我国建立独立的电视学科。中国广播电视学会的成立和《中国广播电视学刊》的创办，为系统地、有规模、有计划地研究电视学创造了直接的契机和条件。吴冷西说："广播电视学会的成立是中国广播电视事业历史上的一件大事。这个学会的成立一定能够推动我们的广播电视事业，推动我们的广播学、电视学和整个广播电视事业更大的发展。"[④]当然，我国电视学的建构

①高鑫. 电视剧创作概论[M]. 北京: 北京十月文艺出版社, 1986.
②张凤铸. 影视基础理论和技巧[M]. 武汉: 湖北教育出版社, 1986.
③ 施天权. 广播电视概论[M]. 上海: 复旦大学出版社, 1987.
④ 吴冷西. 在中国广播电视学会城里大会上的讲话[J]. 中国广播电视年鉴, 1987: 518–520.

一开始就面临着西方电视学的存在，面临着人们用西方电视学和电视历史批评中国电视的压力，因此，我国电视学在建构中就一直强调要在总结我国几十年的电视历史经验的基础上，吸收国外电视学成果，肯定中国电视自身传统的正当性。有学者强调："我们要建设中国式的社会主义，联系广播电视，怎样建立中国式的社会主义广播电视学？这是很重要的问题……我想我们也应该努力学习全世界的优秀文化经验，包括理论上的，技术方面的，我们应该学习。国外大众传播学的一些好的理论、好的方法和经验，我们都应该学。……怎么样形成一个中国式的社会主义的广播电视学？把外国大众传播学的一些好的东西吸收过来，结合我们的实际，在我们的土壤上，在我们人民中间，生根发芽，壮大起来。我想对于我们来说，可能是更重要的任务。"[①]

在这种认识的指导下，也是在广播电视发展的理论要求下，广播电视学作为一项国家文化工程启动了，我国成立了闫玉任主编、白谦诚等人任副主编的《中国广播电视学》撰写组。撰写组在多次研究、修改之后，创作了《中国广播电视学》。全书除序言之外，共8编，63万余字，于1990年9月出版。《中国广播电视学》的第一编为总论，探讨了广播电视的定义、自然属性和社会属性，分析了广播电视的内部环境和外部环境。第二编为广播电视节目系统，由14章组成，共24万字左右，包括"节目的生成和分类""新闻性节目"（上、下）"评论""社会教育性节目""文艺性节目""广播剧""电视剧""服务性节目""广告""少数民族节目""对外广播节目""节目形式""节目整体效应"等14章。第三编为节目要素，论述了广播电视节目的四大要素：语言、图像、音响、音乐。第四编为广播电视节目生产，共5章，分别论述了节目的采录、编导、播音、主持和合成。第五编为节目传播，论述的内容是节目传播与技术的关系、节目传播的主要技术环节、广播电视传

---

① 滕藤. 在中国广播电视学会成立大会上的讲话[J]. 中国广播电视年鉴，1987：523-524.

播技术的发展趋势和发展战略。然后是传播活动编等，研究了广播电视的传播者和受众。该书以节目研究为中心，集理论研究和业务研究为一体，总结了我国几十年的广播电视历史经验和研究成果，吸收了国外先进的广播电视研究成果，全面阐述了广播电视的一般原理、中国广播电视的性质、各类广播电视节目的特性和基本构成、广播电视传播的特性和整个传播过程的独特构成等。该书被看作"我国第一部全面、系统地论述广播电视学的专著，可以说是这门新兴学科的奠基之作"①。

在《中国广播电视学》出版前后，王珏编著的《新闻广播电视概论》、壮春雨著的《电视剧学通论》、钱海骅与李崇尧编著的《广播电视学术论文选》、邓生才主编的《广播电视学研究》、方亢著的《中国电视新闻学》、王纪言著的《电视报道的艺术》、辛锂主编的《广播电视新闻教程》、王永利著的《电视新闻学概论》、田本相著的《电视文化学》等著作相继出版。这些著作或专门研究某一电视剧节目类型，或总结我国电视历史经验，或系统研究和建构电视学的某一领域，共同构成了20世纪90年代初期我国电视学建构的繁荣局面。当然，这些著作或者采取论文集的形式，或主要关注具体业务，或偏于经验概括，在理论性、系统性等方面还存在一定的不足。同时，受各种原因的影响，这些著作在吸收外来电视理论、深入反思中国电视学所存在的问题等方面都做得不够，在内容上有点千人一面之感。

二、1990—2009年的中国电视学研究概述

20世纪90年代，随着电视成为社会中最重要的媒体，随着电视市场竞争的加剧，也随着电视剧教育事业的发展和专业化程度的提高，电视

---

① 《中国广播电视年鉴》编辑委员会. 中国广播电视年鉴（1991）[M]. 北京: 北京广播学院出版社，1992: 503.

学建构获得了更大的发展。

第一，大量的电视学通论性著作陆续出版。这些著作不断吸收电视研究的新成果，采取了观察电视的不同视角，形成了关于电视现象的不同认识。徐志祥编著的《广播电视概论》结合我国社会主义广播电视事业的实践经验，着重研究广播电视的传播活动及其规律，对广播电视的基础理论、应用理论、广播电视节目的传播与接受、节目类型与制作等进行了阐述；陆晔、赵民主编的《当代广播电视概论》则以新的时代理念和中外参照的视野诠释出广播电视传播观念与传播功能的新发展，广播电视节目的栏目化、板块化与节目意识，广播电视新闻性节目的主导性，电视节目主持人，电视纪录片，广播电视的经营管理等内容；吴玉玲主编的《广播电视概论》侧重于广播电视的事业、技术、产业等，梳理了广播电视业从诞生到20世纪90年代的发展历程，分析了广播电视传播特性的演变，考察了20世纪90年代时技术和行业变革的深刻意义，从产业角度分析了广播电视产业经营和媒介组织管理；黄匡宇主编的《广播电视学概论》从物质本体切入，涉及广播电视传播的技术因素，并从广播电视的传播性能、语言、节目构成等几大方面对广播电视学进行概述。何煜、刘如文编著的《电视导论》则系统、客观地阐述了认识电视、电视功能、电视形态、电视语言、电视制作、电视艺术、电视传播、电视发展简史、相关媒介理论等内容。欧阳宏生主编的《广播电视学导论》则以马克思列宁主义、毛泽东思想、邓小平理论为指导，结合中国广播电视事业的发展实际，采用从理论到实践的不同角度分析了中国社会主义广播电视的基本特色，阐明了中国社会主义广播电视事业的性质。上述著作虽然都以广播电视为研究对象，但研究者或从广播电视内部特征出发，或从其发展出发，或从中国特色出发，或从其整个传播过程出发，或从其社会存在出发，形成了关于广播电视的不同认识，对中国广播电视发展历史和现状做出了不同评价。

在众多电视学总论性著作中，杨伟光主编的《中国电视论纲》是其中颇具代表性的作品。《中国电视论纲》"以马克思列宁主义、毛泽东思想和邓小平理论为指导，从中国电视实际出发，分析了中国社会主义电视的基本特色。在考察中国电视发展历史和现状的基础上，阐明了在邓小平理论指导下中国电视事业的性质、任务和功能，揭示了中国特色社会主义电视节目、技术、经营和管理发展的基本规律，论述了中国电视观众、从业人员素质、理论建设同发展社会主义电视事业的密切关系，描绘了21世纪中国电视发展的目标，说明了加强中国电视发展战略研究对实现总体目标的重要性。"[1]比较其他电视学著作，这部作品不仅具有明确的意识形态性和政治性，具有现实针对性和问题意识的全面性，更重要的是该书深刻地把握了中国电视发展历史和当时发展中的重大问题，充分肯定了中国电视的传统，深刻地揭示了中国电视面临的问题，并从战略高度分析、研究了这些问题。在邓小平理论的指导下，该书将理论的深刻性和现实的针对性、高度战略性与明确的指导性结合起来。"全书涉及了中国电视的主要问题，从电视传媒的性质、功能、节目形态、传播效果、发展战略、法律调控等方面都作了较好论述，并作出思辨性结论。这部作品立足于中国电视架构电视理论，具有鲜明的中国特色和中国风格。论述中采取史论结合、虚实并举的方法，对节目的分析和必要的理论阐述相得益彰。丰富多彩的中国电视节目表现形态的剖析，对外报道的特色和做法的介绍，处处显示作者微观剖析的能力。而序言的纵横国内外，上下四十年，中西几万里的比较分析，对中国电视观众收视心理机制和收视习惯的深刻剖析，又足可看出作者宏观把握、据实论述、抽象思维的能力。"[2]因此，人们认为这部作品的重大意义在于"把确立人民群众在电视传播中的主体地位，视为中国电

---

[1]《中国广播电视年鉴》编辑委员会. 中国广播电视年鉴（1999）[M]. 北京: 中国广播电视出版社, 1999: 15.

[2] 欧阳. 建设有中国特色社会主义电视理论——《中国电视论纲》研讨会发言摘要[J]. 电视研究, 1999（01）: 18-20.

视的基本属性之一，把'最大限度满足观众需要'，作为中国电视的出发点。……从社会学的角度把电视功能归纳为'新闻传播、社会教育、文化娱乐、信息服务'四大项。……从经济学角度把电视定位于第三产业，承认电视节目的商品属性。……电视不仅仅具有它本身的一系列功能，而且也是一系列新型资源的提供者。……该书依据十五大精神，提出了电视未来发展的两个要点。……在电视管理方面，该书完整论述了政事分开、法制管理的原则。……详尽地建构着中国电视学的独特框架。"①

第二，电视专业化程度的提高也推动了电视研究领域的分化，一些研究电视编辑、美学、文化、管理、项目评估、市场营销、电视批评、电视广告、电视艺术、电视体制、电视新闻等方面的著作相继问世，各类电视学丛书也相继出版。这些著作不仅深化了电视研究领域，概括了我国电视节目的发展与特点，而且开拓了许多新的研究领域，提出了不少关于电视社会学、政治学、经济学、文化学、艺术学、传播学等方面的重要问题。同时，这些著作也在分析电视的基本规律之时，认真地总结了我国电视发展的经验和不足，力图在建构中国特色的电视学框架时，吸收国外电视学发展成果和中国电视发展所提出的问题，以理论的方式推动中国电视的改革。如涂光晋的《广播电视评论学》、徐丽玲和王克的《广播电视管理学》、段晓明的《影视编辑学》、杨斌的《电视幽默论纲》、叶建新的《电视美术概论》、洪忠煌的《影视剧诗学》、石长顺的《电视编辑原理》、王艳玲编著的《电视文艺学导论》、苗棣的《电视文化学》与欧阳宏生的《电视文化学》、彭晓华主编的《电视产业经营学》、张君昌与王志云主编的《广播电视节目评估概论》、姚力的《广播电视广告原理》、涂昌波的《广播电视法律制度概论》、杨燕的《电视戏曲论纲》、苏彭成的《影视表演学基础》、仲富兰的《广

---

① 陈力丹. 构架具有中国特色的电视学——读《中国电视论纲》[J]. 电视研究，1998（11）：12-14.

播电视新闻学》、叶凤英的《现代电视新闻学》、徐舫州与徐帆编著的《电视节目类型学》、张凤铸主编的《中国当代广播电视文艺学》、刘坚的《电视节目编导教程》、曾庆瑞的《电视剧原理》、戴清的《电视剧叙事学》、时统宇的《电视批评理论研究》、谭天的《电视策划学》、胡智峰的《中国电视策划与设计》与《电视传播艺术学》、文硕编著的《电视营销传播》、严三九等编著的《广播电视经营与管理》、周鸿铎等著的《广播电视经营与管理模式》、胡正荣主编的《中国广播电视发展战略》、李晓枫与柯柏龄主编的《中国电视传播管理概论》、佘贤君的《电视广告营销》、吴克宇的《电视媒介经济学》、周鸿铎的《广播电视经济学》等，这些著作从具体节目制作、各种电视类型分析、电视生产过程研究，一直到电视管理制度、电视产业结构、电视经营与评估以及电视的社会与文化特性研究，覆盖了电视研究的各个层次、各个领域、各个环节、各个节目形态以及电视外部存在，形成了完整的、分工细致的、专业化较强的电视学研究领域。这些研究既包括电视的基本原理、中国特色的电视学建构、电视节目制作的规律、电视艺术学等问题，也包括我国电视发展过程中出现的新问题，如电视产业的竞争与改革问题、电视企业的内部管理与经营问题、中国电视体制改革与法律建构问题、电视的文化多元化问题等，形成了既能体现中国电视特点，又具有一定的理论概括力的电视学研究成果。

相较于20世纪80年代的电视学研究而言，这些著作具有以下四个特点。

一是这些著作促使了电视学研究更加系统化、专业化。上述著作涉及电视艺术学、电视编辑学、电视新闻学、电视传播学、电视经济学、电视美学、电视批评学、电视策划学、电视文化学、电视剧学、电视管理学等学科，这大大拓展了20世纪80年代形成的电视专业化研究。同时，如果说20世纪80年代的电视学研究还以电视业务研究和经验研究为主，那么上述著作的一个明显特点就是在吸收电视实践成就之时更加注重原理研究，能够为各专业研究领域建构基本理论，并根据这些理论诊断中国电视的基本问题、分析基本规则及解决问题的方法等。比较20世纪80年代的电视学，这些著作无疑更具理论的前瞻性和有效性。如石长顺的《电视编辑原理》就根据心理学、传播学、电视原理等基础理论，分析了电视编辑应当在思维方式、语言构成、节目结构与节奏等方面遵循的基本原则。这种电视编辑学研究是以传播和受众研究的基本原理为基础，而不只是一般电视编辑经验的总结，也不是根据宣传的主观需要来分析电视编辑。

二是电视经济学研究蔚为壮观，分工细密，形成了与电视艺术研究、电视新闻传播研究鼎足而三的局面。上述著作既包括电视经济学原理的研究，也包括电视营销、电视广告、电视管理、电视市场等方面的研究，覆盖了整个电视经济研究的领域。这在20世纪80年代是难以想象的。

三是电视学研究的学理性更强，思想资源也更加丰富，研究视野更开放。比较20世纪90年代初田本相的《电视文化学》、1997年苗棣的《电视文化学》与2006年欧阳宏生的《电视文化学》不难看出这种发展变化。时统宇的《电视批评理论研究》也值得关注，尽管该书在电视批评理论方面还没有进行具有充分创造性的建构，但作者注重吸收西方的电视批评理论成果并加以中国化，一方面比较客观地介绍了西方的电视批评理论，并能认真地分析这些理论对中国电视批评及电视批评学的价值，而不是简单地强调中国特色，然后就消极对待这些理论资源；另一方面，他也能将一些西方批评理论资源融入中国主流的电视批评思想中，并以此分析、批评中国的电视现象，具有一定的针对性，体现了中国电视研究者建构电视学所做的努力。

四是这些电视学研究著作大多具有跨学科的研究视野，能将经济学、社会学、传播学、艺术学、心理学、文学、新闻学、电视学、管理学、哲学、政治经济学等方面的成果运用到电视学研究中，不仅开拓了电视学研究领域，为电视学研究提供了学理性资源，而且由于每一学科领域都有比较丰富的研究方法、基本理论及众多的争论，当电视学采取了跨学科研究方法时，也就将各学科领域的一些基本问题及争论带入了电视学领域，从而促进了电视学研究的更具争论性的研究方法以及思想理论的发展，这无疑有助于电视学的发展。如文化学研究中各种批判理论、经济学研究中的自由主义和反自由主义的争论都对相应的电视学研究领域产生了不少影响。

当然，作为电视学的基础性研究，这些著作也存在着如何更好地吸收电视发展和理论研究的成果，如何以更加开放的态度概括和把握新的电视现象，如何具有更丰富、多元的理论反思与批判的研究视野，从而将基础研究和节目制作研究提高到更具战略性、更具创造性、更具理论性和建设性的层次。

三、2009年之前我国电视学研究的学科反思

截至2009年，我国电视学研究的理论反思水平有很大提高，电视学研究视野更加多元，电视学之间的批判与对话更加频繁。研究者就中国电视学的研究对象、研究方法、研究理念、基本原理、国外电视理论与中国电视学的关系、电视学与实践之间的关系、学术讨论的方法、电视学研究的历史与现状等方面，进行了深入、广泛的思考，肯定了中国电视学研究已经取得的成果，指出了中国电视学建构存在的问题，强调了中国电视学的中国特色，呼吁相关研究人员认真总结电视发展的最新成果并吸收国外电视学的研究成果，建构起能概括不断发展的中国电视经验与特征、诊断与批评中国电视发展的问题、指导中国电视实践和电视改革、提升中国电视的竞争力和文化内涵的具有中国社会主义特色的电视学。总结这些研究，大体可以将其分为以下个方面。

首先，确立电视学中中国特色社会主义理论的指导地位，建构以中

国特色社会主义理论作为反思中国电视历史、概括中国电视的现实经验、诊断中国电视所遭遇到的问题及其性质、指导中国电视发展的研究方法和概念体系。这主要涉及三个方面，即中国电视学能否有效概括中国的电视历史、电视经验，是否符合中国特色社会主义建设的要求和中国特色社会主义理论规范，如何吸收国外电视学研究成果。钟镇藩的《试论中国广播电视学的特色》一文中指出，中国广播电视学，是研究中国广播电视的传播活动及其规律的科学。就中国广播电视学性质来说，其具有鲜明的阶级性、强烈的实践性和广泛的综合性，而中国广播电视学的特点则是研究范围的广泛性、研究客体的层次性和研究目标的统一性。这种特点既是由中国电视独特的发展历史和发展阶段决定的，也是由中国电视的人民性和公有性质决定的。[1]李春利在《浅论有中国特色的广播电视学的立学要素》中提出，有中国特色的广播电视学，应该是以邓小平同志提出的建设有中国特色的社会主义理论为指导，服务于有中国特色的社会主义建设的科学体系。广播电视学以邓小平理论为指导，其关键在于运用这一理论的立场、观点、方法去认识中国广播电视的性质、任务等。[2]。云南广播电视学会的《中国广播电视学要突出中国的社会主义特色》[3]、陈力丹的《构建具有中国特色的电视学——读〈中国电视论纲〉》[4]、欧阳的《建设有中国特色社会主义电视理论——〈中国电视论纲〉研讨会发言摘要》[5]、赵德全的《关于有中国特色的社会主义广播电视理论的思考》[6]《努力构建中国特色社会主义广播电视理论

① 钟镇藩. 试论中国广播电视学的特色[J]. 中国广播电视学刊, 1996（04）: 21-23.

② 李春利. 浅论有中国特色的广播电视学的立学要素[J]. 中国广播电视学刊, 1996（04）: 26-27.

③ 云南广播电视学会. 中国广播电视学要突出中国的社会主义特色[J]. 中国广播电视学刊, 1996（04）: 28-29.

④ 陈力丹. 构建具有中国特色的社会学——读《中国电视论纲》[J]. 电视研究, 1998（11）: 12-14.

⑤ 欧阳. 建设有中国特色社会主义电视理论——《中国电视论纲》研讨会发言摘要[J]. 电视研究, 1998（01）: 18-20.

⑥ 赵德全. 关于有中国特色的社会主义广播电视理论的思考[J]. 中国广播电视学刊, 1999（01）: 19-22

体系》①、徐明明的《深化中国特色社会主义广播电视理论研究若干思考》②、胡智峰的《本土化:中国特色电视理论的建构与创新——访中国传媒大学博士生导师胡智锋教授》③、欧阳宏生的《建立有中国特色的电视批评理论体系——访四川大学新闻传播研究所所长、博士生导师欧阳宏生教授》④、陈犀禾的《对英美电视学知识体系和学科体系的研究》⑤等文章或通过总结中国电视发展和电视理论研究的成果,或通过介绍西方电视学,提出电视是当代社会人们最欢迎的娱乐形式和最重要的信息来源,是一种人类创造性的表达形式和传达社会和政治观点的大众媒体。同时,电视也是一种跨国的商业和一种国家机构。这决定了中国电视学研究需要认真对待西方电视学的研究成果,认真对待电视媒体跨国竞争的现实,从更高层面上思考电视的性质、特点等。

其次,研究涉及对中国电视学学科特点的思考。这涉及电视学的研究对象、研究方法、研究理念、研究价值、研究视角、研究历史以及电视学体系性等方面的反思。蔡长宁的《广播电视学研究对象和研究方法浅论——兼答陈尔泰同志》⑥、胡妙德的《中国电视学理论体系的构建》⑦、赵玉明的《谈谈广播电视研究和广播电视学学科建设》⑧、张凤铸等的《关于广播电视艺术学学科体系建设的思考》⑨、石长顺的

---

① 赵德全. 努力构建中国特色社会主义广播电视理论体系[J]. 中国广播电视学刊, 2007(06):18-20.

② 徐明明. 深化中国特色社会主义广播电视理论研究若干思考[J]. 中国广播电视学刊, 2007(03):64-71.

③ 胡智峰. 本土化: 中国特色电视理论的建构与创新——访中国传媒大学博士生导师胡志峰教授[J]. 现代传播, 2007(03):64-71.

④ 欧阳宏生. 建立有中国特色的电视批评理论体系——论四川大学新闻传播研究的所长、博士生导师欧阳宏升教授[J]. 现代传播, 2008(02):66-70.

⑤ 陈犀禾. 对英美电视学知识体系和学科体系的研究[J]. 东南传播, 2007(12):15-16.

⑥ 蔡长宁. 广播电视学研究对象和研究方法浅论——兼答陈尔泰同志[J]. 东南传播, 2007(12):15-16.

⑦ 胡妙德. 中国电视学理论体系的构建[J]. 电视研究, 1998(01):29-31.

⑧ 赵玉明. 谈谈广播电视研究和广播电视学学科建设[J]. 现代传播, 2007(04):104-108.

⑨ 张凤铸, 肖庆. 关于广播电视艺术学学科体系建设的思考[J]. 现代传播, 2007(04):104-108.

《电视学的建构与研究路径》①、欧阳宏生的《论中国电视批评理论体系的建立》②等文章或思考了广播电视学的研究对象、研究方法和研究理念等，或反思了某一电视类型、某一电视活动领域学科建设和研究方法等。蔡长宁在《广播电视学研究对象和研究方法浅论——兼答陈尔泰同志》中提出，广播电视学研究对象应该是广播电视的本质和规律，不能把表现对象的特殊物作为研究对象、要结合物来研究物与人以及人与人之间的关系，而不能单纯研究以电视节目出现的物，研究的逻辑起点应该是节目，研究对象的性质决定了广播电视学研究方法应该是辩证思维的方法，这种方法必须把人及其活动与物有机统一起来，要用联系发展的观点研究广播电视的内在矛盾及其运动。③这次广播电视学研究对象讨论对促进人们反思广播电视学研究有着极积极的意义，但整个讨论对于拓展广播电视学研究、建构广播电视学独特的研究体系等问题没有深入展开。胡妙德在《中国电视学理论体系的构建》中指出，狭义的中国电视学理论体系指电视学主学科，广义的指电视学所有分支学科和边缘学科，研究对象主要是植根于社会主义中国本土的具有中国特色的电视传播活动内在规律，认识和阐述中国电视的一系列问题，研究范围涉及中国电视宣传、事业、经济、队伍与管理诸多方面，中国电视学要把马克思主义、毛泽东思想和邓小平理论作为指导思想，采取多维的、综合的、跨学科的研究方法，坚持建立符合中国电视历史、现实、发展需要的概念体系和理论框架。④赵玉明的《谈谈广播电视研究和广播电视学学科建设》回顾、总结了我国广播电视学的发展历史，指出我国的广播电视研究"已经基本上建起具有中国特色的广播电视学的框架和学

① 石长顺，周莉，石永年，等. 电视学的建构与研究路径[J]. 新闻大学，2007（4）：102-107.

② 欧阳宏生. 论中国电视批评理论体系的建立[J]. 现代传播，2007（02）：12-15.

③ 蔡长宁. 广播电视研究对象和研究方法浅论——兼答陈尔泰同志[J]. 中国广播电视学刊，1991（05）：78-81.

④ 胡妙德. 中国电视学理论体系的构建[J]. 电视研究，1998（01）：29-31.

科体系，主要表现在以下几个方面：第一，在广播电视基础理论研究方面，对我国社会主义广播电视的性质、任务和作用，在认识上突破了过去'左'的错误观念……探讨了广播电视双重甚至单重性质的问题，既具有很强的政治属性、喉舌功能，又具有经济属性、产业功能，还具有文化属性、娱乐功能……第二，在广播电视应用理论方面研究方面，20多年来广播电视节目的多次重大改革为广电应用研究提供了广阔天地，研究的热点问题层出不穷。……第三，在广播电视决策管理研究方面，提出了不少新的课题，如广电受众调查，已从根本上改变过去只靠受众来信的被动局面，开始运用传播学调查系统和方法，多次开展全国性听众、受众调查，并取得可喜的成果，为广电节目的下一步改革提供了切实可信的依据。……第四，在广播电视史志研究方面，已在中国广播史、中国当代广播电视史、地方广播电视史志等几个领域取得一批代表性的成果，为探讨中国广播电视发展的历史规律和总结广电工作的历史经验做出了贡献。"[1]

相较于上述注重从学理和体系性方面对中国电视学进行反思的文章，值得关注的是杨伟光的《关于电视理论创新的几个问题》，该文将中国电视理论创新同中国电视发展相联系，在理论与实践的相互关系中考察中国电视理论的历史以及当前需要努力的方向。文章将中国电视理论创新分成九个部分，即以新闻为电视主体、改变电视局限于娱乐文化的现状、四级办电视、根据电视特点走自己的路、新闻时效观、栏目主持人化、频道专业化、精品战略、低收费办电视、电视产业等，由此促进中国电视的发展和繁荣，因此，中国电视理论要根据中国电视目前存在的问题和发展的需要，在观念、体制、机制、生产方式、市场、产业结构、经营方式等方面进新理论创新。[2]尽管这篇文章确实充分地把握了

① 赵玉明. 谈谈广播电视研究和广播电视学学科建设[J]. 现代传播（中国传媒大学学报），2007（04）：104-108.

② 杨伟光. 关于电视理论创新的几个问题[J]. 当代电视，2005（10）：14-17.

中国电视理论与电视发展之间的关系，但其问题也非常明显：一是该文将政策观念等同于理论，忽视了理论自身的独立性；二是该文将理论的主体定位于管理机构和中央电视台，忽视了理论主体的多元性；三是该文将电视理论创新和电视发展实践完全等同，忽视了理论的多元性；四是该文将理论创新史简化为电视主流理论史，忽视了大量反思性理论。而刘宏与栾轶玫撰写的《中国高校电视学研究的三个阶段》一文将中国电视学研究分成以业务研究为主的1980—1993年、从艺术为主导关注学理的1993—2006年、2006年《电视学》出版以来等三个阶段，并分析了当前电视学研究中新闻学与艺术学、电视学与电影学、传播学与电视学、广播学与电视学之间的关系。①该文从学科建设史角度分析、反思学科建设过程中的主要研究力量，学科建设与电视发展的关系、跨学科关系等，但其总结不仅过于粗略，而且缺乏对中国电视学问题意识、学理资源、学术成就等方面的有效概括。

从上述关于中国电视学成果的回顾和反思，以及对中国特色电视理论的肯定的角度，也有一些文章对中国电视学的发展持批评的态度。《电视学的建构与研究路径》就对中国电视学现状缺乏充分的信心。文章指出中国电视学体系建构脆弱、多为原则性的总结和描述性归纳、方法论的宽泛适用等问题。因此，文章从多种角度考察了电视学学科建构的可能性、研究对象、研究范围、研究内容、研究方法等，指出电视研究已经取得相对完整的知识体系，形成宏观的电视社会学和微观的电视传播学研究层面，其研究对象包括电视传播者研究、受众研究、内容研究、媒介研究、效果研究等研究领域，研究路径则可以分为历史、过程（模式）和学派研究等三种路径，研究方法上则以社会学研究方法和哲学研究方法等为主。②《"广播电视学学科体系建设"研讨会综述》总结

① 刘宏，栾轶玫.中国高校电视学研究的三个阶段[J].中国广播电视学刊，2008（9）25-26.
② 石长顺，周莉，石永军，等.电视学的建构与研究路径[J].新闻大学，2007（04）：102-107.

了研究者关于广播电视学、文艺学、传播学关系的思考，分析了人们关于广播电视学研究对象、学科性质等方面的讨论，概述了人们对将广播电视学研究领域划分为理论和史学研究、交叉研究和实务研究三个部分的不同意见，介绍了研究者强调广播电视学研究方法要将技术发展以及现象和逻辑结合起来的观念，也梳理了研究者关于中国广播电视学科建设和学术研究的历史、各研究领域的研究现状和存在问题以及对中国广播电视学科学理研究不足等方面的反思。① 赵志刚的《新时期电视理论研究初探》在总结中国电视理论在本体论、信息传播研究等方面所取得成就的同时，也指出中国电视理论还存在着严重的模仿跟风、缺乏前瞻性、封闭等问题。② 比较上述观点，周星的看法则更具批判性。他在《中国电视传媒理论与实践的得失偏差探讨》中指出，中国电视传媒理论研究已经取得了较大的发展，主要体现在从注重艺术到注重传媒的演变、从定性描述到量化指标的变迁、从单一媒体到多媒体研究的微妙进展、从对象研究到比较研究的拓宽、从媒体自身到社会文化研究的视野等方面。但中国传媒理论研究和实践依然存在很大的偏差，主要表现在传媒理论尽管在学习输入外来观念和实际应用上洋洋大观、颇具规模，却没有形成中国化的可操作的理论；传播概念的普适性和艺术传播实践的差距不小，电视艺术传播远不如新闻传播研究更为有力和深入；传播的公信力和批评精神的确立也是值得研究的问题。③ 总之，研究者广泛考察了中国广播电视学的研究成果和研究历史，在肯定和继承中国广播学成就的基础上，反思了我国广播电视学研究中存在的理论化、体系化、科学化和方法论等方面的不足，提出建构有效概括、分析中国广播电视的学科体系的任务。

---

① 王文利，艾红红. "广播电视学学科体系建设研究" 学术研讨会综述[J]. 现代传播（中国传媒大学学报），2007（04）：110-111.

② 赵志刚. 新时期电视理论研究初探[J]. 电视研究，2002.（07）：6-8.

③ 周星. 中国电视传媒理论与实践的得失偏差探讨[J]. 现代传播，2004（06）：1-3.

再次，研究者反思了电视学研究与电视实践之间的关系，考察到理论应当对现实有指导意义、中国电视学与现实之间的差距等，研究者大多为中国电视学落后于现实而焦虑，也呼吁电视学应当具有超前意识和批判意识。《徐崇华同志在中国广播电视学会电视学研究委员会第二届代表大会上的讲话摘要》一文指出，虽然我国电视学研究取得了很大进展，但还处在初级阶段，落后于中国电视实践。电视学要加强电视基础理论、电视受众学、电视心理学、电视统计学、电视本体学科、电视学的外延、电视反馈学以及电视学应用理论研究。[1]有感于中国电视学研究的不成熟及其与电视实践之间的距离，人们呼吁加强中国电视实践中所面临的多种问题的研究，呼吁电视学研究能有效诊断中国电视实践的问题，为中国电视的发展提供理论支持和敏锐的学术洞察。曾辉的《电视学研究要为实践服务》一文，总结了全国广播电视学研究委员会第二届年会与会者的共识，指出我国广播电视学要研究中国电视的特点，不仅要研究电视宣传范畴的理论，而且要研究电视管理、事业改革、队伍建设、电视节目内容结构的变化、体制模式、人事制度、财务制度等方面，特别是电视研究要着力解决好电视事业的繁荣，适应社会主义市场经济的发展。在保证电视是党和政府喉舌特性的前提下，探索新时期面临的许多新的课题，包括体制改革、机制转轨、版权保护、社会效益与经济效益的统一、电视事业管理和政府职能之间的关系、正面宣传和与舆论监督、弘扬主旋律和播出境外节目、加强管理和推动电视事业发展、四级办电视台等实践性问题。[2]罗明的《电视有学，研以致用——在97全国省级电视台电视理论研究工作年会上的讲话摘要》也指出，深化电视理论研究要把重点放在电视直播、栏目定位、社会因素对传媒的影响、市场经济对电视的影响、科学技术发展对电视的影响等方面，力图

---

① 徐崇华. 徐崇华同志在中国广播电视学会电视学研究委员会第二届代表大会上的讲话摘要[J]. 电视研究，1994（02）：7-8.

② 曾辉. 电视学研究要实践服务[J]. 声屏世界，1994（11）：31-32.

做到联系实际，研以致用。①应该说，我国电视研究始终在强调理论的实用性，即使在今天，众多讨论电视研究理论创新的文章依然将理论联系实际作为核心问题。如廖望劭的《创新的时代呼唤创新的理论———论广播电视理论创新》等有关电视理论创新的文章将时代、时间、发现等作为电视理论创新的主题，突出了理论的实用性。②不过，理论联系实际固然重要，其有力促进了我国电视实践的发展，但同时也带来理论的批评性与反思性不足的问题。

最后，改革开放后的30多年里，中国广播电视的发展改革和中国广播电视学及学科建设的发展，既取得了重大的成就，也积累了许多问题。所以，中国广播电视学如何总结中国广播电视的经验，解决所面临的问题，并从更高的思想理论视野考察中国广播电视自身的发展及其在整个社会结构、文化场域中的存在的价值及问题，无疑是中国广播电视学深化理论、增强思想洞察力的重要课题，也是中国广播电视学研究者要积极建构的问题意识。建构这种问题意识意味着仅仅把中国广播电视学置于电视实践，把电视学视为回应实践问题并为之提供理论工具的研究框架已经不够，仅仅考察中国广播电视内部，尤其是广播电视文本内部特征的电视学研究已经不能充分满足电视学反思和学术深化的需要。因此，需要把中国电视学的反思放在更深广的思想学术背景之中，放在更具洞察力和历史反思意识的理论视域中，也放在更具批判性和社会关怀意识的文化场域中，考察中国广播电视的思想理路及各种复杂的政治经济关系。换句话说，就是从当代文化研究的视野考察中国广播电视学研究，这涉及电视学与其他学科之间的关系、电视学与整个社会文化之间的关系、电视学研究的学术环境、电视学学术主题的时代性等方面的问题。

---

① 罗明. 电视有学，研以致用———在97全国省级电视台电视理论研究工作年会上的讲话摘要[J]. 电视研究，1998（01）：13-16.

② 廖望劭. 创新的时代呼唤创新的理论——论广播电视理论创新[J]. 声屏世界，2003（1）：1.

应该说中国的电视研究者已经注意到电视理论研究存在的问题，他们也力图从两个方面解决这些问题。一方面，不少电视研究者在总结、反思中国电视理论史的基础上提出中国电视理论创新的路径。如胡智峰的《中国广播电视学科体系建设必须处理的三个关系》从中国广播电视学学科建设的历史和学术发展的内在需要进行分析，指出当前中国广播电视学的学科建设需要处理好三个方面的问题，即中国广播电视学学科体系的建设与电视实践、电视实务之间的关系，中国广播电视学科建设与高等院校教育之间的关系，中国广播电视学科体系建设与其他相关学科的关系。只有充分处理好这些关系，才能促进中国广播电视学科在动态发展中成熟起来。①另一方面，一些研究者则深入切入中国电视发展之中，创造性地运用一些基本理论，极具洞察性、系统性地分析了中国电视存在的问题，提出中国电视发展与改革的核心问题，建构了中国电视学的某些理论范式，为电视学研究的创新与深化提供了理论和批评支持。如尹鸿的《意义、生产与消费：当代中国电视剧的政治经济学分析》就创造性地运用了政治经济学原理，从中国电视剧管理体制的变化、电视剧生产的市场化过程、资本进入及其利益要求、电视剧艺术的变化等方面分析了电视剧，反思了目前电视剧研究学术理路，提出从传媒政治经济角度建构电视学研究的问题。②这一分析文本无疑为人们运用各种理论深化电视学研究提供了示范。

综上所述，我国电视学研究在1980年—2009年这段时间，确实取得了巨大的发展，研究领域从业务介绍和总结向电视的整个领域扩大，涵盖了电视文本研究、电视制作研究、电视制度研究、电视产业研究、电视文化研究、电视受众研究、电视国际交流与竞争研究等领域，研究视角也从宣传主导向宣传、艺术、文化、经济、消费、娱乐、政治、传播

---

① 胡智峰. 中国广播电视学科体系建设必须处理的三个关系[J]. 现代传播，2007（04）：109–110.

② 尹鸿. 意义、生产与消费：当代中国电视剧的政治经济学分析[J]. 现代传播，2001（04）：1–7.

等多元视角及其交叉视角转化，研究方法也从意识形态研究方法向阐释、批判、实证等多元方法转化。如果说，早期电视学研究还是以教条的思想和电视从业经验为基础，只是已有电视状况的总结、正当性证明和简单批评，那么，电视学发展到这一阶段，已经改变了落后于电视事业发展的状态，表现出超越中国电视经验的理论把握和趋势分析，能为中国电视的发展、改革提供一定的指导和批判资源。

第二章　2009年之前的电视新闻研究概述

随着电视成为最有影响力的传播媒介之一，也随着中国的电视发展成为一种独立的传播媒介，电视逐渐从附属于报纸的新闻媒体发展成为新闻传播的第一媒体，也成为社会舆论表达的重要媒体，因此，人们也开始重视电视在舆论传播等方面的价值，从而逐渐展开并不断深化电视新闻与舆论表达的研究。

一、20世纪80年代中国电视新闻研究概述

20世纪80年代，随着电视人提出"自己走路"的主张，电视新闻的特点和价值逐渐为人们所认识，电视新闻研究也逐渐成为电视研究的核心领域。这一时期的电视新闻研究大体上可以分以下四个种类。

第一，电视新闻特性的研究。长期以来，电视新闻或是口播报纸新闻或是播出新闻纪录片，其自身的特性并没有得到充分的发挥。人们提出电视"自己走路"之后，电视新闻如何发挥自己的优势，脱离报纸、广播新闻和新闻纪录片的影响，如何发挥自己独特的传播优势就成为人们关心的重点了。张凤铸的《电视新闻的力量在于真实》[1]、叶家铮的《从电视传播的特性谈电视新闻之"新"》[2]、郝佐的《电视新闻的特

---

① 张凤铸. 电视新闻的力量在于真实[J]. 北京广播学院学报，1979（02）：18-22+27.

② 叶宗铮. 从电视传播的特性谈电视新闻之"新"[J]. 北京广播学院学报，1983（01）：30-34+81.

点》①、祁小林的《关于电视新闻的两点浅见》②、裴玉章的《浅议电视
新闻的真实性》③等文章，从视听统一、时效性、真实性、时空同步性等
角度研究了电视新闻自身的特点，指出电视新闻不仅具有其他新闻媒体
所不具有的优势，而且能产生更好的传播效果。叶家铮的《电视特性与
电视新闻作品的主要特征——电视新闻简论之一》指出，随着电视技术
的迅速发展，在新闻媒介行列中，电视新闻后来居上，在社会公众获悉
新闻的主要方式、判明报道的可信程度以及每天同各种新闻媒介接触的
时间等三个方面，电视新闻都遥遥领先。电视新闻以电子信息传送图像
和声音，闯入千家万户。在同一时间内，相隔万里的新闻现场，顷刻突
发的新闻，电视都能及时报道。④刘静在《谈谈电视新闻的视听优势》中
认为，形声兼备、视听合一是电视新闻的独特天赋和个性，是电视新闻
与报纸新闻、广播新闻的最大区别。报纸作为一种以文字为主要传播形
式的新闻媒介，只能给人以文字形象的视觉感受，有形无声；广播运用
声音传递新闻，只能诉诸人的听觉感官，有声无形；而电视新闻以屏幕
形象为主，辅以声音、音响及文字等，彩色电视还有颜色，实现了人们
多种方式获取新闻信息的要求。⑤邓勤与鲁丹在《电视新闻是用什么魅力
吸引观众的？》中指出，电视新闻具有现场形象性、同步时效性、摄录
真实性、广延共赏性，这使电视新闻拥有了其他新闻媒介无法具有的优
势。⑥上述研究为确立电视新闻的独特性、将电视新闻作为独立的研究对

---

① 郝佐. 电视新闻的特点[J]. 新闻大学，1982（04）：104-105.

② 祁小林. 关于电视新闻的两点浅见[J]. 新闻战线，1983（03）：14-16.

③ 裴玉章. 浅议电视新闻的真实性[J]. 新闻战线，1985（09）：46-47.

④ 叶宗铮. 电视特性与电视新闻作品的主要特征——电视新闻简论之一[J]. 现代传播，1981（02）：59-
65.

⑤ 刘静. 谈谈电视新闻的视听优势[J]. 北京广播学院学报，1984（03）：42-48.

⑥ 邓勤，鲁丹. 电视新闻是用什么魅力吸引观众的？（一）现场形象性特征初探[J]. 新闻与写作. 1987
（01）：5-7；（二）同步时效性初探[J]. 新闻与写作. 1987（03）：9-11；（三）摄录真实性初探[J]. 新闻
与写作，1987（04）：14-26；（四）广延共赏性特点初探[J]. 新闻与写作，1987（05）：3-6.

象提供了基础。

第二，电视新闻改革研究是这一时期电视新闻研究的重点。我国电视新闻长期落后于其他新闻媒体形式，电视新闻在新闻广度和深度、电视媒介优势、电视新闻制作、电视新闻的社会影响、电视新闻的社会介入程度、电视新闻的受众接受等方面都还存在着众多问题，亟须进行广泛而深刻的改革。而电视传播力的突现和电视要走自己的路、新闻领域的改革、社会的巨大变化都在要求研究者要关注电视新闻的特点、电视新闻改革内容等。因此，电视新闻改革就成为这一时期电视新闻研究的核心问题之一。在吴冷西的《以新闻改革为突破口 推动广播电视宣传的全面改革》①、马国力的《从观众心理需求看电视新闻的改革》②、朱继峰的《电视新闻改革中的几个问题》③、杨伟光的《调整新闻结构 扩大报道领域——谈电视新闻改革急需解决的一个问题》④、谭亚东的《谈谈电视新闻改革》⑤、何光的《关于深化电视新闻改革的若干思考》⑥、吴少琦的《电视新闻改革漫议》⑦等文章中，人们就中国电视新闻的现状、电视新闻比较其他新闻形式存在的问题、电视新闻与时代之间的关系、电视新闻改革的必要性、电视新闻思想、电视新闻改革的方向和具体问题等进行了广泛的研究。杨伟光在《调整新闻结构 扩大报道领域——谈电视新闻改革急需解决的一个问题》中指出，在新闻改革中，电视新闻在增加要闻、提高时效、增大信息量、展开评论等方面取得实效。但同报纸、广播比较，电视新闻仍存在着明显的差距，主要是报道面窄，各

---

① 吴冷西. 以新闻改革为突破口 推动广播电视宣传的全面改革[J]. 新闻记者，1983（04）：2-4.

② 马国力. 从观众心理需求看电视新闻的改革[J]. 北京广播学院学报，1982（02）：32-38.

③ 朱继峰. 电视新闻改革中的几个问题[J]. 北京广播学院学报，1983（04）：7-11.

④ 杨伟光. 调整新闻结构 扩大报道领域——谈电视新闻改革急需解决的一个问题[J]. 新闻战线，1986（06）：44-46.

⑤ 谭亚东. 谈谈电视新闻改革[J]. 中国记者，1986（06）：34-35.

⑥ 何光. 关于深化电视新闻改革的若干思考[J]. 中国广播电视学刊，1987（03）：8-21.

⑦ 吴少琦. 电视新闻改革漫议[J]. 中国广播电视学刊，1988（01）：43-48.

类新闻的比例失调，观众爱看的新闻播得较少，观众不太感兴趣的新闻播得较多。①陈梁在《论我国电视新闻之不足》中指出，电视新闻之所以没有发挥其应有的价值主要在于认识不足、独立性不充分、信息量不够、制作方面也存在问题等。②李海明在《电视新闻改革之我见》中则指出，电视新闻根据人物的级别来安排新闻制作和播出、电视新闻中存在大量的会见和会议新闻、对缺乏新闻价值的事情进行报道等，在新闻性方面存在着不足。这些是电视新闻改革必须面对的问题。③因此，吴冷西认为，新闻性节目是广播电视宣传的骨干，我们应当以新闻改革作为突破口，从新闻改革入手，来带动其他各种节目的改革和其他相应的各项工作的改革④。吴冷西作为广播电视行业的领导，首先提出了电视以新闻为主体的观念，由此确立了新闻成为电视传播最重要内容，也为人们将电视新闻作为独立研究领域打下基础。

在如何改革电视新闻上，叶子的《遵循规律，发挥优势，办好电视新闻》一文总结了国外电视新闻成为新闻舆论媒介之冠的原因，回顾了我国电视新闻的历史，指出电视新闻需要在电视新闻的独立性、电视新闻的传播范围、电视新闻的播出形式和制作形式、电视新闻的广度等方面进行改革，这样才能保证电视新闻充分宣传好改革的同时，也做好自己的改革。⑤杨伟光在《关键在于选准突破口——谈谈电视新闻改革》一文中提出，新闻改革关键是扩大报道的深度和广度，参与重大事件，尤其是政治事件的直接报道，从而确立电视新闻在这种报道中的优势和权威性。文章在总结电视新闻改革九年历史的基础上指出，最值得称道

① 吴冷西. 调整新闻结构 扩大报道领域——谈电视新闻改革急需解决的一个问题[J]. 新闻战线，1986（06）：44-46.

② 陈梁. 论我国电视新闻之不足[J]. 新闻大学，1988（04）：63-67.

③ 李海明. 电视新闻改革之我见[J]. 新闻战线，1989（05）：29-31.

④ 吴冷西. 以新闻改革为突破口 推动广播电视宣传的全面改革[J]. 新闻记者，1983（04）：2-4.

⑤ 叶子. 遵循规律，发挥优势，办好电视新闻[J]. 北京广播学院学报，1983（03）：25-55.

的成绩出现在1987年，主要表现是在全国人大六届五次会议期间，中央电视台播出了八次记者招待会录像剪辑，打破了长期存在的"出口转内销"的不正常状况，敞开了更公开地报道党务、政务活动的大门。这次报道的突破，也推动了整个电视新闻改革的进展。①何共淮在《电视新闻要增强思想性和表现力》一文指出，电视新闻的主要问题是缺乏思想深度，因此电视新闻的改革应当加强思想性，要有高度的表达能力和表达技巧，生动活泼地宣传党的主张，报道那些充满生机、富于哲理、具有思想性、教育性和趣味性的新闻事件。②吴少琦在《电视新闻改革漫议》中提出，电视新闻改革要以改革宣传为主旋律、离群众更近些、要从单向交流向双向交流转化、从受众的被动参与向主动参与转化、从电视传播范围与内容、方式的封闭性向开放性转化。③

　　如果说上述关于电视新闻改革的探讨主要集中在具体报道内容及制作方面，那么《关于深化电视新闻改革的若干思考》则强调电视新闻改革不只是一个技术性、业务性问题，更是一个政治性问题，改革的重点应放在内容上，应放在如何更好地发挥"教育、鼓舞、喉舌、桥梁"作用上，要改变对群众关心的部分事件报道不及时甚至不报道、报道面不够宽广、缺少深度报道和分析性阐释性报道、生活气息不浓、雷同重复的旧闻多的现象，要把电视新闻办成要闻总汇、要成为大众传播工具、要报道人的活动、要反映舆论的多样性、要及时回答现实生活中人们提出的问题、要加强评论工作和批评性报道、要在改革开放条件下学会用事实说话和以服务的态度去传播信息等。④由此可见，电视新闻改革的研究是一个逐渐深化的过程，人们从电视新闻报道的技术、报道范围的改革研究逐渐向电视新闻的保守观念和深层思想改革研究深化。

---

① 杨伟光. 关键在于选准突破口——谈谈电视新闻改革[J]. 中国广播电视学刊, 1988（02）: 14-18.

② 何共淮. 电视新闻要增强思想性和表现力[J]. 新闻战线, 1986（12）: 34-37.

③ 吴少琦. 电视新闻改革漫议[J]. 中国广播电视学刊, 1988（01）: 43-48.

④ 何光. 关于深化电视新闻改革的若干思考[J]. 中国广播电视学刊, 1987（03）: 8-21.

第三，电视新闻的业务研究全面、深入地展开，建构了专业化的研究领域。随着电视新闻逐渐成为一个独立的新闻媒介，人们也开始广泛地研究电视新闻的生产方式、电视新闻的各种要素及其制作、电视新闻的类型、电视新闻的编排与播出形式、电视新闻的艺术性等，电视新闻发展成专业化的研究领域。王非的《电视新闻采、编、播的一体化——试论新闻节目主持人的发展和影响》①、王一敏的《电视新闻节目编排探讨》②、陈培发的《电视新闻现场报道刍议》③、王永利的《论电视新闻中的"连续报道"》④、李秀生的《浅谈电视新闻专题报道》⑤、方颂先的《电视新闻的节目构成》⑥、叶子的《论电视新闻的深度报道》⑦、沈文冲的《电视新闻中同期声运用浅探》⑧、可人的《电视生活新闻的特征》⑨、王勤平的《浅谈电视新闻片与纪录片的异同》⑩、李相臣的《电视新闻形式种种》⑪等文章，研究了电视新闻从采访到制作到播出的整个过程，涉及电视新闻的画面、电视新闻的播音、电视新闻的文稿、电视新闻的剪辑与编排、电视新闻的主持人、电视新闻的艺术性等要素，也涉及电视现场报道、深度报道、连续报道、电视纪录片等各种电视新闻形式和生活新闻、经济新闻、政治新闻、社会新闻等多种电视新闻内容。这些研究不仅丰富了人们对电视的认识，更重要的是还为电视新闻

① 王非. 电视新闻采、编、播的一体化——试论新闻节目主持人的发展和影响[J]. 北京广播学院学报，1983（04）：1-6.

② 王一敏. 电视新闻节目编排探讨[J]. 新闻大学，1986（02）：112-147.

③ 陈培发. 电视新闻现场报道刍议[J]. 新闻大学，1985（09）：102-104.

④ 王永利. 论电视新闻中的"连续报道"[J]. 北京广播学院学报，1986（03）：28-33.

⑤ 李秀生. 浅谈电视新闻专题报道[J]. 新闻知识，1986（09）：13-15.

⑥ 方颂先. 电视新闻的节目构成[J]. 新闻大学，1986（12）：90-93.

⑦ 叶子. 论电视新闻的深度报道[J]. 北京广播学院学报，1987（02）：28-55.

⑧ 沈文冲. 电视新闻中同期声运用浅探[J]. 视听界，1987（04）：24-25.

⑨ 可人. 电视生活新闻的特征[J]. 传媒观察，1987（09）：52-53.

⑩ 王勤平. 浅谈电视新闻片与纪录片的异同[J]. 北京广播学院学报，1988（01）：37-40.

⑪ 李相臣. 电视新闻形式种种[J]. 新疆新闻界，1989（01）：29-30.

的独立制作、电视新闻的专业化发展、电视新闻影响力的提高、电视新闻的受众认同、电视新闻报道领域和报道方式的开拓等提供了重要的理论和经验支持。在这些研究的基础上，电视新闻学也逐渐成熟起来，一些系统的著作也开始出现，如王珏编著的《新闻广播电视概论》、辛理主编的《广播电视新闻教程》等。

第四，电视新闻的发展、改革、社会影响力的提高使得电视新闻研究逐步深入，其中之一即体现在电视新闻舆论价值的凸显上。在20世纪80年代后期，电视新闻与社会舆论之间的关系成为人们研究的重要主题之一。电视新闻舆论研究主要集中在三个方面。

一是电视新闻与社会舆论表达和舆论监督关系的讨论。20世纪80年代后期，新闻改革研究的一个重要内容就是加强电视新闻等媒体的舆论表达和舆论监督作用。罗弘道认为，新闻改革的趋势在于改变单方面强调新闻是党和政府的喉舌、忽视新闻也是人民的喉舌的现象；实行新闻舆论工作的公开性原则，公开报道包括国家生活中的重要活动及关乎人民群众利益的问题与事件，公开讨论国家领导机关、政府部门制定的关系到国计民生的国家方针大计。公开揭露和实事求是地批评损害国家和人民利益的严重错误与阴暗的东西；增强按新闻工作自身规律办事的自主权。[1]《关于新闻改革的讨论综述》一文概括了新闻舆论监督研究的主要问题意识，即人们认为新闻改革的长远目标是要建立具有新闻自由、具有新闻时效性的内容丰富、充满活力的新闻体制，实现"多种声音一个方向"的局面，在社会主义大方向下充分发扬民主，发展新闻自由，建立表达人们多种声音的多样化的新闻体制；改革的近期目标为贯彻开放的方针，形成有利于现代化建设和改革开放的理论指导、舆论力量、价值观念、文化条件和社会环境，加强新闻的群众性。新闻的舆论监督则是实现新闻改革的重要方面，要改变只有喉舌意识、没有舆论监督意

---

① 罗弘道. 从宏观角度看新闻改革的趋势[Z]. 中国广播电视年鉴，1988: 142-144.

识的新闻思想，应在决策方面、工作方面、法律方面、道德方面、理论方面加强舆论监督工作，从而保障人民群众的民主权利、激励人民的政治参与意识、促进人民的自我教育、监督官僚主义，促进社会主义民主化进程。①

二是电视新闻舆论研究考察了电视新闻在社会协商对话中的作用和在社会主义民主建设中的价值。这些研究强调电视新闻作为社会协商对话的优势，强调新闻协商的制度性建设和群众性原则，改革电视新闻的封闭、教条状态，使协商保持民主、开放、全面、联系现实等状态。《发挥电视在协商对话中的显要作用》指出，电视新闻的舆论化是建立社会协商机制、促进社会问题解决的重要机制之一，通过电视渠道展开社会协商对话会使观众有身临其境、亲自参与之感，运用舆论监督作用，通过电视的跟踪报道、连续报道，反映事态的发展，措施的落实，问题的解决，使社会协商对话制度日臻完善，促使协商对话的电视报道更健全。②《新闻媒介开展社会协商对话的讨论综述》一文总结了新闻与社会协商关系的研究，指出研究的主要议题包括：新闻工具协商对话的特殊性与优越性，加强媒体协商对话要制定相应的制度法律和增强民主意识，要强调真实性和全面性，促进广播电视封闭式和单向式向开放式和双向式转化，促进广播电视注入式与说教式向对话式和协商讨论式转化，加强电视直播形式以增强受众的参与感、透视感、责任感、真实感，要遵循民主原则、开放原则、协商原则，要探索群众喜欢的形式，避免协商的公式化，加强媒体协商机制和信息传播的基础建设，要重视调查和实事求是的新闻原则，等等。③由此可见，电视等媒体的新闻舆论研究所涉及的问题是复杂的，人们的讨论也是比较开放的，能准确地判断其中的问题，提出充分而多样的解决方法。电视新闻的舆论监督和

---

① 叶小刚. 关于新闻改革的讨论综述[Z]. 中国广播电视年鉴，1988：177–178.

② 刘仕达. 发挥电视在协商对话中的显要作用[Z]. 中国广播电视年鉴，1988：183–184.

③ 肖岗. 新闻媒介开展社会协商对话讨论综述[Z]. 中国广播电视年鉴，1988：178–179.

协商的研究既是以民主为基础，也涉及民主价值，因此，人们进行的舆论监督研究非常重视新闻舆论的民主意义。《广播电视与民主建设》认为，人民广播电视应当发扬自己的优势和民主传统，适应新的历史时期的要求，把推动民主建设作为一项经常的、重要的任务，在正确理解民主的基础上，通过全面、真实地报道国家和社会生活，为人民"知政"服务；通过客观地反映和正确地引导社会舆论，为人民"议政、参政"提供讲坛；通过客观真实地报道人民的民主活动，为人民民主制度建设服务；发挥广播电视的舆论力量，对国家、社会生活和对国家机关、公职人员实行舆论监督。这是广播电视新闻改革的崇高目标。①电视新闻舆论理论的彰显也带来了其与传统新闻思想之间的冲突。传统新闻思想注重自上而下的新闻传播与管理、新闻宣传、政治主导、党的领导、社会意识的教育引导、内容的意识形态独白等；新闻舆论思想则重视自下而上的新闻传播和舆论监督、社会主导、群众意识和民主诉求、公共意识的表达、社会与政治问题的批评以及舆论空间的开放等。这两者之间虽然在某种程度上可以进行协调，但其中的差异也是非常明显的。因此，主流电视新闻研究则希望规范舆论研究，舆论研究则希望吸收主流新闻研究，争取一定的话语空间。舆论引导和监督关系的讨论是这种新闻思想冲突的体现和学理性解决。

　　三是舆论监督与舆论引导的关系研究。新闻舆论性质的凸显本为各种社会权力之间冲突与协调的结果，政府、媒体、社会、经济、法律、国家、地方以及个体之间的分化以及各自利益的冲突，要求各自都有表达自己诉求的话语空间，这就使得社会舆论日趋多元化。一方面，社会力量及其舆论要求的凸显，要求舆论表达空间更加开放，并监督政府权力的不正当扩张和公权力的私人化，如何实现社会舆论监督成为电视新闻研究的一个主题；另一方面，中国社会独特的自上而下的整体结构、

---

① 韩泽，张学洪.广播电视与民主建设[J].中国广播电视学刊，1987（02）：20-25+53+1.

大一统的政治文化、社会动员的需要等也带来人们对社会舆论多元化、人们的价值与正当性冲突以及社会权力对政治权力压力的焦虑，如何引导社会舆论也成为电视新闻研究的一个主题。《加强舆论监督 发展民主政治》一文清楚地指出了新闻舆论监督所体现的社会与政治之间的冲突与协调，该文认为这一阶段我们面临着国际舆论的激烈竞争，面临着经济体制改革和政治体制改革中已经出现和将要出现的许多新情况、新问题、新矛盾，新闻报道如不进行深入改革，就难以和新形势相适应，就难以很好地担负起党和人民喉舌的重任。该文还涉及新闻时效、新闻如何成为同国内外人民群众对话的重要渠道、如何运用批评武器发挥民主监督作用、新闻的社会效果、新闻报道要内外并重等问题。这些都是当前新闻改革的重要方面。[①] 童兵的《新闻批评是有力的舆论监督——社会主义新闻事业的战斗性》更加强调舆论监督表达社会舆论、批评缺乏正义的社会关系的价值，他认为社会主义新闻事业的战斗性表现在表扬先进、批评落后两个主要方面，而尤以批评为首。新闻批评是社会主义新闻事业战斗性最鲜明、最集中的体现。运用新闻传播工具干预社会生活，实行舆论监督，调整人与人之间的平等关系和个人与社会之间的正确关系，伸张正义，针砭时弊，克服缺点，改正错误，是社会主义新闻事业的重要职责，是新闻工作者的光荣使命。[②]

就电视新闻舆论监督和舆论引导的关系研究来看，主要涉及新闻主导权的问题，即电视新闻是宣传的工具还是社会舆论的表达，是社会监督政府的公共意见的媒介还是政府规范社会意见的工具，是自下而上的舆论批判力量还是自上而下的舆论整合力量。《新闻舆论的监督与引导》就认为，新闻舆论的监督和新闻舆论的引导是舆论流向不同的两个概念。前者，主要是自下而上的；后者，主要是自上而下的。虽然流向

---

① 徐心华. 加强舆论监督. 发展民主政治[J]. 中国记者, 1987 (09): 11-12.

② 童兵. 新闻批评是有力的舆论监督——社会主义新闻事业的战斗性[J]. 新闻与写作, 1987 (11): 11-13.

不同，但这二者都是社会主义新闻媒介所承担的职责。①

虽然研究者一直在强调上述两个方面的辩证统一，试图把社会舆论监督的正当性和社会效力建立在舆论引导所赋予的话语空间中，但就实际的研究进程来说，这种努力并不成功。一般来说，舆论引导者侧重于肯定成绩和未来，强调共识和规范，希望把社会舆论引导到正确的方向上，形成自上而下的统一意识，因此，其关键词大多为正确的舆论引导、舆论引导艺术、舆论引导的有效性，等等。与之不同，舆论监督论虽然依然认同在主导意识形态规范下的舆论表达，但更强调舆论的批判价值，肯定舆论的力量来自社会，将舆论与社会公正、政治民主等联系起来，反思传统的新闻观的局限性和新闻体制的问题。因此，尽管人们在舆论监督和舆论引导之间确立了共同的本质，即社会主义性质、党性原则、人民大众利益等，但两者一是强调社会权力，一是强调政治权力，因此，两者之间也就存在着一定的差异和紧张的关系，这种差异和紧张也随着研究和实践的深入而逐渐加大，其结果就是社会舆论超出了政治可以控制和规范的空间，于是就加紧对舆论监督之维的批评、管理和控制。新闻界批判资产阶级自由化的主要指向，就是舆论监督研究和实践所带来的问题。

二、1990—2009年中国电视新闻研究概述

电视新闻研究的主题在20世纪90年代发生了很大的变化。引起电视新闻研究变化的主要原因有四个：一是社会利益分化和阶层分化导致了各阶层舆论表达权利之间的冲突；二是中国社会主义市场经济体制改革的深化，带来了电视机构生存的国内与国际环境的变化，竞争，尤其是媒介之间的竞争成为电视机构的核心研究主题；三是政治与社会之间、政治体制改革与经济体制改革之间关系的变化造成了电视机构新闻、宣

---

① 高连仲. 新闻舆论的监督与引导[J]. 新闻战线，1990（6）：10-11.

传、消费、传播意识的多元化；四是电视性质的定位发生了变化，无论是把电视视为大众传播工具、服务性第三产业、党和政府的喉舌、公共意见表达空间，还是把电视新闻视为实现社会知情权、满足受众的信息与娱乐需要、反映多元利益诉求的媒介，电视新闻观念都已经改变了传统新闻意识与传播意识。这些变化也带来了电视新闻研究主题的变化。从1990年—2009年的电视新闻研究成果来看，大体上可以分为以下四个方面。

第一，电视新闻业务和形式研究，这部分研究所占数量最大。随着电视新闻自身的发展、人们对于电视新闻接受经验的丰富、电视新闻竞争的加剧、电视新闻制作技术的提高等，如何制作更好的电视新闻就成为电视研究的重要主题。因此，人们从电视新闻的整个制作过程和电视新闻文本结构的各个方面研究提高电视新闻质量的方法。研究涉及电视新闻的采访、制作、编排、声画统一、新闻播出、新闻主持人、新闻标题、策划、片头、栏目、频道、包装、新闻背景资料、特技、摄像、新闻的配乐、语言、同期声、暗访、叙事、符号、新闻中的情理与事、字幕、滚动播出、细节、结构、镜头、艺术性、现场性、时间、空间、节奏、电视新闻的电视化，等等，考察了它们在电视新闻中的作用、电视新闻独特的电视性、与其他电视新闻制作过程或者电视新闻要素之间的关系、对新闻真实性的影响、在不同新闻类型中的地位、对受众接受的影响、对电视新闻艺术与信息效果的影响等。夏伟荣的《电视新闻滚动播出值得注意的几个问题》[1]、张守明和庞莉莉的《电视新闻采访的特性及其方法初探》[2]、李再学的《谈电视新闻画面对主题的体现》[3]、江小萍的《从电视新闻视听语言特点谈画面和文字的关系》[4]、王志强的《浅

---

[1] 夏伟荣.电视新闻滚动播出值得注意的几个问题[J].中国广播电视学刊，1995（12）：72.

[2] 张守明，庞莉莉.电视新闻采访的特性及方法初探[J].电视研究，1998（07）：7-8.

[3] 李再学.谈电视新闻画面对主题的体现[J].青年记者，1998（03）：40-41.

[4] 江小萍.从电视新闻视听语言特点谈画面和文字的关系[J].新闻前哨，1998（02）：31-32.

谈长镜头在电视新闻中的运用》①、王心通的《电视摄像如何拍出好新闻》②、陈斌的《浅析电视新闻节目中的音乐效果》③、魏波的《论电视新闻暗访的记者定位》④、李勇的《关于电视新闻同期声的运用》⑤、郝景玲的《浅谈电视新闻的形式美》⑥、车速轶和时旸的《电视新闻要营造叙述的"陌生化"》⑦等文章都以电视新闻实践为研究对象，分析、总结电视新闻的采访、制作、编排、声画与文字的关系，镜头的运用，采访技巧，画面构成等一系列实践活动。这些研究成果构成了系统的实用电视新闻学，促进了我国电视新闻在新闻的真实性与时效性、新闻文本的独特性和艺术性、新闻效果与受众接受等方面的发展。

第二，电视新闻的类型研究也日渐丰富。电视作为大众传播媒介，需要与受众之间建立比较稳定的联系，要求电视节目在播出的时间、内容、风格、编排形式、受众定位等方面保持一定的稳定性。电视新闻的类型化就是这种稳定性的体现。电视新闻的发展、新闻媒介之间的竞争以及电视新闻价值的不断开发，促使人们更加关注电视新闻类型的研究。电视新闻的类型研究主要集中在电视新闻杂志、电视新闻评论、现场直播、深度报道、对话新闻、新闻纪录片、专题报道、连续报道等。如刘圣田的《电视传媒的优势与〈焦点访谈〉的电视新闻评论模式》⑧、胡广清的《论电视新闻评论的基本特征》⑨、丁末的《论电视新闻深度

---

① 王志强.浅谈长镜头在电视新闻中的运用[J].中国电视，2006（05）.74-75.

② 王心通.电视摄像如何拍出好新闻[J].声屏世界，2007（12）：25.

③ 陈文斌.浅析电视新闻节目中的音乐效果[J].新闻实践，2007（12）：45.

④ 魏波.论电视新闻暗访的记者定位[J].新闻界，2007（06）：122-123.

⑤ 李勇.关于电视新闻同期声的运用[J].青年记者，2007（22）：98.

⑥ 郝景玲.浅谈电视新闻的形式美[J].新闻三昧，2007（10）：44.

⑦ 车速轶，时旸.电视新闻要营造叙述的"陌生化"[J].新闻传播，2007（10）：51-55.

⑧ 刘圣田.电视传媒的优势与《焦点访谈》的电视新闻评论模式[J].电视研究，1988（03）：18-50.

⑨ 胡广清.论电视新闻评论的基本特征[J].中国广播电视学刊，1997（06）：42-46.

报道的理性思辨特征》①、张骏德的《试论电视新闻评论》②、宋国勋的《浅议电视新闻述评的作用与特点》③、王俊杰的《关于优化电视新闻杂志节目的思考》④《论电视新闻杂志节目的传播优势》⑤《发挥综合优势 增强传播效果——对提高我国电视新闻杂志节目质量的几点思考》⑥、胥爱华的《新闻视听新感受——关于电视调查性报道热的思考》⑦、糜雄的《电视新闻深度报道刍议》⑧、李虹伟的《电视新闻的深度报道浅议》⑨、谭一丁的《新闻究竟该如何透视——兼谈电视深度报道及评论性节目的困惑与创新》⑩、范昀的《多点直播报道——电视新闻报道领域的新成员》⑪、孙振虎的《电视新闻直播的常态模式探索》⑫、陈城的《论现场直播在电视新闻中的作用》⑬、刘文红的《电视新闻谈话类节目中的人文关怀》⑭、吴敏苏的《电视新闻访谈类节目主持人话语功力研究——以〈面对面〉节目主持人王志为例》⑮、黄匡宇的《电视新闻纪录片溯

① 丁末. 论电视新闻深度报道的理性思辨特征[J]. 中国广播电视学刊, 1997 (06): 18-19.

② 张骏德. 试论电视新闻评论[J]. 新闻大学, 1997 (02): 63-66.

③ 宋国勋. 浅议电视新闻述评的作用与特点[J]. 新闻知识, 1997 (04): 39.

④ 王俊杰. 关于优化电视新闻杂志节目的思考[J]. 采与编, 1998 (02): 36-37.

⑤ 王俊杰. 论电视新闻杂志节目的传播优势[J]. 声屏世界, 1997 (01): 43-45.

⑥ 王俊杰. 发挥综合优势 增强传播效果——对提高我国电视新闻杂志节目质量的几点思考[J]. 河北大学学报 (哲学社会科学版), 1996 (03): 54-130.

⑦ 胥爱华. 新闻视听新感受——关于电视调查性报道热的思考[J]. 视听界, 1996 (05): 24-25.

⑧ 糜雄. 电视新闻深度报道刍议[J]. 视听界, 1996 (04): 22-23.

⑨ 李虹伟. 电视新闻的深度报道浅议[J]. 电视研究, 1995 (02): 7-8.

⑩ 谭一丁. 新闻究竟该如何透视——兼读电视深度报道及评论性节目的困惑与创新[J]. 现代传播, 2007 (04): 75-77.

⑪ 范昀. 多点直播报道——电视新闻报道领域的新成员[J]. 中国广播电视学刊, 1997 (08): 28-71.

⑫ 孙振虎. 电视新闻直播的常态模式探索[J]. 中国记者, 2007 (03): 110-113.

⑬ 陈城. 论现场直播在电视新闻中的作用[J]. 新闻大学, 2007 (18): 110-113.

⑭ 刘文红. 电视新闻谈话类节目的人文关怀[J]. 青年记者, 2007 (18): 66-67.

⑮ 吴敏苏. 电视新闻访谈类节目主持人话语功力研究——以《面对面》节目主持人王志为例[J]. 现代传播, 2007 (04): 57-59.

源》①、钟大年的《电视纪录片特征辨析》②、高鑫的《"电视纪录片"与"电视专题片"界说》③、卫新民的《把握特点 扬其所长——电视专题片与电视新闻区别浅议》④等文章，就对各类电视新闻的特点、功能、历史等进行了广泛细致的研究。

相较于20世纪80年代的电视新闻类型研究，这一时期的电视新闻研究明显具有以下几个特点。

第一，电视新闻类型研究更加丰富。研究者不仅广泛研究了各种电视类型新闻的特点、风格、报道的方式、电视新闻语言特征等，而且研究了各种类型电视新闻的制作、播出、剪辑等方面的特征。电视新闻类型研究的发展同这一时期电视新闻类型不断发展密切相关。一方面，电视新闻的栏目化、频道化等要求有更多类型的电视新闻节目；另一方面，同其他新闻媒体的竞争也要求电视新闻在要发挥自己的现场优势、时效优势、声画优势的同时，开拓与深化更多的电视新闻类型，包括深度新闻、新闻评论、新闻杂志、新闻专题片以及新闻纪录片等。电视新闻类型研究回应了电视新闻类型发展的要求，不仅总结了电视新闻类型的实践特点，而且研究了电视新闻类型的历史、规律以及发展趋势等。

第二，这一时期的电视新闻类型研究更加注重将电视类型置于竞争性的环境中，考察电视类型的生存状态、存在的问题、改革的必要性与改革的方式，分析了各种类型电视新闻之间的竞争、同一类型电视新闻之间的竞争给电视新闻类型带来的影响，而不只是单纯研究电视新闻类型的特点。因此，市场、受众需要、收视率、竞争等成为分析电视新闻类型存在与发展的重要概念。

① 黄匡宇. 电视新闻纪录片溯源（上）[J]. 声屏世界. 1997（09）：24-26;电视新闻纪录片溯源（下）[J]. 声屏世界, 1997（10）：15-17.

②钟大年. 电视纪录片特征辨析[J]. 电视研究, 1994（05）：40-41.

③ 高鑫. "电视纪录片"与"电视专题片"界说[J]. 中国广播电视学刊, 1992（03）：32-34.

④ 卫新民. 把握特点 扬其所长——电视专题片与电视新闻区别浅议[J]. 新疆新闻界, 1995（01）：34.

第三，这一时期的电视新闻类型研究不仅将电视新闻类型放在电视发展、新闻发展的环境中加以研究，而且将电视新闻类型放在更广泛的社会、文化发展环境中，研究电视新闻类型的发展与社会文化发展之间的关系。如在关于《焦点访谈》等新闻评论类节目、《新闻观察》等新闻深度报道以及现场直播类新闻节目的研究中，人们可以看到公共空间、民生、市民社会等概念也成为论证这些类型新闻节目价值的基本语汇，这意味着电视新闻类型研究同整个社会文化、思想意识和学术思想的变化是紧密联系的。

第四，这些电视新闻类型研究也吸收一定的批判性学术资源，从意识形态批判和政治经济学批判的角度分析电视新闻类型的社会政治经济基础和意识形态作用。

在众多电视节目类型研究中，电视新闻评论节目无疑是研究的核心。就电视新闻评论节目来说，这是一种在20世纪90年代蓬勃兴起的，并将新闻、分析和批评结合在一起的新闻类型，是直接涉及新闻话语权的节目类型。新闻评论者总是要体现某种价值立场、代表一定社会阶层的要求。因此，围绕新闻评论的价值取向、评论的权威性和倾向性、新闻评论的正当性来源等问题就呈现出不同的认知。《加强广播电视评论正确引导社会舆论——杨伟光副部长在广播电视新闻评论性节目研讨会上的讲话》[1]《努力办好新闻评论性节目 提高舆论引导水平——孙家正部长在广播电视新闻评论性节目研讨会上的讲话》。两篇文章从主导意识形态整合社会意识、形成舆论共识、强调主导意识的权威性出发，强调有中国特色的社会主义理论的指导意义、全局观的规范意义、舆论导向的主导意义、新闻评论队伍管理的规范意义。[2]不同于上述文章，魏艳

---

[1]杨伟光. 加强广播电视评论 正确引导社会舆论——杨伟光副部长在广播电视新闻评论性节目研讨会上的讲话[J]. 电视研究，1995（10）：11-17.

[2] 孙家正. 努力办好新闻评论性节目 提高舆论引导水平——孙家正部长在广播电视新闻评论性节目研讨会上的讲话[J]. 电视研究，1995（10）：4-10.

文的《重塑电视舆论监督的公信力》则从舆论的透明性、公正性和受众认可等角度出发，分析电视新闻批评的公信力，认为媒体公信力是媒体在受众中长期形成的信任感和权威性，是媒介所具有的赢得公众信赖的职业品质和能力。舆论监督是媒体赢得公信力的利器。以《焦点访谈》为代表的电视新闻舆论监督节目，对中国社会的发展产生了巨大的影响力。与其他媒体比较，电视舆论监督的公信力一直是很高的。然而，毋庸讳言，由于种种原因，电视舆论监督正面临着公信力危机。原因在于电视新闻舆论监督节目没有真正成为社会舆论公正表达的空间、没有真正将公信力建立在受众信任和话语权威基础之上。因此，电视新闻舆论监督节目要重塑公信力就需要将正当性与权威性基础转移到新闻报道的客观性、公正性、真实性、受众的认同等方面。①可以看到上述几篇文章对电视新闻评论的权威性和正当性来源、表现形式等的认识是不同的，这种不同自然会涉及电视新闻批评的选题、制作角度、播出风格、节目编排等一系列问题。

第五，多元价值取向是1990年—2009年的电视新闻研究的重要特点。这一阶段，电视新闻所处的社会环境发生了重要变化，社会主义市场经济、大众传媒的发展、文化的多元化、跨国文化交流与竞争的增加、经济全球化趋势的加剧等，都对人们认识电视新闻产生了影响。正如王启祥在《复合与多元：中国电视新闻节目形态演变特征分析》中所言，电视新闻节目形态是电视新闻传播的基本载体和表现样式，它的产生和变化与电视新闻的产生和发展，与时代的脉搏息息相关，电视新闻节目形态是单一还是多样，简单还是复杂，直接反映了电视新闻的广度、深度，乃至自由表达的程度。由于社会背景、技术手段、传播观念等的不同，中国的电视新闻在不同的历史时期表现出不同的节目形态。②

---

① 魏艳文. 重塑电视舆论监督的公信力[J]. 新闻前哨，2007（05）：7-19.

② 王启祥. 复合与多元：中国电视新闻节目形态演变特征分析[J]. 中国广播电视学刊，2006（11）：53-54.

因此，人们开始走出了宣传主导的新闻认知范式，开始了新闻的多元化研究。何国平的《电视新闻节目形态的嬗变之迹》就从节目形态的角度，对电视新闻问世以来的嬗变、演进轨迹进行纵向历史的追踪与横向国别的比较，指出中外电视新闻节目形态顺次经历了五度嬗变，表现为五种常规形态，即声画两分形态、政治化形态、深度形态、娱乐化形态和民生形态。但这些节目形态的演进并不是前后替代，而是一种叠加共生关系，共同丰富电视节目生态。①研究者围绕着经济新闻、社会新闻、生活新闻、民生新闻、新闻的公共性、新闻的人文主义、新闻的娱乐化、新闻的故事化、新闻的市场化等展开丰富的讨论，比较充分地体现了多元化研究取向。

在电视新闻多元化研究中，人文主义和娱乐化、消费主义之间的争论颇为典型地体现了多元价值给电视新闻研究带来的生机。陈启华与郑艳珍的《电视新闻评论节目中人文关怀的建构》②、吴红雨的《新闻是最具价值的媒介公共产品——受众多元需求背景下的"浙系"电视新闻节目调查》③、刘文红的《电视新闻谈话类节目中的人文关怀》④、李劲松的《电视新闻传播应引入人文精神》⑤、陈江萍的《给新闻加点糖——电视新闻娱乐化之我见》⑥、见水根的《关于电视新闻娱乐化的误区》⑦、项立新等的《电视新闻娱乐化评析》⑧、孙彤的《浅析消费文化视阈下的电视新

---

① 何国平. 电视新闻节目形态的嬗变之迹[J]. 现代传播，2007（5）：90-93.

② 陈启华，郑艳珍. 电视新闻评论节目中人文关怀的建构[J]. 现代视听，2008（4）：65-67.

③ 吴红雨. 新闻是最具价值的媒介公共产品——受众多元需求背景下的"浙系"电视新闻节目调查[J]. 新闻实践，2008（1）：30-31.

④ 刘文红. 电视新闻谈话类节目中的人文关怀[J]. 青年记者，2007（18）：66-67.

⑤ 李劲松. 电视新闻传播应引入人文精神[J]. 现代视听，2007（07）：63-65.

⑥ 陈江萍. 给新闻加点糖——电视新闻娱乐化之我见[J]. 现代传播，2005（05）：2.

⑦ 见水根. 关于电视新闻娱乐化的误区[J]. 视听纵横，2004（04）：35-36.

⑧ 项立新，江虹，徐媛. 电视娱乐新闻化评析[J]. 新闻前哨，2005（09）：66-67.

闻》①、张振华与孙平的《电视新闻娱乐化现象的文化思考》②、舒薇的《如何正确看待电视新闻娱乐化的趋向》③、李燚的《电视新闻娱乐化的传播学解读》④、丛建安的《消费社会与电视新闻的娱乐化》⑤、杜元与张翀宇《电视新闻娱乐化与社会责任》⑥、徐振祥的《走出电视新闻娱乐化的误区——关于湖南电视新闻节目娱乐化倾向的批评》⑦、全文瑜的《电视新闻娱乐化的隐忧》⑧等文章，就从多种角度探讨了电视新闻的人文关怀、娱乐化等问题。

尽管这些研究在消费与公共文化、娱乐与人文、大众与精英、文化满足与文化指导等新闻理念上有很大冲突，但这些研究都强调受众中心，要求电视新闻从受众角度出发建构自己的新闻价值体系。同时，无论是人文化取向还是娱乐化取向都认为电视新闻应当在受众中心的基础上实现文化的提升。李劲松在《电视新闻传播应引入人文精神》中提出大众传播已经进入受众中心时代，电视媒体要树立现代受众意识，在电视新闻传播中引入人文精神。同时，电视新闻传播要担负起传播人文精神的重任，从内容和形式上更好地为受众服务，并在人文精神的亲切和平视中实现引导、教育和整合的功能，为建设和谐社会做出贡献。⑨陈萍在《论电视新闻的人文精神》中也指出，电视新闻经历了由"播"新

---

① 孙彤. 浅析消费文化视阈下的电视新闻[J]. 中国广播电视学刊，2007（11）：45-94.

② 张振华，孙平. 电视新闻娱乐化现象的文化思考[J]. 燕山大学学报（哲学社会科学版），2007（01）：193-195.

③ 舒薇. 如何正确看待电视新闻娱乐化的倾向[J]. 新闻天地（论文版），2007（04）：64-66.

④ 李燚. 电视新闻娱乐化的传播学解读[J]. 记者摇篮，2007（06）：05.

⑤ 丛建安. 消费社会与电视新闻的娱乐化[J]. 东南传播，2006（11）：44-45.

⑥ 杜元，张翀宇. 电视新闻娱乐化与社会责任[J]. 新闻前哨，2006（10）：62-63

⑦ 徐振祥. 走出电视新闻娱乐化的误区——关于湖南电视新闻节目娱乐化倾向的批评[J]. 新闻传播，2007（03）：40-84.

⑧ 全文瑜. 电视新闻娱乐化的隐忧. 中国广播电视学刊，2006（08）：55-57.

⑨ 李劲松. 电视新闻传播应引入人文精神[J]. 现代视听，2007（7）：63-65.

闻到"说"新闻的演变过程,从原先的"英雄垄断"时代,走向了现代的"平民"时代,老百姓成了新闻的主角。电视新闻越来越有人情味,越来越有人文精神了。电视作为大众传播领域影响最大的传播媒介,它应当把生活中的各种现象所渗透和反映的人文精神表现出来。①而强调电视新闻娱乐性的研究者则从大众文化角度为自己的理论提供正当性的基础,但即使如此,他们也不放弃电视新闻人文之维。张振华与孙平在《电视新闻娱乐化现象的文化思考》中指出,新闻的娱乐化趋势是大众文化和精英文化和谐发展中的一个尝试,是大众文化的外衣下裹藏精英文化的内核,体现了电视媒介以受众为本体的回归。②舒薇在《如何正确看待电视新闻娱乐化的趋势》中指出电视新闻的娱乐化是一个全球化的潮流,是电视传媒史上的重要事件。论者或对电视娱乐采取鄙视和抗拒的态度,或赞同电视在激烈的竞争下踏上娱乐化的不归路。这两种极端态度,在某种程度上是由于对新闻本质以及人们对娱乐需求的深层原因的理解偏差导致的。为了能更好地在变化中求发展,给广大受众提供新鲜并且日益成熟的东西,必须把握好"度",为电视新闻的娱乐化寻求一个正确的发展方向。③孙彤的《浅析消费文化视阈下的电视新闻》则从学理上阐释了消费文化的特点、出现的历史语境,指出电视新闻在消费文化语境中必然发生的符号消费变化,也指出这种变化可能造成的问题以及电视新改革的策略。④无论人们如何看待电视新闻的人文精神和娱乐化研究,一个不容忽视的事实是,电视新闻的存在状态、制作方式、文本形态、文化价值以及受众接受与阐释电视新闻的方式都已经发生了重

---

① 陈萍. 论电视新闻的人文精神[J]. 视听纵横,2008(1):51-52.

② 张振华,孙平. 电视新闻娱乐化现象的文化思考[J]. 燕山大学学报(哲学社会科学版),2007(1):193-195.

③ 舒薇. 如何正确看待电视新闻娱乐化的趋势[J]. 燕山大学学报(哲学社会科学版),2007(1):193-195.

④ 孙彤. 浅析消费文化视阈下的电视新闻[J]. 中国广播电视学刊,2007(11):45-94.

大变化。这种变化是人们研究电视新闻不可绕过的问题域，要真正认识这种变化，需要改变传统的电视新闻观，把电视新闻娱乐化作为一种由政治、经济、文化、传播等复杂历史背景共同作用的现象，承认这一现象的必然性，并将其置放在更广泛的社会文化背景中分析、研究、评价其特征与价值，而不能简单运用一些新闻普遍原理，更不能固守某些教条。如此才能更好地认识、运用与改革电视新闻娱乐化。

第六，1990—2009年受社会主义市场经济的影响，研究者广泛地展开了电视新闻制度、市场化竞争、管理体制的改革、电视新闻资源的合理配置等方面的研究，以适应日益加剧的市场竞争。人们开始探讨新闻制片人制度、制播分离制度、新闻频道专业化、新闻栏目品牌化、电视新闻受众管理、电视新闻制作管理、电视新闻频道的产业化、电视新闻效益评估、电视新闻产品交易市场建设、电视新闻播出时间的设置、电视新闻管理体制的改革、电视新闻资源的合理配置、电视新闻市场的竞争、各个层次电视新闻的市场开发等一系列问题。张建的《都市新闻：电视新闻传播的新卖点——兼评〈南京零距离〉栏目》[①]、夏伟荣的《栏目制片人制——电视新闻管理的新机遇》[②]、连保军的《网络冲击下的电视新闻评论发展趋势》[③]、吴辉的《力求四个"零距离"提升新闻竞争力——浅谈〈南京零距离〉等栏目对电视新闻改革的启示》[④]、张宏的《个性化：电视新闻栏目竞争的焦点》[⑤]、韩云的《电视新闻传播中的竞

---

① 张建. 都市新闻：电视新闻传播的新卖点——兼评《南京零距离》栏目[J]. 电视研究，2002（08）：38-40.

② 夏伟荣. 栏目制片人——电视新闻管理的新机遇[J]. 新闻大学，1997（03）：54-113.

③ 连保军. 网络冲击下的电视新闻评论发展趋势[J]. 传媒，2006（08）：70-71.

④ 吴辉. 力求四个"零距离"提升新闻竞争力——浅谈《南京零距离》等栏目对电视新闻改革的启示[J]. 声屏世界，2006（07）：25.

⑤ 张宏. 个性化：电视新闻栏目竞争的焦点. 声屏世界，2006（07）：25.

争与突破》①、杜立军的《地方台电视新闻专题栏目弱化现象探析》②、
《中国纪录片面对国际化和市场化问题的探讨》③、西冰的《市场经济条
件下中国电视纪录片的多元化发展出路》④、于方的《电视新闻栏目品牌
化问题浅析》⑤、杨伟琳的《电视新闻包装的现状及发展趋势》⑥、李宇
的《论电视新闻或杂志类栏目品牌提升战略——由中央电视台中文国际
频道"媒体活动"的策划谈起》⑦、许建俊的《城市台电视新闻突围之
观察》⑧、刘晓军的《传统电视新闻媒体的多元化发展》⑨、张为的《电
视新闻评论栏目的生存与发展》⑩、左瀚颖的《收视率在电视新闻节目
编排中的应用》⑪、曹晓武的《构建省级电视媒体新闻节目的整体品牌
形象》⑫、唐宁的《创新：城市台电视新闻竞争的永恒主题》⑬等文章，
从各个方面切入中国电视新闻的市场化存在。尽管上述文章讨论的问
题、提出的解决方案各不相同，但它们都有一个共同点，那就是从市场
化角度来观察、分析、研究电视新闻所存在的问题。研究视角的转化也
带来研究问题意识的变化，研究者更加关注电视新闻的生存、发展、竞
争的环境，资源配置的方式与策略，研究电视新闻已有的机制、管理、

---

① 韩云. 电视新闻传播中的竞争与突破[J]. 当代电视，2006（05）：24-26.

② 杜立军. 地方台电视新闻专题节目弱化现象探析[J]. 浙江传媒学院学报，2006（01）：15-16.

③ 杜立军. 中国纪录片面对国际化和市场化问题的探讨[J]. 中国广播电视学刊，2002（07）：26-57.

④ 西冰. 市场经济条件下中国电视纪录片的多元化发展出路[J]. 中国广播电视学刊，2002（07）：28-30.

⑤ 于芳. 电视新闻栏目品牌化问题浅析[J]. 中国广播电视学刊，2007（09）：74-75.

⑥ 杨伟琳. 电视新闻包装的现状及发展趋势[J]. 中国广播电视学刊，2007（09）：46-47.

⑦ 李宇. 论电视新闻或杂志类栏目品牌提升战略——由央电视台中文国际频道"媒体活动"的策划谈
起[J]. 东南传播，2007（07）：6-7.

⑧ 许建俊. 城市台电视新闻突围之观察当代电视，2007（07）：6-7.

⑨ 刘晓年. 传统电视新闻媒体的多元化发展[J]. 新闻前哨，2007（06）：46-47.

⑩ 张为. 电视新闻评论栏目的生存与发展[J]. 新闻前哨，2007（06）：58-59.

⑪ 左瀚颖. 收视率在电视新闻节目编排中的应用[J]. 中国编辑，2007（03）：47-50.

⑫ 曹晓武. 构建省级电视媒体新闻节目的整体品牌形象[J]. 电视研究，2007（05）：58-59.

⑬ 唐宁. 创新：城市台电视新闻竞争的永恒主题[J]. 中国广播电视学刊，2007（03）：76-77.

制作、产品、定位、机构等如何在市场竞争环境中实现自我改革、重新整合与配置资源，不断创新新闻产品和传播策略，充分开发新闻市场以及形成核心竞争力，也关注影响中国电视新闻竞争力形成的政治法律制度、政府对传媒管理的方式与政策、意识形态宣传要求等与电视新闻市场化生存之间的复杂关系以及改革的方向。总之，电视新闻研究已经充分意识到全球化的媒体竞争、新媒体竞争对中国电视新闻理念、新闻体制、新闻生产机构以及新闻话语权提出的严峻挑战。因此，如何充分挖掘中国电视新闻的资源、通过市场主导的方式参与新闻竞争，将是中国电视新闻研究的一个长期话题。

综上所述，电视新闻研究始终处在政治意识形态规范、新闻专业诉求、资本逐利冲动、社会公共空间建构、各阶层表达渴望以及消费文化压力等多种力量的争夺与协商之中。由于各种力量在不同时期所处的地位不同以及由此导致的新闻话语的权力结构不同，电视新闻研究在不同时期的问题意识和研究主题也是不同的。即使是同一主题在不同时期也会获得不同的研究视角和价值重估。正如《政治文化与中国当代新闻学》所言，新中国成立后30年，革命政治文化对新闻学研究心态和研究旨趣有着根本性制约，使其在专门化和逻辑性上难有进展。改革开放后的政治文化转型为中国新闻学重构提供了机遇，为研究带来相对自主性、专门化和开放性的特征，但同时不可避免地跌入极端化的内在紧张中。由政治文化而导致的反思性的相对缺乏，成为中国当代新闻学建构的现代性焦虑。[1]虽然影响中国电视新闻研究的力量并非单一的政治文化，但其描述基本是准确的。这种充满张力的研究态势在全球化电视新闻生产与传播语境中无疑更加复杂。

---

[1] 唐海江. 政治文化与中国当代新闻学[J]. 现代传播（中国传媒大学学报），2007（03）：52-57.

第三章　2009年以前的广播电视文化研究

　　在电视成为最重要的大众传播形式之时，它也带来了中国文化结构的转型。无论是文化生产与传播方式还是文化生产与接受之间的关系，无论是文化价值等级还是文化意义的生产主体，无论是传统文化权威还是全球文化交流过程中的权力关系，都随着电视的出现发生了根本性的变化。正如高鑫与贾秀清在《电视文化身份的多维度审视》中指出的，电视的出现既带来了整个文化结构的重构，形成了文化生产、文化传播、文化再现、文化传承、文化意识、文化价值、文化定义等方面的深刻变化，也引起了新的文化权利、话语权、社会结构、文化结构等方面的争论。电视巨大的影响力导致了多种社会与文化力量对其文化身份的建构与要求。[①]因此，20世纪80年代后期以来，各种文化力量都围绕着电视展开了激烈的争论与冲突，希望将电视的文化力量纳入自己的文化规划之中。这些力量可以分成民族—国家的文化力量、资本的市场配置力量、知识分子的批判力量、大众的文化消费力量、西方主导的全球化文化扩张力量、地方文化资源开发和文化权力诉求的冲动、电视媒体的专业化力量以及传统文化强大的规范力量，等等，这些力量提出了各自的电视文化命题，力图以此整合电视的文化生产，为自己的电视表达提供文化正当性的论证。

---

① 高鑫，贾秀清. 电视文化身份的多维度审视[J]. 现代传播，2000（4）：1-8.

一、文化研究的几种范式

电视的精英文化、大众文化、通俗文化与消费文化研究充分正视了电视文化所造成的文化内部的分裂与冲突，提出了全新的文化研究视角，并为电视文化提供了新的正当性的理论辩护。此后，电视文化的价值辩护不再依赖自己是否符合传统文化价值观，而是建立在电视文化自身的内在特性或者置身于文化语境之上了。换句话说，电视等大众媒介已经建构了具有独特意义空间的媒介文化，正如钟梦白在《论媒介文化》一文中所说，当代大众传播媒介以迅速、形象、及时的传播手段，不仅向受众呈示了一个复杂而多变的现实世界，而且构筑了某种世界观和价值取向。这是一个人们很难脱离的媒介文化空间。[①]这种媒介文化在改变文化版图的同时，也要求人们具有新的文化研究理路。精英文化研究、大众文化研究、通俗文化研究以及消费文化研究正是这种文化研究理路转变的实现。尽管上述各种文化研究的理路并不完全相同，有些甚至相互冲突，但它们在电视文化研究方面却共享着相同的问题意识。下面我们就这些问题意识的研究做简单介绍。

首先，这些文化研究都把电视文化视为一种新的文化经验，认为它生成了与传统文化颇不相同的文化特质。人们看到文化场域中的分化，新的文化经验对以前整体文化进行冲击，并挑战其权威性和正当性。戴建平在《电视文艺·电视教育·电视的商业形态——论电视文化的三种基本类型》中就指出，电视文化根据其作用、特点及性质可分为三种类型：①电视文艺，它作为电视文化中一般的形式出现，既表现出通俗的文艺特征，也显示出雅文化的特征；②电视教育，构成电视文化的又一种形态，具有"选本"文化的特点；③商业形式，电视文化的商业性远

---

① 钟梦白. 论媒介文化[J]. 新闻与传播研究，1990（02）：16-30-15.

远超过以往一切文化的商业性。①虽然该文还没有把电视文化作为一种独特的文化形式，但已经突破了整体文化观，看到了电视文化带来的文化的裂变。不同于上文，雷鸣的《浅议电视文化的大众性》则强调电视文化的独特性，即大众性，以及这种大众性对整个文化版图产生的冲击。文章认为，电视艺术以迅速而逼真、生动可感的形象，以反应敏捷、思想活跃、激发想象和视听兼备的优越性，对传统的媒介，诸如报纸、杂志、广播等形成了挑战；在文化娱乐的大系统中，它的出现已形成了一种强有力的"冲击波"，并营造了一种"电视文化"，使原有的稳定的文化系统发生了动摇。像报纸、杂志、图书、文学、戏曲、电影等都不能不重新考虑自己的前途和发展，都不能不重新调整建构和重新定位，在新的文化系统格局中以新的特点和方式发展自身的潜力和功能，在电视的压力下去探寻和观众接近的新方式。②即使是坚持理性与批判文化立场的文章也承认电视文化所生产的大众文化具有其独特的性质，对理性文化形成了挑战。刘春的《法兰克福学派与大众文化批判》总结了法兰克福学派的大众文化批判，指出西奥多·阿多诺（Theodor Wieserk Grund Adorno）等人认为，大众文化的产生是商品与大众传媒的发展结果，它标志着传统精英文化的崩溃。大众文化并不就是大众的文化，它以舒适、通俗、优美的形式给人瞬间的刺激与虚幻的满足，并生产出了大众的"虚假的需要"。大众文化和商品一样，隐匿了商品拜物教的意识形态与资产阶级的"权力话语"，因而消解了大众的批判能力。从文化角度看，它反映出普遍的审美经验的退化与纯粹艺术的毁灭，反映出作为现实批判、超越的审美王国的解体。③

如果说上述研究还保留着对传统精英文化的留恋，还希望精英文化

---

① 戴建平·电视文艺·电视教育·电视的商业状态——论电视文化的三种基本类型[J]. 徐州师范大学学报（哲学社会科学版），1991（2）：111-115.

② 雷鸣.浅议电视文化的大众性[J]. 黔南民族师范学院学报，1998（1）：88-89.

③ 刘春.法兰克福学派与大众文化批判[J]. 现代传播，1992（03）：62-72.

能通过与大众文化的协调而成为大众文化批判的基础，那么喻国明的《大众传媒:告别精英文化》则无情地批判了人们的怀旧。该文指出，进入20世纪90年代以后，中国的大众传媒正在发生着一场"静悄悄的革命"。这场"革命"的一个突出表现就是媒体说话的语气变得谦逊了，有商量了，不再需要人们仰着脖子聆听了；媒体的面孔也变得平易近人了，多了一点宽容和笑容，少了一点颐指气使；传播模式也转型为以受众为本位了，价值取向的杂色和兼容变得日渐常态化了，那种定于一尊的意见一律性和论据呈现的单一与纯粹已经变得越来越不受欢迎。这意味着我国的大众传媒已经告别了精英文化时代，开始步入了大众文化时代。①在这种情况下，任何从精英文化出发整合大众文化的行为都显得是在逆文化潮流而动了。从上述研究可以看出，无论是批评还是肯定，也无论是悲观还是乐观，当大众文化被确立为电视文化的基本特征时，电视文化作为一种全新的文化经验不仅被人们认可了，而且这种文化形式对整个文化传统形成的挑战与改变，这种文化呼求用全新的文化观念和研究理路来重新研究与反思文化，这些也都被人们所认识到，并引起了文化研究的对象、理念、方法以及评价的根本变化。

随着中国电视更深层次地走向市场和大众文化消费，电视文化与市场之间更密切的联系在消费文化中体现出来。这是电视文化大众化取向的极端体现，也是电视文化市场化的结果。所以，电视文化消费主义认同不仅更加激烈地冲击了精英文化观念，而且冲击了大众文化观依然保留的理性和严肃文化残余。梁婷婷与欧阳宏生在《电视文化:一种大众的消费文化》中指出，电视文化是一种多元的文化形态，它在本质上属于大众文化，但又兼具精英文化、通俗文化、主流文化和边缘文化的属性，同时还与当代文化有着密不可分的关系。在消费文化日益盛行的今天，随着消费行为和与之相关的价值观念对社会生活渗透性的增强，电

---

① 喻国明. 大众传媒: 告别精英文化[J]. 青年记者，2000（01）: 7-8.

视文化正在作为一种消费文化参与着社会物质文化和精神文化的建构。[①]
徐小立与秦志希的《新闻传媒的消费主义文化变异》深入地分析了电视
文化消费主义出现的背景、表现、特征以及对传媒和文化产生的影响，
他们指出，在社会、经济、文化全面转型和传媒市场化改革的背景下，
我国大众传媒消费主义文化的产生成为一种历史的必然。传媒消费主义
一方面体现为传媒对消费主义价值观念和生活方式的传播，另一方面也
表现为传媒自身的消费主义文化变异，即传媒在经济利益的驱动下，以
消费为目的，围绕自身产品（传播内容）的"可消费性"来组织生产。
这种变异使传媒既是新闻信息的传播者，同时又成为自身文化产品的推
销者，传播者的角色变更正使它的运作理念、制度安排、生产流程、叙
述模式等发生着消费化的改变。商业逻辑正入主新闻传播并成为其内在
驱动力，使得新闻传播这种人类的精神交往活动被物化。传媒消费主义
文化包含复杂的意味，不可持简单否定的态度。[②]

　　不难看到，消费文化研究作为电视文化研究的一种视角，固然与电
视文化的大众文化研究具有一定的共同理路和问题意识，也是大众文化
研究的深化与延续，但两者之间关于电视文化的认知也呈现出一定的差
异。简单地说，大众文化注重对电视文化的生产方式的研究，强调电视
文化生产者包括资本对文化的控制，消费文化则注重对电视文化的消费
方式进行研究，强调受众消费欲望在文化意义生产中的主动性以及文化
存在意义的流动性，实现了让·波德里亚（Jean Baudrillard）所说的"从
生产研究向消费研究的转化"。

---

① 梁婷婷，欧阳宏生. 电视文化: 一种大众的消费文化[J]. 西南民族大学学报（人文社科版），2007
（03）: 100-104.
② 徐小立，秦志希. 新闻媒体的消费注意文化变异[J]. 现代传播，2007（02）: 16-19.

二、电视文化价值正当性研究概述

电视文化独立性的确立，要求人们重新审视文化生产方式、传播方式、受众接受方式、文化价值偏好、文化的社会传播以及对整个文化场域的重构等一系列重大文化问题。研究开始建立新的文化研究理论，思考电视文化的性质与价值，反思传统文化研究理路所存在的问题，分析大众文化在中国文化语境中可能的积极意义，重新评价电视文化的价值。同时，研究也全面追问电视文化等大众文化的生产机制，考察其中所存在的权力结构及其意识形态遮蔽，反思其大众主动性和文化自由的虚幻。在电视文化性质与价值的研究方面，各种文化研究视角所持的思想视野和价值判断常常是大相径庭的。

精英主义者常常从电视文化生产过程中的权力控制出发，指出资本或其他权力在电视文化生产中具有绝对地位，通过大规模的生产和复制，制造同质化的文化产品，在满足受众娱乐的同时，造成了他们理性反思与批判能力的丧失，从而实现权力对人们意识的控制。万丹的《对现代传媒的文化批判》从法兰克福学派和文化生态学提供的角度，指出现代传媒加速了人的异化，破坏了文化多样性，为人类文明带来了风险。[①]王洪英的《电视文化的大众化亟待走出误区》则指出电视文化的媚俗化已经造成了严重的问题，在可以迎合最大多数人的口味时失去了电视对大众文化趣味的批判功能。[②]汪振军的《走出电视文化的误区》则指出，当时的中国电视并没有为大众提供太多的具有时代精神和思想内涵的精品，更多的只是一种文化的常数或平均值。这种文化所体现的当下性、平面性、断裂感和零碎感，使当时的人们丧失了对现实问题的关注力和美丑的分辨能力。[③]因此，研究者普遍认为电视文化的主要问题

① 万丹. 对现代传媒的文化批判[J]. 现代传播，2002（02）：1-4.

② 王洪英. 电视文化的大众化亟待走出误区[J]. 新闻通讯，1999（04）：32-33.

③ 汪振军. 走出电视文化的误区[J]. 中国电视，2005（05）：53-56.

在于人文主义精神的缺乏。孙玉萍在《当代文化传播中的内涵缺失与重建》中指出，以大众传播为主渠道的当代文化传播，由于精英文化的缺失与精英知识分子的缺席，存在着内涵缺失的现象，主要表现在道德价值的迷失、文化生态的失衡、人文精神的失落、科学精神的缺欠。[①]在精英文化研究者看来，电视文化存在的更深刻问题是以技术客观性建立权力结构、以自由名义施行的权力控制。李思屈的《传媒文化及其权力现象——"传媒权力"之一》从"技术对人的统治"出发指出了现代传媒的权力性质来源及其对大众的控制。[②]龙永红的《电子媒介文化与现代自由》一文指出，电子媒介文化时代的降临，一方面使大众获得了一种不干涉主义或放任主义的神话般自由，另一方面，电子媒介文化自由启蒙背后形成的是一个利用自由的名义来追逐商业效益和利润的资本操作系统。自由神话与自由利用是电子媒介文化这一枚硬币的两面。作者分析了这两面在现有经济文化环境中的展现与运作，也分析了大众何以可能受制于这种神话原因，分析了文化资本利用这种神话实现一种合法的话语权力的策略。文化研究的关键在于解构这种权力的可能性策略。[③]总之，精英文化研究视角对电视文化的自由化、独立性、大众化等始终保持着深刻的怀疑，坚持从批判立场出发揭示电视文化在大众化名义下所隐藏的权力关系、对自由与理性的压制以及对文化意义的犬儒主义式消解。

对于精英文化来说，电视文化的发展带来的一个巨大威胁就是精英文化空间的萎缩和话语权的沦丧，因此，文化边缘化焦虑就成为精英文化研究的共同问题意识。刘玉清的《精英文化借传媒走向大众》[④]、王晓

① 孙玉萍. 当代文化传播中的内涵缺失与重建[J]. 湖南大众传媒职业技术学院学报，2002（03）：26-28.

② 李思屈. 传媒文化及其权力现象——"传媒权力"之一[J]. 西南民族学院学报（哲学社会科学版），1998（05）：6-11.

③ 龙永红. 电子媒介文化与现代自由[J]. 天津社会科学，2002（01）：99-102.

④ 刘玉清. 精英文化借传媒走向大众[J]. 传媒，2002（10）：6-7.

旭的《解救边缘化的电视精英文化》①、沈滢的《论视觉消费对精英文化的影响》②、熊忠辉的《电视精英文化如何走进大众》③、蒋艳芳的《电视精英文化拯救与公共电视的建立》④、刘慰瑶的《大众传媒：精英文化在困境中不可回避的选择》⑤、宋妍的《精英文化的大众化突围——媒介环境与媒介选择》⑥、王润兰的《电视精英文化边缘化及出路》⑦等文章深入地分析了精英文化边缘化的背景，指出精英文化边缘化历史趋势对整个文化价值系统的危胁，强调重建精英文化的重要性。谢婉若在《当下电视精英文化解读》中提出，电视精英文化是精英文化在电视中的体现，宣扬一种普遍的社会理想，传播文明、弘扬社会正义、阐释人生信念、关注人的价值和人类的命运。电视传播的广泛性，本可以使电视精英文化更好地发挥导向作用，但现实是大部分电视精英文化栏目处于边缘位置，这一方面是由于当今社会正处于电视大众文化的狂欢时期，另一方面，电视精英文化节目本身也存在许多不足之处。作为先进文化的代表和整个社会文化发展的引路人，作为精英文化生存的一种方式，电视精英文化在困境中要逐渐完善。⑧

精英文化研究当然不只是激烈地指责电视文化对人的独立性和自由性的损害，更深入的研究是要客观地揭示电视文化的生产机制、对整个文化结构所产生的影响及对精英文化主导的文化场域的重组。潘知常在《大众传播媒介：当代的新赫尔墨斯之神——在阐释中理解当代审美文化》中指出，在考察当代审美文化的内涵之时，传播媒介是一个值得深

---

① 王晓旭. 解救边缘化的电视精英文化[J]. 才智，2008（05）：217.

② 沈滢. 论视觉消费对精英文化的影响[J]. 现代视听，2008（02）：33-35.

③ 熊忠辉. 电视精英文化如何走进大众[J]. 现代视听，2007（08）：21-23.

④ 蒋艳芳. 电视精英文化拯救与公共电视的建立[J]. 声屏世界，2006（01）：18-19.

⑤ 刘慰瑶. 大众传媒：精英文化在困境中不可回避的选择[J]. 现代传播，2002（01）：136.

⑥ 宋妍. 精英文化的大众化突围——媒介环境与媒介选择[J]. 新闻前哨，2007（07）：91-92.

⑦ 王润兰. 电视精英文化边缘化及出路[J]. 中国广播电视学刊，2008（06）：80-81.

⑧ 谢婉若. 当下电视精英文化解读[J]. 湖南文理学院学报，2008（02）：92-94.

究的话题。假如说造成传统的美和艺术的死亡的直接原因是消费资本主义的出现，那么，间接的原因就是大众传播媒介的出现。这意味着，在人类美学历程中，一种美和艺术的死亡，往往间接决定于意识形态的改变，但在当代，操纵这场美学革命的杠杆第一次不是来自意识形态，而是来自大众传播媒介。大众传播媒介作为被赋予了鲜明文化特色的传播工具，带来了审美文化的根本改变。①鲁哲的《意义的生产与流通——费斯克〈电视文化〉述评》通过介绍英国文化研究学派的成果，指出大众文化文本接受过程中可能产生的自由、反抗和解放空间，文章指出费斯克认为由于经济的原因，电视必然生产符合主流意识形态的节目，这样才能吸引更多的观众。但电视文本是开放的，受众才是意义的生产者。文本的开放产生了多义性，为观众的积极阅读提供了条件。电视观众是积极的，观众首先是社会主体，然后才是文本主体。观众看电视是与电视对话的过程，观众或坚持自己的观点，或反抗，或与主流意识对话协商。研究电视，不应该把注意力全部集中在电视节目（一级文本）上，而应该关注它的文本间性，因为意义不局限在单一文本，而是存在于文本之间。②这种研究理念的变化意味着精英文化研究一方面不放弃大众文化批判和通过文化争取自由的努力，另一方面也不再采取简单地通过文化的先验预设排斥大众文化文本，不再简单地从文化文本生产环节的权力结构推断出整个文化意义生产过程都存在着统治性和一致性，不再简单地对受众接受过程中的理性、批判与反思能力抱着彻底怀疑的观念，而是开始正视大众文化整个意义生产过程的复杂性和大众的异质性。在大众接受的具体语境和阐释的多元性中寻找文本意义自由生成的可能性。

当精英文化研究为电视文化的权力结构和批判性衰退忧心忡忡时，

---

① 潘知常. 大众传播媒介: 当代的新赫尔墨斯之神——在阐释中理解当代审美文化[J]. 艺术广角，1995（01）: 4-8.

② 鲁哲. 意义的生产与流通——费斯克《电视文化》述评[J]. 新闻与传播研究，1998（04）: 73-80+93.

大众文化的肯定者则为电视文化彻底改变文化版图、彻底改变文化权威的精英支配现象而欢欣鼓舞。他们从大众性、平民性、民主性、创造性、自由性、主动性、平等性、结构性、多元性等各个角度论证电视文化的价值和主体性，强调电视文化对主流文化与精英文化的消解，肯定电视文化已经生成了更加开放、更加多元、也更具参与性的文化空间。

於贤德在《论电视文化的人学意蕴》中满怀信心地指出，从想象力、探究力、建造力三个方面来说，电视作为人的本质力量对象化的产物，在确证与提高人的本质力量的过程中显示出巨大的价值：电视的发明和完善不但使人的感官得到极大的延伸，而且用伟大的实践去证实想象与幻想的价值；依靠不停的科学探究活动，深入地掌握客观世界的规律，持续开展传播媒介革命；作为系统工程的电视技术的飞速发展，更表现了人的建造力的升华。[①]针对精英文化研究通过大众文化批判来指责电视文化缺乏人文内涵，忽视电视文化在中国文化语境中的肯定性价值，李显杰在《人文精神与中国当代电视文化》中提出，当代大众文化的兴起，尤其是中国当代电视文化的普及与发展，与倡导人文精神建设并不是矛盾对立的。中国当代电视文化具有本民族的文化特征，借用西方的"大众文化"概念与批判理论否定其建构人文精神的文化功能的观点是偏激的，它忽略了中国电视文化的制度体制、文化传统背景和接受群体的具体需求。电视文化学作为人文学科，只有在批判地继承、吸取中国传统文化与西方当代文化中的精华，结合民众的当代文化需求，以人文精神的培育为内核，才能够立足。[②]车美萍的《当代大众传媒文化的发展趋势》从技术进步对文化进步的影响出发，认为多元共存与更加人性化是当代大众传媒发展的两大必然趋势。人类文化传播实践是对传播手段进行积极创造以及对这一创造的优秀成果进行积淀的过程，这种积淀必然

---

① 於贤德. 论电视文化的人学意蕴[J]. 华南师范大学学报（社会科学版），1996（06）：75-80+89.

② 李显杰. 人文精神与中国当代电视文化[J]. 华中师范大学学报（哲学社会科学版），1996（03）：28-36.

促使大众传媒走向多元共存的格局。传媒的多元共存对文化发展具有重要的意义，它是一个社会文化"复调"的硬件，从而为文化的多元共存提供广阔的空间。传媒文化的人性化是指传播媒介的发展日益趋向满足人的意识沟通和思想传播的要求，是传媒本质不断张扬的过程，主要表现在两个方面：延伸人的感官和媒介霸权的抑制。①田萱的《论媒介文化的审美意义》认为，尽管媒介文化消解了传统审美的纯粹性，但它重构了当今大众生活的价值，解放了普通人的感性。②从这种意义上说，电视文化无疑有利于抑制权力、张扬自由。电视文化的这种特征使人们得出了其可以建构多元性的话语空间的结论，研究者认为这会为各种社会阶层的利益和表达提供可能性。隋岩在《多重复合的当代中国电视文化意识形态》中就指出，当代中国电视文化的意识形态表现出国家意识形态、市场意识形态、精英意识形态、白领意识形态、平民意识形态的多种层次共存的复合状态。③因此，比较精英文化和主流文化，电视文化不应该被看作处在附属地位的、缺乏价值自足性的文化，而应当看到其独立的主体地位，看到其在审美、政治民主化以及文化价值等方面能为中国文化的建构提供积极的、正面的文化支持。正如许永在《现代传播与消费文化》中所言，在我国近年来经济持续快速增长的条件下，消费这个概念的内涵在一次又一次地改写，与消费相关的观念、习俗、认识、伦理、道德、素养等也经历了许多深刻的变化。这些变化绝大部分都与现代传播媒介的参与有关。媒介对消费文化的影响既是媒介活动的必然后果，也是媒介的自觉行为，媒介参与并改造消费文化已更具主动性、积极性。由于高新技术的发展使文化与精神的产品可以大批量生产和复制，并通过现代传播技术创造受众市场，因此文化要通过传媒实现自身

---

① 车美萍. 当代大众传媒文化的发展趋势[J]. 石油大学学报（社会科学版），2002（02）：33-36.

② 田萱. 论媒介文化的审美意义[J]. 邯郸职业技术学院学报，2008（01）：36-39.

③ 隋岩. 多重复合的当代中国电视文化意识形态[J]. 中国人民大学学报，2002（05）：119-124.

价值。[①]其他如张国功的《电视与当代文化的发展趋势》[②]、宋妍与贾淼的《试析媒介娱乐文化对受众主体性的培育》[③]、甘锋与马营的《论电视文化与人类审美方式的变迁》[④]、陈默的《电视文化的新理念——多元对话性》[⑤]等文章从各个角度论述了电视文化在当代中国文化的重建中的主体地位。总之，各种文化研究围绕着电视文化的性质、在文化建构中的地位以及文化权力等问题展开的激烈争论，不仅为更深入地认识电视文化、为建构当代中国多元文化提供了丰富的理论资源，而且推动了电视文化观念和文化实践的发展，促进了电视文化空间更高程度的开放，也更深入地介入当代文化的创造之中。李晓灵的《大众传媒与中国启蒙文化：建构与解构》指出，启蒙作为中国近现代崛起的文化范式，实质是一种文化传播行为与过程，它的发展与大众传媒的进化息息相关。大众传媒与中国启蒙运动的关系经历了建构时代与解构时代的更迭。随着中国社会转型的进行，大众媒介在对启蒙形成强大冲击的同时，也提供了难得的良机，它将迎来一个传媒专家协同思想大师为主体、多向传播、多元共融的温和的启蒙新纪元。[⑥]

三、文化研究的思想资源与方法研究概述

各种文化研究理路的冲突还体现在电视文化研究方法的讨论上。潘忠党的《传播媒介与文化：社会科学与人文学研究的三个模式》一文将

---

① 许永. 现代传播与消费文化[J]. 新闻知识，2002（12）：24-26.

② 张国功. 电视与当代文化的发展趋势[J]. 声屏世界，1995（02）：32-33.

③ 宋妍，贾淼. 试析媒介娱乐文化对受众主体性的培育[J]. 新闻传播，2007（07）：46-48.

④ 甘峰，马营. 论电视文化与人类审美放式的变迁[J]. 现代传播，2003（04）：111-112.

⑤ 陈默. 电视文化的新理念——多元对活性[J]. 现代传播，2003（04）：111-112.

⑥ 李晓灵. 大众传媒与中国启蒙文化：建构与解析[J]. 甘肃联合大学学报（社会科学版）：91-94.

媒介与文化研究方法分成三种思路，^①自然有其学理和现实基础，但这里考虑中国电视文化的发展及其理论研究状况将采取另一种划分方法。

概而言之，电视文化研究方法讨论大体上可以分成五个方面。一是以葛兰西、法兰克福和英国文化研究为代表的政治经济学批判研究，二是以麦克卢汉媒介技术理论为核心的文化研究，三是以波德里亚的消费社会理论为代表的电视文化研究，四是以哈贝马斯的公共领域理论为代表的媒介政治文化研究，五是以福柯、德里达等后现代主义理论为代表的多元主义文化理论[2]。张颐武的《文化研究与大众传播》[3]、金元浦的《文化研究的视野：大众传播与接受》[4]、陈犀禾的《被制造的另一个现实——西方知识界对当代媒体文化的研究和批评》[5]、胡明宇的《受众解读与媒介文本——文化研究派对受众的研究》[6]、金丹元的《重识后现代——兼论后现代语境中的中国电视文化》[7]、杨华的《论法兰克福学派的媒介批判和文化批判》[8]、孔令华的《论媒介文化研究的两条路径——法兰克福学派和英国文化研究学派媒介文化观差异之比较》[9]、周宪的《文化工业／公共领域／收视率——从阿多诺到布尔迪厄的媒体批

---

① 潘忠党. 传播媒介与文化：社会科学与人文学研究的三个模式（上）[J]. 北京广播学院学报，1996（04）：8-14.

② 潘忠党. 传播媒介与文化：社会科学与人文学研究的三个模式（下）[J]. 北京广播学院学报，1996（04）：16-24.

③ 张颐武. 文化研究与大众传播[J]. 北京广播学院学报，1996（2）：1-9.

④ 金元浦. 文化研究的视野：大众传播与接受[J]. 天津社会科学，2000（04）：157-161.

⑤ 陈犀禾. 被制造的另一个现实——西方知识界对当代媒体文化的研究和批评[J]. 文化研究，2000（05）：21-28.

⑥ 胡明宇. 受众解读与媒介文本——文化研究派对受众的研究[J]. 文艺研究，2000（05）：21-28.

⑦ 金丹元. 重识后现代——兼论后现代语境中的中国电视文化[J]. 学术季刊，2002（01）：166-174.

⑧ 杨华. 论法兰克福学派的媒介批评和文化批判[J]. 西北民族大学学报（哲学社会科学版），2005（03）：142-146.

⑨ 孔令华. 论媒介文化研究的两条途径——法兰克福学派和英国文化研究学派媒介文化观差异之比较[J]. 新闻与传播研究，2005（01）：95-96.

判理论》①《文化工业—公共领域—收视率——布尔迪厄的媒体批判理论》②、隋岩的《电视文化的跨学科存在及其研究视角》③、张亮的《雷蒙·威廉斯"文化唯物主义"视域中的电视》④、董天策的《以电视娱乐文化作为研究范畴与视域》⑤、鲍海波的《文化转向与媒介文化研究的任务》⑥、单波与李楠的《大众传播与文化——丹尼斯.麦奎尔的"传播-文化"观评析》⑦、何道宽的《媒介即文化——麦克卢汉媒介理论批评》⑧、梅琼林的《传播技术理论的现代历程及其文化反思》⑨等文章，从电视文化与现实、文化权力、政治结构、生产方式、大众社会、消费社会、语言、传播技术、文化语境等之间的关系出发，介绍了电视文化等大众文化形式研究的视角、方法、问题意识、基本价值判断、存在问题的判断、正当性论证的基础以及文化批判等，形成了电视文化研究多元的、辩论的、自由的方法论格局。如《电视大众文化研究视角的转换》中所言，在经济与科技的双重驱动下，当代中国电视文化已由以往的艺术文化向商业文化、大众文化，亦即电视大众文化转型。电视文化本身已经成为一种跨学科的文化形态，所涉及的领域远远不是传统的文化艺术所能涵盖的。对待这样一个异质的复杂对象，任何单一的阐释角

① 周宪. 文化工业—公共领域—收视率——布尔迪厄的媒体批判理论[J]. 新闻与传播研究，1998（0）：67-72+93.

② 周宪. 文化工业/公共领域/收视率——布尔迪厄的媒体批判料理论[J]. 新闻与传播研究，1999（02）：70-74.

③ 隋岩. 电视文化的跨学科存在及其研究视角[J]. 山西师范大学学报，2002（04）：128-132.

④ 张亮. 雷蒙·威廉斯"文化唯物主义"视域中的电视[J]. 文艺研究，2008（04）：91-98.

⑤ 董天策. 以电视娱乐文化作为研究范畴与视域[J]. 新闻与传播研究，2005（02）：2-10+94.

⑥ 鲍海波. 文化转向与媒介文化研究的任务[J]. 新闻与传播研究，2006（03）：40-52+94-95.

⑦ 单波. 大众传播与文化——丹尼斯·麦奎尔的"传播—文化"观评析[J]. 新闻大学，1998（03）：30-35.

⑧ 何道宽. 媒介即文化——麦克卢汉媒介理论批评. 北京广播学院学报，2000（06）：25-31.

⑨ 梅琼林. 传播技术理论的现代历程及其文化反思[J]. 东南大学学报（哲学社会科学版），2006（04）：76-80+127.

度或评价尺度都是有局限的。因此，从多个视角给予关照与描述，有助于全面、客观、真实、准确地理解把握当代中国电视文化的存在事实。①

当然，从文化研究的意义来说，文化研究方法的讨论不只是单纯的方法论，也是关于文化政治、文化价值等方面的讨论，方法论的转换带来的是文化研究视野、价值评价以及文化实践意义的转变。简单地说，葛兰西霸权理论、法兰克福大众文化批判理论、英国文化研究、布尔迪厄的场域与文化资本理论等，虽然在研究方法上有不少区别，②但它们都强调文化与政治之间的关系，强调对大众文化做政治解读，以揭示其中所隐藏的权力关系和意识形态遮蔽，通过文化批判和文化重建形成自由的、理性的、批判的文化空间。其中的精英意识是比较突出的，即使是英国文化研究也不排斥精英意识。而以麦克卢汉的媒介技术及其文化转型理论为主的文化研究理论则着重于研究大众传播媒介带来的文化与社会关系的根本变化，指出电视技术及其文化的发展是人类进步的重要阶段。何道宽在《媒介即文化——麦克卢汉媒介理论批评》中指出，麦克卢汉认为媒介即文化，文明史就是媒介史。西方文化经历了三次媒介革命：拼音文字、机器印刷和电子媒介。人类社会经历了部落化和非部落化两个阶段，正在进入重新部落化的第三个阶段。拼音文字是视觉的延伸，产生了线性、逻辑、"理性"、分析、专门化的西方文化。印刷术产生了残缺不全的"谷登堡人"。电子媒介是意识的延伸，由拼音文字人类正在进入一个地球村。这是一个多元化的重新部落化的全球一体的美好新世界。③这种研究侧重于技术社会学和技术文化学，以进步论为基础，因此，对大众文化所存在的权力结构和压制关系不是很重视。以波德里亚消费社会理论为代表的文化研究则更加关注电视文化消费所带来

① 隋岩. 电视大众文化研究视角的转换[J]. 当代电视，2001（15）：34-35.

② 孔令华. 论媒介文化研究的两条路径——法兰克福学派和英国文化研究学派媒介文化观差异之比较[J]. 新闻与传播研究，2005（01）：43-48+95-96. 该文比较了它们之间的不同。

③ 何道宽. 媒介即文化——麦克卢汉媒介理论批评[J]. 北京广播学院学报，2000（06）：25-31.

的文化性质的根本转型、文化正当性基础的变化、文化符号与现实之间传统关系的颠覆、文化意义在消费中产生、消费文化与以市场为主导的消费社会的密切关系以及消费中心地位等一系列问题，强调消费文化的自足意义以及由此促成的整个文化意义模式的转型。后现代主义文化研究理论为消解文化等级、揭示文化权力结构、指出文化言说的多元性、瓦解意义的深度模式、促进文化场域中的平等和自由等方面提供理论支持。以哈贝马斯公共领域理论为代表的文化研究理论更加强调电视文化公共价值，批判消费与娱乐主导的电视文化对公共文化的消解，尤其是电视新闻文化的娱乐化对新闻公共价值的威胁与颠覆，强调电视文化的正当性应建立在提供公共讨论空间之上。如尹鸿在《媒介行动——〈共同关注〉的文化价值》中就指出，作为国家电视台、肩负公共媒介使命的中央电视台，应具有打造有影响力和公信力的权威媒体的发展思路。[1]张帆的《对消费文化背景下媒体的思考》也指出，消费、媒体、文化融为一体的消费文化能加强人们对自身身份的认同，但也消解了"公共领域"与"私人领域"的界限。[2]因此，当代中国电视文化研究方法讨论在引进西方文化研究方法的同时，更强调其中所隐含的文化理念以及由此带来的文化权力正当性基础的转变。

不过，这种方法论研究最大的问题或许就是注重西方文化研究方法的介绍，缺少创造性的方法研究，尤其是缺少能针对中国当下电视文化批评的有效方法论研究。中国电视文化作为一个巨大的文化场域，作为一个深刻地影响了中国文化结构、一个全面呼应当下中国社会政治经济进程的媒介形式，其中深藏着众多的文化问题，也需要更具针对性和批判性的文化研究方法，但这种方法论建设尚未取得突破性的成就。董天策的《以电视娱乐文化作为研究范畴与视域》一文力图在分析电视文化

---

① 尹鸿. 媒介行动——《共同关注》的文化价值[J]. 中国广播电视学刊, 2007（09）：13-14.

② 张帆. 对消费文化背景下媒体的思考[J]. 湖南大众传媒职业技术学院学报, 2005（03）：31-33.

研究困境的基础上，提出采取细分化的研究策略对电视文化加以更具体的专题性研究，并认为电视娱乐文化正是本着细分化策略提出的新的研究范畴与视域，可以开拓出一片具有全新意义的学术天地。①雷跃捷的《媒介批评是对大众传媒和大众文化的反思活动——对国内有关"媒介批评"定义的辨析》②、梅琼林的《中国传播学创新的文化维度与现代性视野》③等文章也反思了中国电视文化研究方法论等方面的不足。时统宇的《电视批评理论研究》无疑是我国电视文化批评研究领域最为系统化的一部专著。该书介绍了西方电视系统、介绍了媒介批评理论，也尝试以中国已有的政治、学术、媒体和网络批评的经验为基础，建构中国电视媒介文化批评理论，以之批评中国电视的豪华风、滥情风、戏说风、聊天风、猜奖风和破案风等风气。该书对文化批评理论的介绍和对中国本土电视文化批评对象的研究是比较全面的，但该书的方法论和理论在创造性方面还存在不足，同时对电视文化中存在的权力问题也采取了忽视的态度，这势必影响该书的批判力量。因此，谈论电视文化研究的中国特色，就要强调方法论研究要有置身于中国电视文化语境中的问题意识、能有效分析与批判中国电视文化、能促进中国电视文化真正走向自由与多元的话语空间等。

① 董天策. 以电视娱乐文化作为研究范畴与视域[J]. 新闻与传播研究，2005（02）：2-10+94.

② 雷跃捷. 媒介批评是对大众传媒和大众文化的反思活动——对国内有关"媒介批评"定义的辨析[J]. 现代传播，2003（03）：41-45.

③ 梅琼林. 中国传播学创新的文化维度与现代性视野[J]. 东南学术，2006（04）：149-154.

第四章　2009年以前的广播电视产业研究

　　1978年到2009年，我国广播电视在改革中逐渐走上了产业化的道路，广播电视的广告、节目制作、品牌以及广播电视网络等都相继转变成产业化经营。在广播电视的产业化改革中，广播电视的产业研究既作为产业化改革的学术总结和理论支持，也作为产业化改革的推动者，对不同时期的中国广播电视产业化改革的动力、内容、方向、阶段、方法、规范等进行了广泛的讨论，成为中国广播电视改革及其批评的重要力量之一。回顾不同阶段广播电视产业研究的问题意识、思想资源等，既可以梳理我国广播电视产业化改革在不同阶段所取得成就和所存在的问题，反思广播电视产业研究对广播电视发展的影响，也可以借鉴历史研究分析当下广播电视产业化发展及问题，更好地使理论研究与广播电视发展实践结合起来。

一、1978—1987：广播电视产业研究的沉寂酝酿期

　　中国电视发展的前20年中，中国电视业没有任何的经营性收入，所有开支都由国家和开办电视台的各级政府进行财政拨付，是地道的事业单位，电视产业自然无从谈起。直到1978年1月28日，上海电视台播放了第一条"电视广告"，随后广东电视台、中央电视台也相继播放了广告，中国的电视业终于开辟了除政府补贴之外的第二条收入渠道，中国的电视产业化进程也从此开始。广播业方面，1979年3月5日，上海人民

广播电台恢复播出广播广告。1980年1月1日，中央人民广播电台播出了该台有史以来的第一条广告。由此，中国的广播业才重续中断多年的产业经营之路。但这一阶段广播电视的产业经营也仅局限在广告经营上，目的也仅在于"以文养文"。有限的广告经营收入①使广告电视业的经营收入主要还是依靠财政拨款。

1983年，第十一次全国广播电视工作会议提出了"四级办广播，四级办电视，四级混合覆盖"的方针，并提出了"广开财源，提高效益"的口号，为电视开展有关经营提供了政策依据，使我国的广播电视事业进入了大规模扩张的大发展时期，从1983年到1988年，是我国广播电视事业建设有史以来发展最快的时期。电台、电视台的数量平均每年递增30%以上。到1988年底，全国广播电台达461座，人口覆盖率为70.6%，电视台达442座，人口覆盖率为75.4%②。这次会议也提出了"从宣传改革入手带动和促进广播电视改革"的方略，同时提出了"以新闻改革为突破口，推动整个广播电视宣传的改革"的口号。这一阶段，广播电视改革仍聚焦在宣传改革领域，尤其集中在新闻报道的改革上。学界的研究也主要集中于此，对广播电视产业的研究几乎是空白，远远滞后于业界的改革实践，仅有一些零星的关注。如1980年，《现代传播》开始刊载一系列介绍外国广播电视事业的文章，包括美国、英国、罗马尼亚、印度、澳大利亚、新加坡等十几个国家，涉及了一些产业经营的内容。1984年裴玉章等主持的课题"2000年中国的广播电视事业"比较了中国与发达国家广播电视事业间的差距，规划了到2000年的发展目标，并提出了五个方面的对策和措施，切中实际而有前瞻性，其中包括"要向国外学习"，"充分利用新技术革命的成果，把广播电视企业办成高度知识密集型和技术密集型的现代化产业"，"可在一定条件下和特定范围

---

① 如1984年全国广播电视广告费收入仅3400万元。

② 赵玉明. 中国广播电视通史[M]. 北京: 北京广播学院出版社，2004: 385-386.

中，利用外资、侨资和私人集资……兴办各种为广播电视事业发展服务的企业、事业”等大胆的建议。尽管文中提出的各项建议几乎都在此后的广播电视产业改革中一一应验，但有些实践却花费了相当漫长的时间[1]。1985年，《电视研究》创刊；1986年，中国广播电视学会成立；1987年《中国广播电视学刊》创刊。广播电视的研究逐渐走向正轨。但总的来说，20世纪80年代广播电视领域的改革主要集中在宣传工作改革（或新闻改革）上。"四级办广播，四级办电视"的方针其实也是为了更好地为宣传工作服务的，而不是为了电视产业的发展。"同在八十年代，同为新闻工具的报业通过改革建成了党报、机关报与专业报分工合作的新型报业体系；身为国家通讯社的新华社通过改革，在转换自身运作机制以适应商品经济的大环境方面成效显著。相比之下，广播电视实实在在落后一步[2]。

1986年，广播电视的产业改革终于有了新的突破。珠江经济广播电台创建后，推行了一系列改革。一方面加快了新闻体制改革，利用板块形势播出节目，取得了良好的社会效益，另一方面利用广播的特点和优势开展多种经营，取得了理想的经济效益。1987年12月，"珠江经济广播电台广播理论研讨会"在广州召开，会议总结了珠江经济广播电台的经验，与会代表提出了电台、电视台不断扩大有偿服务、逐步缩小无偿服务节目服务范围，并提出了广播电视二重性的基本观点。随后，广播电影电视部在广州举办"全国电台台长、主持人研习班"，介绍、推广了"珠江模式"。在此之后，全国各地，特别是经济发达地区借鉴"珠江模式"办起了经济电台和经济电视台。

1987年，上海市广播电视局率先提出了"只有发展产业，才能建设事业"的口号。1987年5月，上海人民广播电台和上海电视台实行重大

---

[1] 该报告是国家"六五"期间哲学社会科学重点科研项目"2000年的中国"中的专题报告之一，完成于1984年底。收录于《中国广播电视年鉴》，1987年。

[2] 朱砚. 以为经济建设服务为突破口，深化广播电视改革[J]. 中国广播电视学刊，1992（05）：15-18.

体制改革，引入社会化专业化生产模式，形成了著名的"五台三中心体制。1988年，广东电视台开始实行"事业单位内部按企业方法管理的体制"。业界的改革稳步推进，也刺激着广播电视产业研究，在酝酿中等待破土而出。

二、1988—1998：广播电视产业研究的破土成长期

1988年9月，中共第十三届三中全会指出要治理经济环境、整顿经济秩序、全面深化改革。顺应这一形势，同年10月，广电部召开了全国广播电视厅局长会议，提出要深化改革，对各级广播电视部门又提出了若干经营创收的新思路。这标志着改革和发展进入了由单项突破到综合配套改革的时期。

改革往往是观念先行，之前的广播电视改革难以突破的一个重要原因就在于人们对广播电视的性质、功能和任务见仁见智，意见难以大致统一，决策者难下决断。因此，真正的广播电视产业研究的开启，是从广播电视的性质、功能和任务的大讨论开始的。

1988年5月17日至19日，《中国广播电视学刊》和广播电影电视部政策研究室在京联合召开了"关于广播电视性质、功能和任务"的理论研讨会。会上大家对广播电视的任务达成了较为一致的看法，但对广播电视性质的认识则有很大的分歧，有的学者引入了西方的"大众传播"理念，认为广播电视是以电子音像技术为手段，以传播新闻、反映舆论为主要功能的大众传播媒介。而有的学者仍固守着广播电视是"以新闻传播为主要手段的党和人民的喉舌，也是阶级的喉舌"的观念。在对广播电视功能的认识上，大家比较一致地认为其具有五种功能：传播新闻，反映舆论，社会教育，文化娱乐，公共服务。但对功能的主次之分，却有两种相反的意见。一种意见认为，一个有机的整体发出的各种功能都一样重要，不应分主次；另一种意见认为，传

播新闻、反映舆论是主要功能或者说是主体性功能[1]。会议结束后，《中国广播电视学刊》发表了大量的讨论文章，引起了很大的反响，尽管这次大讨论未能形成统一的认识，但总的来说还是解放了思想，一些比较大胆的思考出现了。如余统浩、朱砚第一次提出了"要拓展对电台性质的认识"的命题，认为"信息经营，使以往属于上层建筑的广播电台又获得了某种经济基础的性质[2]"。国内最早关注广播电视事业的经济学者周鸿钊开始从广播电视事业的经济属性曲线切入，探讨广播电视事业的产业性。他从多个角度论证广播电视事业具有的经济属性，梳理了我国广播电视产业的特点，经营内容，提出了广播电视产业经营所应遵循的一般规律，并呼吁建立有中国特色的考虑到广播电视经济属性的经营管理体制[3]。

此时，"四级办电视"的过程中出现的一系列问题和不良后果已显现出来，业界和学界开始对此进行反思。"10年来，各级政府对电视事业倾注了高度的热情，电视台、电视塔、微波干线的摊子越铺越大，甚至有些地方还带着贫穷的帽子，靠国家的财政补贴过日子，也不惜挤占其他经费办电视。几个大城市同时建三座电视台、三座电视塔等现象也出现了。"[4]这种一味铺大摊子而不考虑效能的发展模式引起了质疑。有人尖锐地指出："现行发展模式能辞其咎吗？不容否认，在电视发展的初期，较多的投入和支持是不可少的，但决不能搞成粗放、外延型的结构，靠高投入维持低产出，形成愚蠢的粗放再生产……"[5]而如果想改变这种局面，有的学者从宏观的角度出发，提出"要果断地改变普遍奉行的资金密集、劳动密集、效益低下、依赖型的发展模式，要探索内

---

① 《关于广播电视性质、功能和任务》理论研讨会在京举行[J]. 中国广播电视学刊，1988（04）：97.

② 余统浩，朱砚. 试论广播电台的经营[J]. 中国广播电视学刊，1989（01）：20-25+1.

③ 周鸿铎. 探讨广播电视事业的经济属性[J]. 中国广播电视学刊，1989（05）：4-8+1.

④ 刘洪海. 现状·未来·观念——我国电视发展战略断想[J]. 中国广播电视学刊，1989(04)：10-16.

⑤ 刘洪海. 现状·未来·观念——我国电视发展战略断想[J]. 中国广播电视学刊，1989(04)：10-16.

涵型、智力密集型、自主经营型的新模式①"。有的人从更有操作性的角度出发，提出"在一些经济条件比较差的地区，可否利用各种形式吸收社会上的财力物力人力来办开路电视？""在同一个中小城市建有两座电视台的地方，是合起来办一个台好，还是分散使用好？应当是可以做出适当结论的时候了。""有的同志提出，由广播电视系统牵头，集股建电视台。所有入股的单位，在本电视台做广告，收费从优。这也是一种形式，不妨尝试一下。②"

1992年，党的十四大提出了建立社会主义市场经济体制的目标。同年6月，中共中央、国务院在《关于加快第三产业发展的规定》中将广播电视明确为第三产业，同时要求第三产业机构应"做到自主经营、自负盈亏。现有的大部分福利型、公益型和事业型第三产业单位逐步向经营型转变，实行企业化管理。"广播电视如何作为第三产业应对市场经济的机遇和挑战？如何认识广播电视新的产业属性？如何处理广播电视政治（或工具）属性、社会（或传播）属性、和经济（或产业）属性三者之间的关系？针对这些问题，《中国广播电视学刊》和《广播电视决策参考》等刊物组织了一系列的征文和讨论活动。而对于广播电视属性和功能的认识成了这些文章与讨论的重点。归纳起来主要有以下三种不同的认识。第一，广播电视具有经济属性的提法要慎重，过于强调会影响和改变政治属性和根本功能的发挥。广播电视不能走产业化道路。广播电视系统可以办第三产业，这并不等于广播电视就是产业。第二，广播电视具有经济属性，具有独特的产业功能。广播电视是第三产业，应该走向"产业化"。广播电视系统的潜能要广泛开发利用，以加快自我发展。第三，广播电视有经济属性，可归入第三产业，但不能提产业"化"。广播电视的潜能可以而且应该开拓、利用，增加创收，但广

---

① 刘洪海. 现状·未来·观念——我国电视发展战略断想[J]. 中国广播电视学刊, 1989（04）：10-16.

② 彭飞. 发展我国电视事业应走什么样的路子[J]. 中国广播电视学刊, 1989（01）：64-68.

播电视节目不能全面进入市场，特别是新闻节目绝不能"带有商品属性"①。在学界还在为广播电视的"产业性"争论不休时，业界已走在了改革的前头。在1993年确定改革思路时，湖南省广播电视厅就明确提出"由计划型向产业型转变，由松散型向紧密型转变"以及"创办大广播、大电视、大宣传、大产业"的构想。从此，湖南广电在产业转型和创新的过程中一路走强。上海电视台在开展多种经营方面走在前列，此时已开发了6个系列的多种经营项目，包括电视节目、音像制品、印刷出版物、旅游、宾馆、文化交流项目、引进外资和合资开发的广电事业建设项目等。到1992年，经营收入已超过了1亿元，相当于当年财政拨款的5.5倍②。1994年5月，随着上海东方明珠股份有限公司的挂牌上市，中国电视开始了实质性的产业运作。

1995年2月，全国广播电影电视工作会议在北京召开。这次会议部署了2000年以前我国广播影视工作的指导思想、主要任务、奋斗目标和工作思路。会后形成的《关于进一步加强和改进广播电影电视工作的报告》对广播电视改革的深入起了很大的推动作用。

电视产业的各层面逐渐进入研究视野，尤其是那些已发展得较为成熟的领域。如1988年在上海电视节上将电视节目的交易形式市场化后，电视节目市场有了较大的发展，尤其是电视剧的制作单位已逐步成为独立的法人单位和经营实体。因此学界对此有较多关注，周鸿铎的《关于电视节目市场研究》③、郑品刚的《电视节目市场透析》④等文章明确了建立电视节目市场的现实条件、原则和意义，指出了电视节目市场在建设过程中出现的一些问题及其解决之道。对于有线电视、卫星电视、

---

① 甄石. 开阔了眼界. 拓宽了思路——"社会主义市场经济与广播电视改革"研讨会侧记[J]. 视听界，1994（01）：21-22.

② 秦宇，龚学平. 纵论广播电视改革：既是喉舌，又是产业[J]. 新闻记者，1993（01）：3-7+1.

③ 周鸿铎. 关于电视节目市场研究[J]. 北京广播学院学报，1996（03）：88-91.

④ 郑品刚. 电视节目市场透析[J]. 中国广播电视学刊，1998（3）：45-48.

广播电视广告的经营也有较多的研究。对数字化给广播电视将带来的机遇①、集团化经营②的研究也开始出现。

在广播产业研究方面，对"城市广播"的研究是这一阶段的热点，城市广播是伴随着中国快速的城市化进程而涌现的，到此时全国1000多家广播电台的40%，以及一些经济发达地区已基本形成了密集的城市广播网，其中最有代表性的是珠江三角洲城市广播。1996年9月"中国广播改革回顾与展望研讨会"在广州举行，与会专家充分肯定和高度评价了珠江经济广播电台的改革实践和"珠江模式"的现实意义。10年间，"主持人、大板块、直播式、开放性、系列台"成为诸多成功改革的广播电台的范式和必由之路。但对同一模式的照搬意味着面对有限的市场，众多城市广播实际上仍处于同质化竞争的局面。突出自己的特色和优势，就显得格外迫切、必要。1997年，"中国城市广播的现状和发展趋势研讨会"在广州召开。与会代表纷纷为城市广播的发展出谋划策③。如有一些代表认为广播要更加向"系列化、专业化、集团化"迈进，这是"我国十几年广播改革历史的经验总结"，也是"21世纪城市广播发展的必然趋势。④"具有一定的前瞻性。

1998年10月，由中央电视台、中国国际广播电台、北京广播学院发起的面向21世纪的广播电视研讨会在北京召开。同年11月，由中国新闻文化促进会、经济新闻工作委员会、中国人民大学新闻学院、北京广播

① 马德. 关于广播电视网上业务的若干设想[J]. 中国广播电视学刊，1997（09）：22-25.

② 程道才. 广播集团化——我国广播业改革的必然趋势[J]. 华中理工大学学报（社会科学版），1997（02）：101-103.

③ 杨叶青. 裂变·挑战·预测——来自当今广播业的思考[J]. 中国广播电视学刊，1997（01）：59-62. 王锋. 城市广播的多元化发展和广播事业格局的宏观调整[J]. 中国广播电视学刊，1997（02）：44-46. 胡正荣. 城市广播：方向与市场[J]. 中国广播电视学刊. 1997（02）：49-50. 刘明，王健. 系列化、专业化、对象化——城市广播在发展中的定位[J]. 中国广播电视学刊，1997（02）：47-48.

④ 王垚. 交流改革思路、探讨未来走向——中国城市广播的现状和发展趋势研讨会综述[J]. 中国广播电视学刊，1997（02）：30-33.

学院广告系发起的媒介经营与产业化高级研讨会在北京召开。这些迹象表明，我国的广播电视产业研究即将进入全面发展的新阶段。

三、1999—2008：广播电视产业研究的全面开花期

1999年，业界和学界都已认识到产业化经营是电视业发展的必然趋势。以《电视研究》和《中国广播电视学刊》为代表的学术刊物中开始出现大量关于"电视产业"的研究文章。《电视研究》开展了长达半年的"电视产业与经营"大讨论，围绕中国电视产业经营的指导思想、基本性质、经营范畴，经营形式等一系列实践问题展开。陆地的《论中国电视产业经营的可行性》、周鸿钊的《电视产业经营的必然性》[1]、梁和的《产业化经营是电视业发展的趋势》[2]等文章从各自的角度为中国电视转向产业化经营鼓与呼。但如何将中国电视产业做大做强？如何将改革引入纵深？显然不是简单的理念探讨所能解决的。而此时，中国电视产业面临着严重的问题，在内部，在"四级办电视"的推动下，从1983年至1995年的12年里，中国的电视台从52座迅速发展到超过3000座。包括无线台、有线台、教育台、经济台等。但在中国电视台的数量迅猛发展的同时，却面临着一系列严重的问题和矛盾，集中体现在经济效益上。根据中国广告协会的统计，1996年和1997年，全国约三分之一的省级台年广告收入不抵年支出，约80%的地市级台年广告收入不抵年支出，县级台则基本上靠财政补贴度日。"四级办广电"政策导致了行业的重复建设、无序竞争。此外，信息资源、频道资源作为广电行业的特殊资源，在"全面开花"又"各自为政"的现行管理体制下，资源的开掘和使用大量存在闲置和浪费的现象。在外部，20世纪90年代，随着

---

① 陆地. 中国电视面对的挑战及其对策[J]. 电视研究，1998（07）：9-13.

② 梁和. 产业化经营是电视业发展的趋势[J]. 中国广播电视学刊，1999（12）.

卫星通信技术的完善和数字压缩技术取得突破性进展，世界电视已发生了革命性的变化，而且形成了一个个规模庞大的跨国传媒集团，对即将加入世贸组织的中国而言，无疑意味着巨大的挑战。

面对这些挑战，国内较早从事电视产业研究的学者陆地在其撰写的一篇文章中大声疾呼："无论是从强化宣传效果的考虑，还是从发展信息产业经济的需要，抑或是从国际电视业竞争的角度，中国的电视业都到了非改革不可的时候了。而改革的重点，就是突破'四级办'的老框框，在保证原有的党和政府的喉舌功能条件下，对中国星罗棋布的电视台进行一次产业大整合。①"他汲取外国电视业的相关经验提出产业整合的四种方式："水平整合""垂直整合""交叉整合""异地整合"。对中国电视进行产业整合的策略得到了不少业界和学界专家的认同。如湖南广播电视厅原厅长魏文彬在《论新世纪广播电视发展的战略》②中指出："广播电视产业与其他产业一样，只有形成集团优势、走产业化的路子，才能保持充足的发展后劲。这是严酷的竞争环境和强烈的竞争压力迫使我们作出的唯一选择。"胡正荣的《产业整合与跨世纪变革——美国广播电视业的发展走向》③、周鸿铎的《广播电视走产业化、集团化道路的实践和理论依据》④、鞠宏与李秀敏的《广播电视行业如何迎接21世纪——组建广播电视产业集团》⑤等研究成果为组建广播电视集团、实现产业整合提供了现实依据、理论支撑和国外的优秀经验。

1999年6月，无锡广播电视集团正式成立。12月，国务院印发的《关

---

①陆地. 中国电视面对的挑战及其对策[J]. 电视研究，1998（07）：9-13.

②魏文彬. 论新世纪广播电视发展的战略[J]. 中国广播电视学刊，1999（06）：7-11.

③胡正荣. 产业融合与跨世纪变革——美国广播电视业的发展走向[J]. 国际新闻界，1999（04）：33-40.

④周鸿铎. 广播电视走产业化、集团化道路的实践和理论依据[J]. 现代传播，1999（05）：59-62.

⑤ 鞠宏，李秀敏. 广播电视行业如何迎接21世纪——组建广播电视产业集团[J]. 广播与电视技术，1999（07）：48-50.

于加强广播电视有线网络建设管理意见的通知》正式提出"大力推进有线台与无线台合并"；2000年1月，在全国宣传部长会议上，提出了一系列推进广播电视产业整合的设想，如组建传媒集团、实行股份制改革、多种媒体经营、跨地区经营、合理有效地利用外资、建立国有资产经营责任制、调整和优化产业结构等。国家广电总局下发的文件，更是明确提出了"广播、电视、电影三位一体；无线、有线、教育三台合并；省、地、县三级贯通"的中国广播电视集团化发展思路。在国家的推动下，广播电视产业化进程迅速推进，到2002年底便建立了17家广播影视集团。

但顺风顺水的集团化进程却引来了很多产业研究学者的质疑。他们认为，这些集团并不是企业之间通过资本经营的方式自觉自愿地凝聚，不是市场自然孕育的产物，而是行政力量催生的早产儿。在集团化运动过程中，多是各级媒介的主管部门如广电局、宣传部甚至各级政府直接操作，是权力部门在运作，考虑的重点往往是权力的再分配和利益的重组，而不是资产重组。尽管广播电视产业的集团化和规模经营已是大势所趋，但由此产生的许多问题如企业兼并、资产重组、跨地经营、股份制增量的权利和权益，以及产权的所有和使用等问题，在现行管理体制的框架下根本无从解决。因此大家纷纷将矛头对准陈旧、僵化的管理体制[1]。虽然在微观运行机制上有一定的改革，但1988年全国广播电视会议确定的广播电视"条块分割，双重管理"的宏观管理体制仍未改变，这使得，中国虽然有世界最大的电视市场，但经过地域和行业垄断的切割，这种大的优势几乎丧失殆尽，加上政治的包袱和计划经济旧体制的惯性，使中国电视已成为一个泥腿巨人[2]。而只有破除以行政区划为中心的市场"采邑制"，允许跨地域、跨市场经营，中国的电视产业才能

---

① 陆地. 中国电视产业集团化的禁区、盲区与误区[J]. 声屏世界，2002（07）：7-10.

② 周鸿铎. 电视产业发展的瓶颈与体制改革[J]. 中国广播电视学刊，2004（12）：13-14+12.

迎来真正的转机①。

2002年，党的十六大的召开，第一次把文化区分为文化事业和文化产业，国家广电总局从此把发展广播电视产业提到了重要议事日程，并且推出了一系列促进广播电视产业发展的举措②。12月30日，国家广电总局发布《关于促进广播影视产业发展的意见》，第一次用正式文件的形式，阐述发展广播影视产业的极端重要性、必要性和紧迫性，同时对发展广播影视产业的指导思想、基本原则、基本思路和政策措施做了具体说明。党和国家的决策将总体上还处于自发阶段的广播电视产业经营，推向了自觉阶段。对广播电视产业的研究也由此进入了全面开花的阶段。当时出现了大量研究广播电视产业的专著。其中比较有代表性的有陆地的《中国电视产业的危机与转机》③、任金洲主编的《中国电视与市场经济对话》④、胡正荣主编的《中国广播电视发展战略》⑤、赵化勇主编的"中国电视发展战略丛书"⑥等。

2004年是广播影视产业发展的关键年。2003年12月22日，在长沙举行的全国广播影视工作会议上，国家广电总局正式提出将2004年作为"数字电视年"和"产业发展年"，并陆续出台了一系列相关政策，主要包括：《关于促进广播影视产业发展的意见》、《关于加快电影产业

① 陆地. 中国电视产业的危机与转机[M]. 北京: 中国人民大学出版社，2002: 231.

② 黄金良. 十六大以来中国广播电视产业发展的四大亮点[J]. 声屏世界，2007（12）: 7-10.

③ 陆地. 中国电视产业的危机与转机[M]. 北京: 中国人民大学出版社，2002.

④ 任金洲. 中国电视与市场经济对话[M]. 北京: 北京广播学院出版社，2002.

⑤ 胡正荣. 中国广播电视发展策略[M]. 北京: 中国传媒大学出版社，2003.

⑥ 赵化勇主编的"中国电视发展战略丛书"由中国传媒大学出版社于2005—2007年间陆续出版，主要书目有:《制播体制改革与电视业发展问题研究》（唐世鼎、黎斌，2005）;《中国电视广告经营模式创新研究》（黎斌、蒋淑媛等编著，2005）;《中国电视台管理创新报告》（唐世鼎主编，2006）;《中国电视新思考》（唐世鼎主编，2005）;《国际电视前沿聚焦》（黎斌主编，2007）;《中国城市电视台发展报告》（陈正荣编著，2007）;《中国电视频道竞争力评价研究》（徐浩然著，2007）; 等等。

发展的若干意见》、《关于发展我国影视动画产业的若干意见》、《关于推进广播电视有线数字付费频道运营产业化的意见》、《关于申办全国性广播电视有线数字付费频道集成运营机构的通知》等。我国的广播电视产业建设进入了全面推进的阶段。

2004年之后，学者们对我国的广播电视业是否要走产业发展的道路，基本上已不再置疑了。但是，对于广播电视业如何走产业化发展的道路，还在探索中。其中"构筑广播电视产业链"的战略得到了较多的响应，李良荣、周亭的《打造电视产业链，完善电视产品市场》[1]、李晓明的《电视产业经营的核心问题》[2]等文章为我国的电视产业链的建构勾画出了令人憧憬的理想蓝图，分析了目前中国电视产业发展和电视节目经营领域所面临的困境，并提供了弥合理想与现实距离的路径选择。

学界一方面继续针对中国广播电视产业转型中所面临的一系列瓶颈（最主要集中在体制上）展开批评，寻求体制改革之路[3]；另一方面也围绕一些新现象、新趋势展开了深入、全面的研究、讨论。每年都会形成一些热点话题。

数字电视产业是近年来最大的一个热点。学界对数字电视的现状和前景[4]、面临的瓶颈及解决的策略[5]、模拟电视向数字电视整体转换的路

---

① 李良荣，周亭. 打造电视产业链，完善电视产品市场[J]. 现代传播，2005（3）：15-19.

② 李晓明. 电视产业经营的核心[J]. 电视研究，2005（3）：12-16.

③ 相关成果有：梁昊光. 面向数字时代的电视产业战略[J]. 中国广播电视学刊，2003（06）：5-8. 曾会明. 我国数字电视产业现状与发展趋势[J]. 广播电视信息，2004（06）：61-68.

④ 相关成果有：黄勇，董年初. 推进有限电视数字化应着力解决五大瓶颈问题[J]. 北方传媒研究，2005（04）；王云飞等. 中国数字电视产业发展的战略选择[J]. 中国广播电视学刊，2004（9）：11-13.

⑤ 黄勇，董年初. 推进有线电视数字化应着力解决五大瓶颈问题[J]. 北方传媒研究，2005（4）：55-58. 云飞等. 中国数字电视产业发展的战略选择[J]. 中国广播电视学刊，2004（9）：11-13.

径①、数字电视的产业链建设②、产业政策等问题进行了深入的研究，出现了大量关于"数字电视产业"的博士、硕士论文③。《广播电视信息》自2003年开始每年发布《中国数字电视产业发展报告》，中国数字电视产业高峰论坛也已开了四届。以黄升民为组长的中国数字电视课题组调研了全国所有的49个有线数字试点单位，针对数字电视目前所面临的问题进行分析，并提出了解决方案。

面对新媒体席卷而来的潮流，一方面，广播电视与新媒体技术相融合，形成了手机电视、网络电视、移动电视等新的电视形态，开展了电视购物等新媒体业务。另一方面，网络媒体、户外媒体也在瓜分着广播电视的市场份额。新媒体对广播电视业带来的影响和机遇，学界也在持续关注。如《中国广播电视学刊》在2007年邀请广电总局发展研究中心新媒体研究所所长董年初撰写了一系列文章，介绍探讨了视听新媒体与传统广电媒体的关系、与广电产业的发展、与广电管制体制改革等一系列话题。

对于广播电视频道专业化的研究则是另一个热点。原本已在电视的冲击下有所衰退的广播业在新媒体的冲击下，在传媒市场所占的份额进一步下降。广播的"生存和发展"被提上了议事日程。针对广播

---

① 相关成果有：黄升民. 从苏州到杭州——中国数字电视发展过程中的力量博弈与制度重构[J]. 现代传播，2005（01）：87-92；胡瑞庭. 探索有限数字电视整体转换的电视产业现状与发展趋势[J]. 广播电视信息，2004（06）：61-68；黄勇，董年初. 推进有线电视数字化应着力解决五大瓶颈问题[J]. 北方传媒研究，2005（4）26-31；王云飞等. 中国数字电视产业发展的战略选择[J]. 中国广播电视学刊. 2004（9）：11-13；黄升民. 从苏州到杭州——中国数字电视发展过程中的力量博弈与制度重构[J]. 现代传播，2005（08）：87-92；等等。

② 黄升民. 数字电视产业经营与商业模式[M]. 北京：中国物价出版社，2002：26-31。

③ 项翔. 作为媒介产业的数字电视发展研究[D]. 上海：复旦大学，2003；郑大勇. 我国数字电视产业发展路径研究[D]. 北京：清华大学，2005；周艳. 我国数字电视产业政策的形成研究[D]. 北京：中国传媒大学，2006。

在新形势下如何改革的问题，学者们提出了很多的建议[①]，其中广播继续向专业化转型几乎成了大家的共识。因为只有通过频道内容的专业优势，才能争夺到日益细分的受众市场。电视频道的专业化也是电视台面临严重的同质化竞争所必须做出的战略选择。早在1999年，中央电视台实施"频道专业化、栏目个性化、节目精品化"的发展战略开始，频道专业化逐渐成为业界和学界的共识，学界人士发表了大量论述频道专业化的文章，致力于频道专业化的推进。短短几年间，全国354家电视台的3000多个频道有90％都挂上了专业频道的牌子。同时，出现了一些优秀的专业频道，如广西电视台女性频道、浙江电视台的教育科技频道。但大部分专业频道并不成功。2005年，央视提出了"频道品牌化"的新发展战略。而学界对此问题的研究主要集中在省级电视台和城市电视台如何根据自身固有的地域优势、文化优势找准定位进行品牌化建设[②]，很多学者还亲自参与了这些地方电视台的定位和品牌规划过程，也出现了大量介绍成功经验的文章，业界和学界合作密切。

此外，节目经营与广告营销、动漫产业发展等也是这一阶段产业经营研究的重要组成部分。

① 王霞. 广播发展的"三化"方向[J]. 中国广播电视学刊，2003（10）：76-77；栾轶玫. 广播发展的新"四化"[J]. 中国记者，2003（02）：50-51；李尚智. 今天我们怎样办广播——论现代广播的发展趋向[J]. 中国广播，2003（4）：31-33.

② 胡智锋，顾亚奇. 省级卫视定位的问题与对策[J]. 电视研究，2006（01）：13-14；张振华. 特色、品牌与量级的两个支点[J]. 电视研究，2006（01）：4-7；王永连. 新形势下省级电视台发展之路启示[J]. 南方电视学刊，2006（3）：8-11.

四、结语

从无到有，从零碎的观察到系统体系的建构，从远远滞后于业界的实践到切实地影响和国家政策的制定、指导业界的改革，总的来说，这30年中我国广播电视产业研究取得了巨大的发展，其也必将随着广播电视产业的发展而发挥更大的作用。

第五章　2009年以前的广播电视史研究

在中国广播研究的各专门领域中，始于20世纪20年代的广播史的研究应该说是启动的最早的，也是研究成果非常丰富的领域之一。[①]广播史研究既涉及广播的综合史、文艺广播史、广播剧史、广播新闻史、广播制度史、广播社会史、广播教育史等领域，也涉及多种通史和断代史，如中国广播史、现代广播史、新时期以来的广播史、当代广播史等，还涉及各种地方性广播史领域，如根据地广播史、沦陷区广播史以及当代省级甚至地市级广播史，可谓琳琅满目。然而，尽管广播史研究领域已经非常宽广，成果也很丰富，但有关广播史研究的总结和反思的成果却很少，本书拟在广播史研究的学术史梳理基础上，分析我国广播史学在问题意识、研究方法、学理资源等方面的变化。

一、广播电视史研究概述

赵玉明主编的《中国广播电视通史》中提出，我国最早的广播史专文是曹仲渊于1924年写的《三年来上海无线电话之情形》，介绍了上海地区无线广播的出现及发展情况。由于当时广播事业刚刚兴起，再加上广播内容非常贫乏，该文只是将广播当作无线通信发展的新趋势，尚未将无线电话当作新的传播形式。20世纪20年代的广播是交通部门所管辖

[①] 赵玉明. 中国广播电视史研究的回顾与展望[J]. 新闻研究资料，1992（04）：126-137.

的领域，因此交通史中有一些广播史资料与研究。一些新闻史研究则将广播作为新闻事业的一部分予以介绍。最早出现的专门的广播史料是1929年国民党中央台编的《中央广播无线电台》。在20世纪30年代，《中国国民党年鉴》《申报年鉴》中都有一些广播史料和研究，胡道静的《上海与广播事业》《上海广播无线电台的发展》、吴宝丰的《十年来的中国广播事业》等文章中不仅有丰富的史料，也采取了一定的历史观点。此后的《中国广播无线电事业概况》《无线电宣传战》《广播战史话》《广播战》《中国近代报业》《广播事业》等书刊中都做了一定的广播史料整理与研究工作。

解放区广播事业的发展也促使了广播史料和广播研究工作的出现，在一些周年纪念的文献和《解放区广播电台介绍》《邯郸新华广播电台介绍》等小册子中都保留了不少广播史料。新中国成立后，各个层次的广播工作会议所做的工作总结中都具有一定的史料和研究性质。研究和教学机构也开始整理广播史料，编印了《广播工作文献集（一）》《中国人民广播事业大事记》《中国人民广播十年》《中国人民广播史资料》（上册）《广播稿选》（第一集）等。康萌的《中国人民的第一座广播电台——延安新华广播电台》《邯郸新华广播电台》、向隅的《音乐广播十年》、冯长源的《广丰县广播工业的十年》等都展开了各方面的广播史研究。与此同时，不少根据地广播工作者也撰写了一些回忆录，如温济泽的《延安和陕北新华广播电台》等。这些资料和研究奠定了中国广播史研究的基础，尤其是马克思主义史学思想为广播史研究提供方法论和历史观。但这些研究工作的意识形态性过强、偏重于人民广播史、强调广播史研究的政治服务性等问题也导致了广播史研究的一些偏误，忽视了其他广播事业的历史地位[1]。（以上两段资料性工作主要来自赵玉明主编的《中国广播电视通史》）

---

[1]赵玉明. 中国广播电视通史[M]. 北京: 北京广播学院出版社，2004: 1–7.

二、20世纪80年代的广播史研究

我国广播史研究的兴盛是从20世纪80年代开始的。广播事业的独立和发展、广播教育的需要、研究环境的改善以及学术思想的丰富等，促进了我国的广播史研究。新时期之初，人民广播的研究工作得以广泛的开展。《延安陕北新华广播电台史略》《延安（陕北）新华广播电台发展概略》《我国广播事业的光荣传统》《我国人民广播事业的创建》《关于新华社和延安新华广播电台的诞生》《第一次到第九次全国广播工作会议》《早期的人民无线电事业》《吉林省境内人民广播事业大事记》《解放区广播发展概况》《内蒙古人民广播事业史略》《记陕北广播电台在太行山诞生的经过》《周恩来与战争年代的广播事业》《毛泽东与战争年代的人民广播》《解放战争时期的济南新华广播电台》《晋察冀边区新华广播电台建立的经过》《忆延安新华广播电台》《历次全国广播工作会议简介》《华东新华广播电台简史》《张家口新华广播电台的成立》《建国初期的新闻广播》《五十年代北京电台回忆》《北京电台"文革"前宣传工作回顾》等文章，以及《中国人民广播回忆录》的前几卷，或以回忆的方式，或以详细的历史考证的方式，或以调查的方式，或以概述的方式，提供了大量我国人民广播的历史资料，总结了人民广播的发展历史，确定了人民广播的革命性、政治性、战斗性、宣传性、人民性等特点，并将人民广播的历史特点树立为中国广播的正统特点，在某种程度上确立了中国广播史研究的主流历史观。

与此同时，中国现代广播史的全面研究也陆续展开。《外国人最早在中国办的广播电台》《我国最早的广播电台》《北京地区广播事业发展概述》《东三省时期无线电广播事业发展之由来》《解放前湖北广播事业历史概况及建国后局台机构的设置与沿革》《建国前吉林广播事业之沿革》《论旧上海民营广播电台的历史命运》《解放前山东广播事业

概况》《中国第一座广播电台》《中国境内第一座广播电台始末记》
《上海民营广播大事年表》《中国广播事业发展概述》《旧中国的浙江
广播》《抗日战争时期国民党的对外广播》《国民党中央广播电台史实
简编》《抗战时期的广播事业》等文章都把现代广播作为研究对象。这
些研究注重材料的考证，从各种史料中梳理出中国广播早期的历史面
目，部分研究突破了意识形态的束缚，比较客观地描述了现代广播的发
展，尤其是民营广播的历史命运和意义。从上述篇章中也不难看到意识
形态对广播史研究的影响，如偏重于抗日广播、偏重于研究广播的政治
性质、对人民广播之外的广播评价偏低、研究视角也比较单一等。

　　这一时期广播史研究最集中、也是最重要的研究成果无疑是《解放
区广播历史资料选编（1940—1949）》《当代中国的广播电视》《中央
人民广播电台简史》《新时期与新闻广播》《中国广播电视大事记》
《中国的广播电台》《中国现代广播简史》《第四战线——国民党中央
广播电台纪实》《广播电视工作文件汇编》《中国的有线广播》《国
民党中央广播电台概况（1928—1949）》《广播电影电视法规、规章汇
编》等著作或史料编纂的出版。这些研究成果在多方面填补了我国广播
史研究的空白，在史料汇编的系统性、广播史的梳理与研究的科学性、
史学意识的开放性等方面都取得了一定的成就。其中《当代中国的广播
电视》梳理、总结了中国当代广播30多年的历史，它"是一部叙述建国
以来广播电视发展的史书，又是一部广播电视工作的系统总结，从纵横
两方面、翔实地介绍了1949—1984年的中国广播事业的概貌。"[1]该书
被认为"总结了社会主义初级阶段广播电视事业发展的基本经验。……
《当代》一书的编写和出版推动了各省、各自治区、直辖市广播电视调
查研究工作的开展，编印了一批本地广播电视事业资料性文稿，呈现了

---

[1] 赵玉明. 近几年来广播电视史志研究工作进展概述[J]. 中国广播电视年鉴，1987: 165-167.

一派盛世修史的景象。"①《中国现代广播简史》一书"首次对1923—1949年中国广播历史发展过程作了比较系统、全面地论述……包括两个基本内容：一方面记述了1923—1943年建旧中国管办、民营和外国办的广播电台的出现、发展的历史过程，并对部分代表性广播电台给予中国社会的影响和作用作了评析，最后指出了旧中国广播必然走向终结的历史命运。另一方面也记述了1940-1949年间解放区广播艰苦创业，战斗成长的历史过程，并着重分析了延安新华广播电台的办台方针、作用和影响及其光荣传统。"②该书在史料的掌握、历史的分析、著作结构的安排等方面都具有自己的特点，把人民广播作为中国广播的主流和正当性基础，体现了主流史学观念。《第四战线——国民党中央广播电台纪实》一书"详尽地叙述了国民党中央广播电台1928年到1949年间的兴衰变革，从一个侧面反映了本世纪20年代到40年代中国的纷纭复杂风云变幻，其间有一般民国史书中很少涉及或者未曾涉及的许多重要史实，作者摒弃'左'的简单化、绝对化的偏见，实事求是地还历史以本来面目。对于民国史中一些重大事件，国民党高级官员在广播电台的活动，广播界一些人物所走过的崎岖道路，乃至轶事趣闻，本书都努力继承中国史学的优良传统，秉笔直书，不溢美，不隐恶。全书为史话体。"③该书在一定程度上突破了长期简单分析国民党广播活动的倾向，肯定了国民党在广播事业方面所做出的贡献，在史学思想上也强调传统史学精神。这些都具有重要的价值。但该书主要关注广播的政治宣传功能，其叙述也以重大的历史活动为核心，忽视了广播史的丰富性。

最后，《中国广播电视年鉴》的出版、地方广播电视年鉴的出版、中国广播电视学会的成立、中国广播电视史志会议的召开等都促进了中国广播史的研究。《中国广播电视年鉴》收集了广播电视系统的重大活

---

① 赵玉明. 中国广播电视通史[M]. 北京: 北京广播学院出版社，2004: 6.

② 《中国广播电视年鉴》编辑委员会. 中国广播电视年鉴[M]. 北京: 北京广播学院出版社，1988: 474.

③ 《中国广播电视年鉴》编辑委员会. 中国广播电视年鉴[M]. 北京: 北京广播学院出版社，1988: 474.

动、主要法规文件、重要研究活动和研究成果、广播电视机构建制与改革、广播电视节目、我国港澳台地区和国外广播电视事业以及广播电视人等方面的资料，它的出版为研究中国广播史提供了大量的资料。广播电视史志研讨会的召开在收集广播电视资料、讨论广播电视史学以及促进广播电视研究等方面都发挥着重要的作用。

三、1990—2009年的广播史研究

1990—2009年，中国广播史研究发生了转折性变化。首先，研究者极大地开拓了广播史研究的领域。从偏重于重大广播事业史研究向广播新闻史、广播文化史、广播社会史、广播产业史、广播教育史等领域深化。如汪英的博士论文《上海广播与社会生活互动机制研究》，就从"广播的基本特征出发，梳理近代上海广播引入的外在基础和内在条件。以广播媒介与社会生活之间的互动关系为研究对象，通过广播与社会生活之间的互动极其调适过程的论述，揭示广播是在与社会互动中发展自身并产生一系列社会效果。"[1]该文采取跨学科的研究方法，将社会学、文化学和广播学的视野结合起来，考察近代上海的广播与社会生活的互动关系，突破长期以来广播史研究偏重广播事业大事记叙的领域与写作机制。最早研究我国广播商业史的文章是郭镇之在20世纪80年代撰写的《论旧上海民营广播电台的历史命运》，该文指出："民营电台的商业性质是伴随其一生、决定其命运的主要性质。它促进了民营电台的产生，影响了民营电台的发展，决定了电台商人的阶级地位和性格特征，又直接间接地导致了民营电台的衰落。"这篇文章的第二部分内容以《民营广播电台的商业性质》发表。[2]但这种广播商业史研究在那个

---

① 汪英.上海广播与社会生活互动机制研究（1927—1937）[D]. 上海：华东师范大学，2007.

② 郭镇之.民营广播电台的商业性质[J]. 现代传播，1982（04）：27-33.

年代是比较弱的。中国广播电视学会史学研究委员会编的《中国广播电视企业史》则首次以专著形式研究了中国广播电视企业的发展历史，改变了长期以来用事业视角研究中国广播电视的现象。尔泰的《中国广播电视管理史概说》一文指出，中国自己的广播诞生于1923年，其管理经历了66年历程。中国电视诞生于1958年，故而中国电视管理的历史，到当时只有30年。中国现代广播的管理体制不一，水平不高。新中国成立后，虽然管理统一，有相当的提高，但距科学管理还有一定的差距。因此，他强调需要对这60多年广播电视管理的专项史实作为广播史研究的重要问题域。①再如《四十年风雨四十年发展》《回顾广院初创时期》《回忆与寄语》等文章以及《北京广播学院老教授协会纪念建院50周年文集》《五十年五十人》等著作则以回忆录、口述史以及专题研究等方式研究了中国广播电视教育的历史。

在广播史研究领域的开拓中，一些研究者从全国性广播史和广播史料整理研究向地方性、民族性广播史与广播史料整理发展，如《中国少数民族广播电视史》《旧中国的上海广播事业》《福建广播电视史料汇编》等。在这方面，中国当代民族与地方广播史和史料整理进行得比较顺利，现代地方广播史和史料整理在这一时期还是刚刚开始。如《甘肃人民广播电台志》，该书"内容略古详今，重在当代，上限溯至1949年，下限截至1992年，包括概况、各个历史时期的重大宣传活动、新闻节目、新闻性专题节目、文艺节目、服务性节目、广播教学、通联和听众工作、播音工作、录音工作、职能部门和党务工作、优稿节目、文艺音响资料工作、电台人名录、各个历史时期节目时间表选登等，记述了甘肃广播事业、宣传方面的概貌与经验。"②

在广播史研究方面，研究者还开拓了以前受意识形态原因缺乏全面

---

① 尔泰.中国广播电视管理史概说[J].视听界，1989（01）：32-36.

② 《中国广播电视年鉴》编辑委员会.中国广播电视年鉴 [M].北京广播学院出版社，1995.

研究的现代广播史领域，对各个时期的广播史都展开了比较系统的研究，在《华北沦陷区日伪广播史研究》《回旋历史的声音》等文章中，作者开始关注那些因各种原因受到压制的研究领域。这些研究不仅丰富了中国广播史研究的领域，使人们对中国广播史有更完整、更充分的认识，更重要的是冲破了单纯的意识形态主导的历史研究模式，建构了新的历史学视野。

1990—2007年，广播史研究的典型成就体现在广播史专著上，无论是广播的专门史还是通史都出现了一批有分量的专著，其中闫玉主编的《当代中国广播电视回忆录》、北京广播学院新闻系编选的《中国人民广播回忆录》（第四卷）、赵玉明主编的《中国解放区广播史》、吴少琦主编的《东北人民广播史》、赵玉明主编的《中国广播电视通史》和徐光春主编的《中华人民共和国广播电视简史》等著作颇具代表意义。由赵玉明主编、2004年出版的《中国广播电视通史》酝酿于80年代末90年代初。1990年春天，由本人（赵玉明，为引者所加）作为课题负责人就此课题申请国家社会科学基金项目，当年底获准立项。……1991年春天，在南京举行的第二次中国电视史志研讨会期间，《中国广播电视通史》编委会成立。"此后经过多次研讨之后，逐渐完成、出版。①该书覆盖了中国广播和电视出现以来的整个历史阶段，包括了早期中国广播事业、国民党统治期间的广播事业、日伪统治下的广播事业、革命根据地的广播事业、新中国的广播电视事业以及中国港澳台地区的广播电视事业。无论是历史分期还是具体研究，该书在中国广播电视是已有的研究成果的基础上，总结长期以来广播电视史研究偏重于宣传和事业研究的不足，力图超越广播电视史料描述的史学研究阶段，通过广播电视史的研究，总结广播电视事业的发展的规律，注重广播电视的综合研究与地

---

① 赵玉明. 中国广播电视通史[M]. 北京: 北京广播学院出版社，2004: 11.

方研究，努力吸收广播电视系统部门研究的成果。①因此，该书无论在史料的掌握和分析，还是在广播电视发展的规律研究方面都取得了很高的成就。应当说，该书的历史视野虽然在一定程度上突破了长期以来的宣传史和事业史限制，能够比较客观地评价长期以来正统史学中被压制的民营、国民党广播电视事业，但该书不仅没有充分批评这些广播电视事业的历史价值，而且没有比较充分地注意广播电视历史中存在的其他重要历史现象，如商业、娱乐等。2003年出版的徐光春主编的《中华人民共和国广播电视简史（1949—2000）》是"在国家广播影视行政管理部门直接领导下，将新中国半个世纪的广播电视发展历程作全面系统的梳理、总结和分析"②，以图达到'存史、资政、育人'的目的。""我们存的是中国广播电视不断发展、壮大的历史，资的是如何建设有中国特色社会主义广播电视事业这个政，育的是能把中国的广播电视事业不断推向前进的新人。"③在这种史学思想的指导下，该书"着力于总体框架的描绘、重要阶段的展现、典型材料的分析、突出事件的反映和对全局有影响的人物的评论，而不在材料运用方面对各地区的平分秋色。"④比较其它的广播电视历史，这部著作的事业发展意识、政治意识与体制意识、改革意识、重大问题意识都比较突出，并将这些意识贯穿到对具体史料的分析之中。

四、对广播电视史学的反思

1990—2009年这一时期，中国广播史研究的另一个重要成果就是中国广播史学的建构。自从中国广播史研究开展以来，大体有两种史学思

---

① 赵玉明. 中国广播电视通史[M]. 北京: 北京广播学院出版社，2004: 11.

② 徐光春. 中华人民共和国广播电视简史（1949—2000）[M]. 北京: 中国广播电视出版社，2003: 3.

③ 徐光春. 中华人民共和国广播电视简史（1949—2000）[M]. 北京: 中国广播电视出版社，2003: 1.

④ 徐光春. 中华人民共和国广播电视（1949—2000）[M]. [M]. 北京: 中国广播电视出版社，2003: 4.

想主导着中国广播史研究，一种是实证主义的史学思想，注重史料的价值和研究的客观性；另一种是马克思主义的史学思想，强调人民史、注重重大的历史事件、关注历史的阶级性以及政治性等。20世纪80年代比较专门的广播史学研究的文章不太多，除了在广播史专著中所谈论的史学思想外，赵玉明的《要重视中国广播史调查研究工作》、哈艳秋的《广播史学刍议》等也是当时讨论广播史学的主要成果。这些作品以马克思主义史学思想为主，分析了中国广播史研究的资料考察、广播史研究的历史意识、历史和逻辑的关系等。在《关于广播电视史志研究的几点意见——在第一次中国广播电视史志研讨会上的发言》一文中，杨兆麟指出，广播电视史是历史科学中的一门专业史，分析了以"志"和"史"两种方法做广播史的研究价值、对象、范围、方法等方面的差异，提出"志"是全面、系统地记述一个地方的自然和社会的历史和现状，"史"则更强调记述过去。文章强调这两种广播电视史学研究方法都要以马克思主义史学为指导。①

1990年后，随着人们对广播性质认识的丰富，也随着我国史学的发展，广播史学研究也日渐丰富起来，开始出现了大量关于广播史学反思、批评等方面的文章。人们开始从性别、文化、消费、民族、地方、社会等各方面反思中国广播史的研究，有利促进了中国广播史研究。在《广播电视史研究中的几个问题》一文中，闫玉强调研究或编写当代中国广播电视史（包括编写史志）是涉及面广，政治性、政策性和思想性很强的工作，是一项关乎国家和人民历史成就的重大工作。②在《全方位深化抗战广播史的研究——抗日战争广播史研讨会综述》一文中，赵玉明从历史观念、研究态度和研究方法入手，探讨总结了抗战时期中国的广播媒体宣传，反思了我国广播史学研究所存在的思想局限。在《史

---

① 杨兆麟.关于广播电视史志研究的几点意见——在第一次中国广播电视史志研讨会上的发言[J].中国广播电视学刊，1987（01）：19-22.

② 闫玉.广播电视史研究中的几个问题[J].北京广播学院学报，1994（02）：66-69.

观，历史的天平——试论广播电视历史观》中，陆原指出学习和运用历史唯物主义的基本原理和方法，来编修广播电视史志的必要性。鉴往知来，研究提高广播电视宣传质量和加强事业建设，并促使其深化改革，在今天具有重要的现实意义和历史意义。在《中国广播电视史研究的回顾与展望》《解放思想 拓展研究领域——中国新闻史学会首届学术研讨会综述》《百年新闻——20世纪新闻事业编年史》《中国新闻史研究的学科特点及其发展状态——访中国新闻史学会会长赵玉明先生》《治中国广播电视史要应对的八种关系——兼评〈中华人民共和国广播电视简史（1949—2000）〉与〈中国广播电视通史〉》等文章中，作者从各个方面反思与总结了中国广播史研究和包括广播在内的中国新闻史研究已有的成果、研究思路、历史分期、研究领域，指出开拓新的研究领域、引入新的研究思路的必要性。尤其是最后一篇文章，在肯定中国广播电视历史研究成果的基础上也指出了此类历史写作所存在的问题，呼吁处理好资料与事实、中央媒体与地方媒体、通史与专业史等在历史写作中的关系问题。

在《呼唤中国的大众传播史研究》一文中，杨鹏指出应当从大众传播的角度研究中国的媒体历史，尤其是广播电视媒体的历史。他认为大众传播史不同于新闻史和媒介专史。大众传媒既包括一些新闻活动，又包括一些非新闻活动，而新闻事业则是由大众传播媒介进行的新闻活动。以往的传播史研究主体是报纸新闻部分，近年来兼顾到广播电视新闻，但没有把这两者作为重点。事实上，正是这两者加速改变了传播的性质，使传播逐渐成为大众传播。因此，要真正研究大众传播史就需要关注广播电视，也要关注广播电视非新闻性的传播。[1]在博士论文《消费时代的中国传媒文化研究》中，董天策运用文化研究的方法反思中国传媒研究的历史，他指出，国内学界在传媒文化逐渐成熟的过程中，从

---

① 杨鹏.呼唤中国的大众传播史研究[J].新闻大学，2001（01）：30-32+41.

传媒文化尤其是消费文化来研究中国传媒历史的成果是非常有限的。因此，系统研究中国传媒文化历史是中国文化研究、传媒研究的当务之急。[①]事实上，到这一时期，从传媒文化和大众传播角度研究中国广播史的成果确实还不多见，而中国广播无论是在民国时期还是在新中国成立之后、无论是在新时期还是在新世纪，始终是中国大众文化传播的一个主要领域，尽管各个时期中的大众因为社会、经济、政治、文化、媒介等方面的原因会呈现不同的历史特征。同时，媒介文化研究理论中的中国广播史研究为数不多的成果，也存在一个重要的理论问题，那就是简单套用西方媒介文化研究中的大众文化理论，尤其是消费主义理论，其结果导致媒介文化研究与中国广播史研究中出现了两个脱节。一是理论模式和中国广播史的具体性的脱节。媒介文化研究视野中的广播史忽视了中国大众历史存在的特点和大众文化的特点，如新中国成立之后相当长的时间中，中国大众都不是西方大众文化研究理论中的市民阶层，而是具有更强烈的政治色彩和集体性历史存在的大众，这一时期的广播等大众文化形式也是更具整体性、政治性、宣传性和动员性的。二是媒介文化研究，尤其是消费文化研究在挖掘一些民国时期史料，并将之作为中国广播史颇具重要性的时期之时，有意无意忽视新中国成立之后的媒介文化价值，以消费主义媒介大众文化史消解政治性媒介大众文化史。

当然，尽管人们已经对中国广播史学已经做出不少的研究、反思，并在一定程度上突破主流史学思想，提出了多种研究中国广播史的思想与方法，但正如赵玉明在《中国现代广播史研究中的若干问题——兼答陈尔泰同志》一文中所说，"就中国现代广播史研究中的有关问题开展学术讨论，这对于发展和繁荣广播电视史学研究是件大好事。尽管近20年来已正式出版的广播电视各类史志著作已有200种以上，但是评述性文章却寥寥无几，偶有文章，也是溢美之辞多，争鸣、批评少。正是由

[①] 董天策. 消费时代的中国传媒文化研究[D]. 成都：四川大学，2006.

于缺乏争鸣，难见批评，使得广播电视史学研究的水平难于提高。建议提倡积极开展广播电视史学的争鸣，各抒己见，见仁见智，推进广播电视史学的发展。在新的世纪把广播电视史学的研究提高到一个新的水平"。①因此，如何促进中国广播史研究理论的多元化，深化广播史学的反思性、批判性、创新性依然是当下中国广播史学研究的重要课题。

---

① 赵玉明.中国现代广播史研究中的若干问题——兼答陈尔泰同志[J].中国广播电视学刊，2001（05）：33-36.

第六章 2009年以前的广播电视受众研究

1980—2009年，我国社会的快速发展，受众社会存在的急剧变化，我国社会和文化的多元化，决定了我国受众的心理和需求快速变化和分化，文化与社会意识之间的冲突也因此变得颇为激烈，受众媒介需求与媒介内容之间的矛盾也比较突出，因此，研究受众的心理和需求变化、了解受众的社会文化心理、分析建构受众的社会力量等就成为受众研究的主要课题之一。

一、受众主体性的个体心理研究

在媒介竞争、我国大众文化兴盛和文化民主化的发展语境中，受众的心理结构、需要、兴趣习惯、价值偏好、审美趣味、注意力以及理性选择等内在方面对信息接受和使用的影响，逐渐成为我国电视研究的重要课题。这些研究在注重受众调查的基础上，比较集中地研究了受众心理、受众需要、受众的使用和满足、受众偏好等方面。我们大体上可以将这种受众主体研究分为受众主体性需要研究和受众主体性心理研究。

在媒介市场竞争从卖方市场向买方市场转化、受众主体地位加强的背景下，受众主体性研究从受众媒介接受的外在行为研究转向了受众的信息需要和消费研究，分析了受众需要的多元化、细分化以及受众的媒介选择等。研究者认为受众的娱乐休闲和信息需求是新时期以来电视受众的基本需求，经历了从20世纪80年代以新闻为主的信息需求到90年代的娱乐需求，而当前的电视受众需求则表现为从国外节目回归国内节目和多元化的趋向。①《传媒在新闻事实构建中如何满足受众需要——以"山西黑砖窑事件"报道为例》《专业性评论与受众需求的对接——中央电视台对台评论节目评析》《受众差异性与电视传播效果》《电视受众期待视野的多样性与受众的选择性》等文章或分析了具体节目接受过程中受众需要的特点，或分析了受众需要影响下的受众媒介选择行为，或分析了受众需要的差异性及其对电视媒介经营的影响，也有一些研究分析了如何开发受众的弹性需求。《受众兴趣与需求的关系研究——平衡理论的看法》指出："在大众传播活动中，受众的行为在很大程度上由个人的需求和兴趣来解释，因此，受众兴趣与需求的关系研究就成为受众研究的核心课题。……用平衡理论去分析大众传播中的受众行为，我们似乎可以更清晰地观察到受众在使用媒介信息时，其态度的改变或移动过程，使传播者在把握受众那漂浮不定的兴趣需求方面变得更加有规律可循。"②当然，媒体的竞争也会带来简单满足受众的兴趣和需要，以追逐利润、忽视社会真实的信息需要和媒体责任的现象，因此，如何正确把握受众的需要，平衡媒体的公共责任和商业利润之间的关系，也是受众研究需要关注的问题。《试析受众需求》认为，我国媒介简单地满足受众的显性需求导致了重大新闻的滞后、被受众盲点支配、忽略弱势群体的需求和新闻报道的同质化等问题，因此应当区别受众需求的两个层面，即受众的真实需求和愿望需求，或者说社会实际的存在状态对新闻信息的需求和社会舆论所反映出来的对新闻信息的需求，"我们在对事件作新闻评价时，不应仅仅局限于显在的'卖点'信息，及时地把握受众的愿望，把握社会舆论所反映出来的对新闻信息的需求，更应准确地把握社会的实际存在状态新闻信息（即实际存在但又未被舆论反

---

① 吴红雨. 中国电视受众收视需求之变迁[J]. 中国广播电视学刊，2009（09）：33-34.

② 李苓. 受众兴趣与需求的关系研究——平衡理论的看法[J]. 西南民族大学学报（人文社科版），2005（01）：144-146.

映）的需求；不仅应当根据社会的眼前需求，更应当根据社会的长远需求选择新闻信息；不仅应当及时捕捉大众感兴趣的信息，更应当捕捉那些对社会生活、对全局来说重要的，但尚未引起大众兴趣的信息。"①

另外，受众的心理也成为受众研究的一个主要方面。这些研究将受众的注意力、心理偏好、信息与审美期待、收视习惯、逆反心理、媒介使用动机、心理认同、认知结构、心理图式、心理阈限、求同与求异心理、沉默螺旋及其在传播中的地位等一系列受众心理作为研究对象，分析了受众心理在媒体接受、媒介阐释、信息反馈、传播效果、媒介竞争等过程中的作用，揭示了受众在传播过程中并非被动地被媒介信息所同化，而是要通过多种方式使用媒介并影响媒介，甚至会出现背反反应。论者认为，传播的最终完成是要通过受众的选择、接受、阐释、满足、使用并在其决策和实践中实现的。在这一过程中，受众的心理定式、期待视野、价值偏好、阐释方式、思维方式、消费心理、理想认同等个体心理都对传播效果的实现有重要的影响。《电视受众期待视野的构成分析》《明星真人秀节目的受众心理分析》《电视广告效应与受众心理初探》《论大众传播中的受众逆反心理》《新闻娱乐化现象的受众心理探析》《从受众心理角度看传媒品牌个性》《受众收视习惯调研三题》《受众媒介使用动机》《受众认知心理现象与新闻传播效果异化》《新闻娱乐化的受众心理分析》《电视受众心理面面观》《浅析电视广告受众的选择性心理》《聚焦受众的注意力》《新闻舆论引导力度与受众心理阈限值关系探》《电视受众接受心理初探》《广电受众信息消费心理分析》《沉默的波澜——电视受众的精神分析》《受众文化期待的多元化与多形式满足——我国电视谈话类节目的文化解读》等文章都以受众心理为研究对象。这些研究从受众的心理等角度入手，分析了受众接受媒介内容时的心理期待和心理状态，研究受众在传播过程中的心理主动

---

① 张征.试析"受众需求"[J].现代传播，2005（03）：127-129.

性和主体性。《受众行为的反沉默螺旋模式》指出，受众在接受信息时并没有简单地顺应媒体的意见引导，逐渐平息反对的声音，与之相反，少数意志坚定的反对者的意见，可以对多数意见产生影响，甚至改变群体的众意。出于对操纵舆论、错误意识形态以及虚假同意的反感，受众可能形成舆论背反的行为模式。①《受众媒介使用动机》指出受众的媒介使用动机和媒介行为之间有复杂和密切的关系，动机是行为的促动，行为是动机的实现，但两者之间并不呈现密切的、必然的因果关系，受众的模仿、虚幻认同和信息再处理是形成媒介使用动机的主要原因，也是建构受众主体性的主要动力。②一些研究则从媒体经营的角度分析了受众心理状态对媒体传播效果的影响，指出媒体要形成自己的竞争力需要充分获得受众的心理关注和认可。《交互传播模式下的受众偏好——关于交互电视收视方式与节目类型的实证研究》指出交互电视的传播应该根据不同节目与受众偏好的关系，改变内容运营"一刀切"或随意安排节目的方式，根据节目的时效性和自主性来安排节目，而交互电视的Web页面的存在给了不同收视方式之间内容共享、相互连接和打包推介提供了可能性。③《试论受众注意力资源的获得与维系（上）——关于传播营销的策略分析》《试论受众注意力资源的获得与维系（下）——关于传播营销的策划分析》两文则从受众注意力对传媒经营的根本价值出发，认为在媒介买方市场时代，传媒要获取受众的注意力必须贯彻媒介产品的"必读（听、试）原则""方便是金"原则以及培养受众忠诚度的原则等，只有吸引受众注意力才能形成媒体的主打产品。④

① 刘建明. 受众行为的反沉默螺旋模式[J]. 现代传播，2002（02）：39-41.

② 刘艳. 受众媒介使用动机[J]. 当代传播，2005（01）：58-59.

③ 李思屈，王珂. 交互传播模式下的受众偏好——关于交互电视收视方式与节目类型的实证研究[J]. 现代传播（中国传媒大学学报），2008（01）：44-48.

④ 喻国明. 试论受众注意力资源的获得与维系（上）——关于传播营销的策略分析[J]. 当代传播. 2000（02）：23-24; 喻国明. 试论受众注意力资源的获得与维系（下）——关于传播营销的策划分析[J]. 当代传播，2000（03）：18-19.

二、受众主体性的社会心理研究

如果说上述受众主体性研究的方法论上侧重于个人主义，那么也有不少研究从时代、民族、地域、文化、社会阶层及其他亚文化群体的角度研究受众的特征，考察具有社会、文化特点的受众在传播活动中的需要和心理特点，强调从历史变迁和社会文化的角度来研究受众心理。[①]一些研究者从时代变迁的角度历史性地分析我国受众的心理变化和当代中国受众的心理结构。《新时期中国新闻受众注意力的演变——新时期受众调查的定量分析》一文使用了我国受众调查的材料，分析了新闻受众注意力的历史变化，指出在受众信息接受目的方面，获取新闻、了解方针政策、了解社会观点与思潮是受众接触新闻媒体的首要目的；增长知识、娱乐消遣是次要目的，增长见闻等是第三目的。在题材兴趣点方面，受众对国内新闻与国际新闻的兴趣"长盛不衰"，对地方新闻的兴趣逐渐提高，对体育新闻的兴趣比较平稳，对社会新闻和经济新闻的兴趣经历了一个由淡到浓再到淡的过程，对法制新闻的关注程度一直在上升。至于对新闻媒体的意见，在有关新闻的真实性和客观性、媒体对重大社会问题和热点问题的反映、舆论监督、会议报道等方面，受众的不满意度呈上升趋势。[②]《我国当代受众接受心理的七大基本特征》则指出，处在社会结构和意识形态变革之中的中国受众的心理呈现出鲜明的当代特征：反抗话语霸权、主张自主选择，希望传受互动、要求深度参与，冷淡宏大叙事、钟情日常叙事，主张"去中介化"、推崇零度关照，向往"虚拟现实"、渴望轻松娱乐，逃避"抽象快感"、追逐视听

---

① 郑欣. 变迁中的电视受众心理及其社会属性分析[J]. 南京师大学报（社会科学版），2009（06）：55-60.

② 罗斌. 新时期中国新闻受众注意力的演变——新时期受众调查的定量分析[J]. 河南社会科学，2002（01）：94-98.

快感，厌烦枯燥说教、沉迷新闻纪事。[①]《中国电视受众角色嬗变及新时期电视受众收视需求分析》认为，中国电视观众在新时期经历了从受教育者到观赏者再到消费者三种身份转型，而当时的电视观众在社会文化和科技的影响下，更加注重电视文化所创造的自豪感、认同感、新鲜感、亲切感和舒适感等。[②]

一些研究则从农村/城市、东部/中部/西部、阶层、民族等视角出发，分析受众的社会与文化心理特点，研究电视媒体对不同地区受众的影响。在我国，农村和城市在媒体的占有、使用等方面都有很大的差异，这既是政治经济影响的结果，也是社会文化影响的产物，因此，受众心理研究也比较多地关注城市与农村受众的差异，出现了《对农村受众选择电视节目倾向的研究——江苏农村受众的实证调查》《从"使用与满足论"视角看我国农村受众的电视收看动机》《农村观众需要什么——浙江电视台公共·新农村频道受众调查数据分析》《重播电视剧及受众审美接受研究——以北京城市某小区居民接受状况调查为例》《新传媒时代电视受众的选择——兼论杭州收视消费时间低落现象成因》《京郊农村电视受众媒介素养研究》《江西农村电视受众的实证调查》《拓展农村电视广告市场 构建对农传播长效机制——基于对江西农村电视受众的调查》等一系列文章。《农村受众大众传媒生态现状、成因和对策》指出，农村受众大众在传媒拥有结构、接触频率、接触内容等方面存在着失衡，政府造成的传媒硬件失衡、媒体造成的传媒软件失衡是供给方失衡的主要表现，农村的文化约束、作息时间和媒介偏好是需求方造成媒介生态失衡的主要问题。文章提出政府要创造多元化的大众传媒格局、媒体要提供传媒精品产品和加强农民的媒介素养，才能解

---

① 陈立生.我国当代受众接受心理的七大基本特征[J].编辑之友，2005（02）：4-8.

② 周建新.中国电视受众角色嬗变及新时期电视受众收视需求分析[J].现代传播（中国传媒大学学报），2010（06）：72-73.

决目前农村受众媒介生态失衡的问题。^①那么，农村受众的媒介内容选择和偏好具有什么特点呢？《对农村受众选择电视节目倾向的研究——江苏农村受众的实证调查》指出，农村受众看电视的主要动机是娱乐，性别因素对选择电视娱乐节目影响很大，对选择新闻类节目影响较小，年龄因素对选择音乐类节目影响较大，对选择影视类、新闻类节目有一定的影响，文化因素对新闻、影视、音乐、综艺类节目选择的影响甚微。研究也揭示了娱乐节目的人生观、潜移默化的形式对农村受众观念变迁的影响是很明显的。这使得农村受众在媒介动机、媒介效果以及媒介使用等方面区别于城市受众。^②很明显，虽然农村受众偏好娱乐节目，但也会从中获取有用的信息和形成主动的选择。《农村观众需要什么——浙江电视台公共·新农村频道受众调查数据分析》研究了农村受众主动获取知识与信息的强烈动机，表明农村受众不再是被动的信息接受者，大众传媒应该把他们定位于具有公民意识、权利意识、市场意识和政治参与意识的社会主义新农民。^③《电视受众的社会分化与价值认同分歧——基于上海市民实证研究的分析》一文以媒介的接受、使用和满足理论为基础，从受众职业、年龄、文化和阶层等角度，分析了上海电视受众的社会结构中的地位与其电视收视行为、使用行为等之间的关系，指出这种关系既会影响受众的价值形成和认同、认知形成等，影响受众对电视公信力的信心，也会通过一定的电视节目内容、播出方式安排等，有助于形成社会认同。^④

① 徐雪高，季牧青，沈杰. 农村受众大众传媒生态现状、成因及对策[J]. 湖南大众传媒职业技术学院学报，2008（03）：29-33.

② 方晓红. 对农村受众选择电视节目倾向的研究——江苏农村受众的实证调查[J]. 电视研究，2003（02）：34-36.

③ 徐洲赤，邱鸿峰，汪洋. 农村观众需要什么——浙江电视台公共·新农村频道受众调查数据分析[J]. 中国广播电视学刊，2007（08）：65-66.

④ 邢虹文. 电视受众的社会分化与价值认同分歧——基于上海市民实证研究的分析[J]. 上海大学学报（社会科学版），2012（02）：128-140.

西部地区在我国现代化建设过程中呈现出不同于东部地区的历史和结构特点，西部受众对政治、社会、文化、信息等的选择、理解与使用也具有明显的地域特点。《西部受众需求特征》一文指出，西部受众形成了对信息的极度需求和对现状极易满足的心态，而西部文化的区域化特点也决定了西部受众具有明显的电视选择偏好，如教育讲座和农村节目在西安拥有的最高的收视率、民族团结类节目在新疆的高收视率都意味着西部区域文化背景对受众选择的影响，还提出西部电视应当在本土、西部、全国乃至全球化等多层次上思考受众问题。[①]

就民族视角中的受众来说，部分研究者将重心放在民族文化对受众心理的影响上。《新疆少数民族电视受众现状分析》《新疆哈萨克族受众分析》等文章分析了民族地区的政治经济、社会文化对受众心理的影响。《民族特征与新闻选择偏好——乌鲁木齐地区第二次多民族受众调查（上）》《民族特征与新闻选择偏好——乌鲁木齐地区第二次多民族受众调查（下）》两篇文章在新疆人口统计的基础上，抽样调查了不同民族受众的媒介接受心理，考察了民族文化心理对于受众在新闻传播的内容的选择偏好、价值评价、满意度、信誉度的认可等方面的特点，对新闻工者职业道德建设的评价，新闻接受的动机和接触情况，对新闻传播问题、广告、新闻媒介改革等问题的看法。研究揭示，新疆各民族在新闻内容偏好等方面有一致性，但也有不少区别。[②]由此可以看出，不同的民族传统、不同民族独特的社会文化特点对受众心理的影响是存在的，有时甚至是有决定性影响的。

另外一些研究则在中/外对比、全球/本土的比较研究中关注受众的差异和多元身份，分析了中国受众的社会与文化心理。如《中国电视受

---

① 李亚星. 西部受众需求特征[J]. 电视研究，2002（09）：34-35.

② 韩强. 民族特征与新闻选择偏好——乌鲁木齐地区第二次多民族受众调查（上）[J]. 当代传播，1999（06）：46-48; 民族特征与新闻选择偏好——乌鲁木齐地区第二次多民族受众调查（下）[J]. 当代传播，2000（01）：37-41.

众审美心理特征》《受众议程、媒介议程与真正现实关系的实证研究》《受众·公民·消费者》《中国受众与大众传媒议程设置功能研究》《信息传播全球化背景下受众的多重矛盾心理》《社会意识的表皮与深层——中国受众广告态度意识考察》《受众心理：本土化改造"真人秀"的核心环节》《受众观念变化对传媒发展的挑战——对跨文化背景受众的一项实证研究》等。《中国受众的信息需求与满足》指出中国受众的信息需求很强，强调信息的有用性、重要性和可获得性，突出新闻的时新性，偏好负面信息，新闻媒介的报道与受众的需求之间尚有很大距离；这些都表明中国的新闻媒介在新闻的内容和时效性方面同受众需求之间还有一定距离。[①]《受众观念变化对传媒发展的挑战——对跨文化背景受众的一项实证研究》则以具有跨文化背景的受众作为研究对象，分析他们对国内外媒体在信息的内容、数量、客观公正性、权威性、受众意识、时效性、新闻记者的职业素养、新闻深度、新闻媒体的运作机制、文化接近性等方面的不同和距离的认识与评价，他们对我国媒体目前状况不太满意。这意味在加入WTO之后，中国新闻媒体为了更好地面对来自全球的竞争，需要具有危机意识和忧患意识，要确立平民意识、人文精神、客观平等、敬业精神，能为受众说话、加强受众参与等。[②]

三、受众主体性的批判研究

20世纪90年代，另一种受众主体性研究理路也逐渐发展起来，并成为电视受众研究的一个重要力量，那就是批判研究的理路。这种研究理路主要关注大众传媒场域中的权力结构、受众在这种权力结构中或同化或抵抗的问题，强调受众在传播活动中意义生产的主动性和日常生活中

---

① 张国良，廖圣清. 中国受众的信息需求与满足[J]. 新闻记者，2004（11）：42-43.

② 胡翼青，郑丽勇. 受众观念变化对传媒发展的挑战——对跨文化背景受众的一项实证研究[J]. 新闻界，2003（03）：12-15.

使用媒介过程中采取的顺应、协商或者抵抗颠覆的策略。激烈批判电视文化对受众的蒙昧，造成理性与自由的衰竭，带来文化批判力的退化，导致受众的同质化和物化，维护了资本和主流意识形态的权力。《文化工业／公共领域／收视率——从阿多诺到布尔迪厄的媒体批判理论》介绍了西方的电视批判理论，尤其是法兰克福学派的大众文化批判理论，它批判了关于大众文化消费者的同质化、理性与自由衰退以及资本主义意识形态控制，还介绍了哈贝马斯公共领域理论的批判潜力和布尔迪厄文化资本与场域理论对电视文化多元化背后的权力和控制的批判，指出收视率限制及其导致电视拒绝自由交流的符号暴力。① 《媚俗：受众本位意识在新闻报道中的偏差》从我国媒体媚俗现象出发，指出这是在新闻改革中曲解了受众本位，过于重视为受众服务、忽视了对受众负责的结果，因此，该文提出了通过外部文化和法制环境的建设、内部自律和责任意识的建构，改变媒体的媚俗现象。② 《意识形态理论的视境：传媒作为权力世界——西方传媒批判理论研究札记之二》指出，以葛兰西和阿尔都塞为代表的意识形态理论"将文化生产、大众日常生活、大众传媒联系起来，使广告、电视剧、流行歌曲、新闻报道、电影等成为分析的主要对象，国家／媒介、社会／文本、公民／读者观众等范畴相互交织，纷纭交错，成为对社会的本质思考的理想途径。"③ 《霸权语境中的电视受众》运用葛兰西的市民社会和文化霸权理论，分析了"在施动者与受动者的张力关系中，电视受众作为文化霸权的受动方，其受控制的弱者地位在文化霸权的生产和再生产过程不断地以巩固和强化。这种施受双方霸权关系一般情况下并不表现为直接的矛盾对立，相反却是一个不断

① 周宪. 文化工业／公共领域／收视率——从阿多诺到布尔迪厄的媒体批判理论[J]. 新闻与传播研究，1998（04）：67-72+93.

② 程江南. 媚俗：受众本位意识在新闻报道中的偏差[J]. 采·写·编，2005（04）：29-30.

③ 潘知常，彭海涛. 意识形态理论的视境：传媒作为权力世界——西方传媒批判理论研究札记之二[J]. 现代传播，2003（05）：38-41.

协商、不断调适的互动过程。霸权并不是消灭对立面，而是通过将对立一方的利益有限度地接纳到自身来维系。……受众又可以利用这种资源来产生颠覆和抵抗的效果。……从整体上看，这种抵抗是有限的，最重要的是它们无法形成一股合力，因而永远无法改变电视受众在社会文化机制中弱者地位"①。这些文章在批判受众被大众传播控制之时，对人的解放、公共领域建构和理性批判精神的维护抱着悲观的态度。

兴起于英国的文化研究理路则吸收文化霸权理论、符号理论和文化唯物主义理论等，虽然不否认电视传播过程中存在意义的控制和文化权力结构，但其认为受众在这一过程中并非完全无能为力的接受者和意义的简单同化者，而是具有主动的选择、解释和使用电视产品的生产性能力和意义阐释的多元性。因此，受众可以在接受策略方面建构文化反抗的可能性空间，也可以通过各种方式使用电视文化产品，达到自我建构和独立的作用。这种电视受众的文化研究理路在20世纪90年代末引入国内，开启了我国电视受众研究从单纯的社会调查的实证研究向政治文化研究的转变，也意味着受众研究从媒介控制和受众被动的悲观研究向受众积极、自由、主动创造研究的转化。《费斯克的生产性受众观——一种受众研究的新思路》《简论菲斯克电视受众观的三维》《雷蒙·威廉斯"文化唯物主义"视域中的电视》《文化研究：传媒作为文本世界——西方传媒批判理论研究札记之一》《斯图亚特·霍尔的传媒理论研究》《约翰·费斯克的大众文化观》《西方传媒批判学派三大主流派别的比较研究》《一个诠释的典范：霍尔模式》《意义的生产和流通：菲斯克电视文化研究》《仅仅是意义和快感：关于约翰·菲斯克的"两个经济"电视文化理论的几点质疑》《受众解读和媒介文本：文化研究对受众的研究》《电视观众：意义和快感的生产者——试论约翰·菲斯克两种经济的电视文化理论》《电视收视语境与文本意义的重构——莫

① 田义贵.霸权语境中的电视受众[J].宁夏社会科学，2005（05）：124-127.

利的民族志受众研究》等研究成果，分析了文化研究的基本理论及其中的受众观，介绍了约翰·费斯克（John Fiske）、斯图亚特·霍尔（Stuart Hall）、雷蒙·威廉斯（Raymend Henry williams）戴维·莫利（David Monley）等人的文化研究理论和批评文本，以及受众解读大众传播文本的方式和使用媒介的方式，考察了西方受众抵抗资本主义社会中政治经济权力结构及其由此决定文化权利的可能性和策略。《文化研究视野下受众研究的嬗变》介绍了文化研究视野中受众研究的主要问题意识，即受众的"文化身份"和他们的文化价值观、受众与生产者的关系、受众的心理、受众对文化文本的接受态度和接受效果、影响受众的特殊条件等，梳理了文化研究关于受众个人、类型和社会的认识，以及西方文化研究的发展脉络，指出文化研究主要关注受众的主动性、创造性和社会政治意义。《电视收视语境与文本意义的重构——评戴维·莫利的民族志受众研究》指出，莫利认为文本意义的解构既受制于受众个人的"文化符码"，又受制于受众接受文本时的家庭收视语境，要把收视行为放置于社会、政治和经济现实等更加广阔的语境下来研究。作者认为莫利的民族志研究方法有效地发掘了受众解读文本的复杂性和创造性，开创了电视受众研究的新途径。[①]

　　当然研究者也注意到运用文化研究理论研究中国电视受众时要避免以中国经验满足西方理论的问题，指出中国特殊的历史语境要求对大众文化与受众之间的关系采取"主体间性"的理路，肯定大众文化在中国独特的历史语境中的批判与建构型价值，同时保持对大众文化异化的警惕。[②]《对影视传播学的理论思考——"消费性受众"还是"生产性受众"》《从电视选秀节目看我国的生产性受众》《社会阶层分化与媒介

① 石长顺，方雪琴. 电视收视语境与文本意义的重构——评戴维·莫利的民族志受众研究[J]. 当代传播，2005（06）：18-22.

② 侯斌英. 文化研究视野下受众研究的嬗变[J]. 新疆大学学报（哲学社会科学版），2006（05）：120-124.

的控制权、使用权》《从电视新闻话语的嬗变看媒介受众的边缘情境》《我国电视新闻节目女性受众缺位的现状及对策》《女性受众的主观能动性与通俗文本的效用——后现代女权主义的受众理论刍议》等，关注全球化与本土化、男性与女性、消费主义、符号与现实、高雅与通俗、大众与精英、意义与快乐、普遍性和整体性的消解、文化意义的语境化和多元化、受众的身份差异性与文化认同多样化等问题，分析中国电视文化中所存在的权力结构，研究了在中国语境中运用文化研究理论批评电视。《大众文化与文化产业——批判理论的批判与中国语境的规范》认为，西方大众文化理论的先后引进，刺激了中国大众文化批评的开展，也能解决一部分中国的大众文化现实问题，但要警惕和防止以"他者"的文化眼光来遮蔽中国本土的问题情境，或把西方社会的文化问题硬性移植到中国而变成"假想敌"。① 《大众传媒：公共领域的使用和满足》对受众的媒介文化批判能力更加乐观，其作者认为"大众文化使用和满足的传播行为对精英文化的公共领域作了消解，同时也对知识与权力、信息与制度等作了消解。这种'后现代'的范式在发展中国家推动了民主，虽然它同时伴生着令精英迷惘的媚俗。媚俗、大众、身体、平等、民主、使用与满足，这正是解构人身依附与技术霸权的亚公共领域，是另一种公共领域。"② 《看与被看：后现代媒介文化中受众的认同空间》分析了在后现代语境中，"电视的景观是平等的，观看者可以参与到景观中来，观看者也能成为别人观看的对象。所以，被观看的对象并没有受到观看者的控制，而是把他／她变成了公开的符号，因此使启发性的、控制性的、在观看的快乐中起着参与性作用，'看这个词的双重意义指的就是被看的'看'和看别人的'看'之间的相似处。在电视的

---

① 傅守祥. 大众文化与文化产业——批判理论的批判与中国语境的规范[J]. 贵州师范大学学报（社会科学版），2004（02）：67-71.

② 彭逸林，陆笑容. 大众传媒：公共领域的使用与满足[J]. 重庆大学学报（社会科学版），2006（01）：113-118.

狂欢性风格中，'景象'的快乐兼具这两种看的意义：它的观看是参与性的，它消除了'凝视'的主体和客体之间的权力差别，为受支配者提供了获得权力的快乐。"①

　　当然，我国受众研究也存在创造性研究少而低水平的重复研究多、理论创新性不足等问题。而且，随着电视传播的市场化发展、文化的商品化趋势加剧、大众文化越来越迎合受众、全球化资本对文化的支配等问题的出现，受众也越来越面临着物化和异化的危机，我国受众研究如何加强这方面的批评也成为当务之急。因此，中国电视受众研究在接受西方电视受众研究的理论和方法时，应当形成中国的问题意识和理论框架，形成能有效分析中国受众历史、现状和中国电视文化特点的受众理论，这样才能充分批判或者分析中国电视受众文化。

---

① 陆道夫，胡疆锋. 看与被看: 后现代媒介文化中受众的认同空间[J]. 南京社会科学，2007（12）: 97-106.

第七章　2009—2010年广播电视研究综述

2009—2010年广播电影电视研究依然体现了理论结合实际的特点，在继续深化此前的问题意识基础上，也对2010年新出现的问题进行了积极的思考。

一、广播影视内容与产业研究

2009—2010年的广播电视研究大体可以分为内容研究、产业研究、传播研究、业务研究等方面。

1. 内容研究主要包括广播电视新闻研究、剧情类节目研究、谈话类节目研究、娱乐类节目研究、动漫类节目研究等，马克思主义、意识形态研究、文化研究、艺术研究等理论和方法是广播电视内容研究的主要理路。

广播电视新闻依然是研究的重点，其中有关民生新闻的研究是2010年广播电视新闻研究成果最多的领域。由于民生新闻是地方广播电视台发展的核心竞争力所在，也由于国内民生问题成为社会和国家关注的焦点，因而民生新闻报道视角、选题规则、与地方电视台发展的关系以及舆论监督与引导等问题继续成为2010年广播电视新闻研究的重心。2010年新闻内容研究涉及的问题还有新闻的娱乐化、自然灾害新闻、直播新闻等。但是，有关海外广播电视新闻的研究明显欠缺，只有寥寥几篇文章谈到这方面的问题，几乎没有文章研究海外广播电视的中国报道，研究方法上也没有出现有意义的突破。

2010出版的年广播电视新闻研究专著有李岩的《广播电视新闻学》、杨嘉嵋的《我国舆论监督类电视深度报道研究》、黄匡宇的《当代电视新闻学》等，其中杨嘉嵋的《我国舆论监督类电视深度报道研究》深入考察了我国电视深度报道舆论监督的历史、语境、价值和问题等，强调电视深度报道的舆论监督要在发现、报道和分析问题时具有促进社会发展与民主建设的积极意识。侯海涛的《中国电视新闻媒介生态研究：转型期的媒介守望》通过研究电视新闻在社会转型期的政治、经济、社会、文化等方面的历史语境，梳理电视新闻的历史特点及其对社会建构的重要价值。

2010年的广播电视剧情类节目研究颇为重视乡村题材的剧情类节目，不少文章运用现代性理论分析乡村题材电视剧、家庭伦理剧与社会语境之间的关系。独播剧作为电视剧经营的一种新的方式，其内容特点也引起了一些研究者的关注。军事题材剧偏重于表现边缘生活和非主流形象的现象也成为人们讨论的对象。剧情类节目研究方面的专著有仲呈祥的《中国电视剧历史教程》、刘彬彬的《中国电视剧改编的历史嬗变与文化审视》、郭艳民的《当代中美主流电视剧比较》、金花子的《大众文化与影像叙事》等，这些专著从艺术、文化等方面考察了中国电视剧的发展、审美特征、文化价值及存在的问题等。

2010年，真人秀与娱乐类节目再一次成为许多地方电视台，尤其是地方卫视台竞争的核心，《非诚勿扰》《中国达人秀》《我们约会吧》等真人秀娱乐类节目引发了广泛的文化与价值、跨文化比较等方面的讨论，电视节目模式，尤其是娱乐节目模式的研究引起了人们的关注。

电视动漫创意成为电视动漫类节目研究的焦点，动漫节目的创新性不足、娱乐性不强、价值模糊、缺乏原创性等问题颇受诟病。

2.产业研究与公共服务研究依然是广播电视研究的重点。三网融合、地方电视台跨区域整合、新视听技术对广播电视产业的影响、广播电视全媒体等成为广播电视产业研究持续关注的主题。频道专业化战略向频道品牌化战略转化、新闻立台战略、地方电视台的生存与发展、电视剧产业和动漫产业的发展等成为2010年广播电视研究的重点。广播电视的评估体系建设也成为广播电视产业研究颇为关注的内容。胡正荣主编的"广播电视公共服务研究系列丛书"研究梳理了国内外广播电视公共服务的历史与经验，审视了广播电视公共服务与市场化之间的关系，也为我国广播电视公共服务改革和建设提出了建议。刘远军的《寄生与突围：中国民营电视公司的运营现状研究》比较系统地研究了我国民营电视公司的历史、规模、发展模式以及在中国电视产业发展中的地位，指出了民营电视公司在当前发展中所遭遇到的体制性问题以及规模不足、投融资困难等问题。

3.2010年的广播电视传播研究主要集中在以下三个领域。

（1）广播电视传播与新传播技术之间的关系研究，尤其是新传播技术对广播电视传播的挑战、广播电视传播如何吸收新传播技术并改革传统的传播方式、新传播技术对广播电视传播内容和传播效果的影响、新传播技术同广播电视主流意识形态传播使命之间的关系等，成为2010年广播电视传播与新传播技术关系研究的核心。

（2）广播电视传播效果研究领域成果比较丰富。胡智峰的《电视审美受众研究》从电视对受众审美塑造、电视节目类型的审美惯例和变化、受众的审美期待满足与错位、受众审美对电视的影响等方面，理论化、系统化地研究了电视受众的审美。俞虹的《电视受众社会阶层研究》则运用社会学方法、社会阶层理论和受众研究理论首次系统分析了我国电视受众社会阶层状况及其电视的接受和使用等。王兰柱主编的《中国电视节目创新与收视》在电视收视率研究方面颇具代表性。媒介素养研究成为2010年度受众接受效果研究的中心问题之一，主要集中在受众媒介素养的现状、教育等方面。彭少健主编的《2010中国媒介素养研究报告》具有代表性。收视率研究在2010年出现了某种转向，即从收视率批判转向了对收视率客观和公正地探讨。

（3）传播学视域中的广播电视内容研究也取得了一定成果，涉及的方面有公共领域研究、民族传播、全球传播话题与地方广播电视传播的关系、新传播技术中主流意识形态或主流价值传播方式改革等，欧阳宏生主编的《电视传播核心价值论》研究了电视传播在建构社会核心价值方面的作用和规律。另外，一些研究运用国际传播和跨文化研究的理论和方法分析了国际电视节目模式在中国的传播状况，以及新技术环境中中国广播电视的国际传播等，如刘昶的《欧洲优秀电视节目模式解析》等。

4. 2010年的广播电视业务研究覆盖了广播电视新闻制作及其他各类节目制作、节目编排、节目策划、跨媒体节目制作等众多领域，也是广播电视研究领域出版专著最多、论文最多的领域。

二、广播影视史研究

2009—2010年的电影研究在电影史、电影产业、电影批评与电影艺术、电影文化以及电影理论等研究领域都有一定的突破。

电影史研究领域，之前兴起的民国电影史研究潮流在这两年依然延续，好莱坞电影对中国电影的影响、民国时期的都市与电影、影像香港与上海、电影与报纸杂志关系史等方面的研究比较突出。张伟的《都市·电影·传媒：民国电影笔记》、严彦的《陪都电影专史研究》、汪海洲等的《香港电影研究：城市、历史、身份》、厉震林的《电影的转身：中国电影的现代化运动及其文化阐释》、日本研究者古市雅子的《"满映"电影研究》、李道新的《艰难的企业定位与被动的制度设计——新中国建立前后"东影"／"长影"的国家经营与计划生产》等。中国电影与内地城市关系的研究向中小城市延伸，如徐冬青主编的《江阴与中国电影》、"宁波与中国电影论坛"等。当代中国电影史研究也出现了不少成果，如《新中国电影与观众的变迁：中国电影博物馆2009学术年会论文集》、宋彦的《新时期中国电影的现代性、后现代性研究》、傅红星主编的《社会变迁与国家形象：新中国电影60年论坛论文集》、陈旭光与车琳的《新中国电影60年：社会阶层变迁与银幕主流形象的流变——兼及中国电影国家形象塑造问题的思考》等。延续前几年电影类型、产业、文化的专门史研究，出版的著作有蹇河沿编著的《中国电影观念史》、萧康的《给点阳光就灿烂：新中国电影60年的另类叙述》、张松林的《谁创造了〈小蝌蚪找妈妈〉：特技和中国动画》等。

电影产业研究既包括宏观电影产业改革、国家电影管理，也包括微观电影营销、电影投融资、电影植入广告、电影后产品开发以及电影新媒体延伸等，这方面具代表性的著作有：林俊毅主编的《中国电影整合营销关键报告》、柏屹主编的《解读好莱坞·财富密码》、刘浩东主编的《电影产业研究之主流文化与中国主流大片卷》等。随着国家文化产业振兴规划和政府将文化产业作为国民经济发展的一个领域，地方电影产业发展也成为电影产业研究的新领域，尤其是西部电影产业研究。

电影批评和艺术研究领域出版了一大批国外电影大师的研究专著，国内电影导演、影片的批评研究成果也很丰富，女性主义、多元文化、大众文化批判、消费主义、全球化以及精神分析、存在主义等理论和方法是电影批评主要的理路。电影艺术研究方面，电影的3D艺术研究无疑是这一时期颇为热门的话题，中国大片艺术研究也因为电影产业的发展而再次成为人们关注的焦点，电影摄影、剪辑、表演、导演等艺术领域的研究成果也非常丰富。

电影文化研究方面尤其注重跨文化研究，相关专著有孙绍谊的《电影经纬：影像空间与文化全球主义》、李友平的《香港电影影响研究：香港电影的"中国印"与"国际风"》、陈林侠的《中国类型电影的知识结构及其跨文化比较》、聂伟的《华语电影与泛亚实践》等。电影文化研究也涉及电影的文化政治问题，如颜纯钧的《把电影建构为社会的公共领域》等。同时本年度翻译了大量海外电影文化方面的研究著作，如《美国电影美国文化》等。

电影理论方面，电影类型理论成为本年度电影艺术理论研究的一个焦点，华语电影理论建构、亚洲电影理论建构受到持续的关注和反思，文化研究理论依然是本年度电影理论的核心，电影强国理论开始兴起，大媒介产业理论开始引起电影研究者的关注。

第八章　2011年广播电视研究综述

2011年是广播影视业"十二五"规划的开局之年，也是广播电视业改革进一步深化之年。国家出台了一系列促进广电业改革和提升广电传播力的政策，不少地方先后完成了广电网络资源整合，中央广电企业加大体制机制改革和竞争力的提升，部分地方广电系统推进制播分离的改革，企业投融资活动更加活跃，广电企业上市融资势头强劲，三网合一工程得到一定程度的落实，广电产业价值链随着新媒体市场的发展而不断延长，媒介融合趋势加快，广电业的创意能力和文化影响力也有很大提高，国际合作和竞争领域深入创意资源整合与国际传播能力建构，广电业重大新闻报道能力和重大突发公共事件传播能力建设有所提高，社会主义核心价值观建设能力和复杂的传媒环境中舆论引导能力也有一定程度的提升，广电业公共服务体系不断完善，等等。同时，广电业也还存在众多影响自身发展的问题，如广电业体制机制问题依然很突出、有序竞争格局没有形成、国际传播能力依然很弱、文化创造能力和生产能力没有得到充分释放、舆论引导能力和议程设置能力在新媒体与全球传媒环境中依然显得不足、广电文化艺术的丰富性和创新性依然有待发展等。

正是在这一广电业改革与发展的背景中，也是在为适应广电业发展的需要，2011年广播电视研究延续此前研究的现实性、实践性、理论性、时代性等特点，继续关注广播电视体制机制改革和产业发展、广播电视文化艺术建设、广播电视舆论引导和舆论监督、广播电视国际传播、广播电视与新媒体关系发展以及广播电视公共事业建设等问题，及时关注了2011年广播电视业新出现的问题对理论提出的新要求，对广电业过度娱乐化、低俗化，创意能力建设，国际合作与竞争中的创意整合，重大公共突发事件中传播能力建设，新媒体的新闻报道和舆论引导能力建设，主流媒体的社会责任等问题，展开了及时而深入的研究，促进了广电传播的发展。我们根据2011年广播电视研究的热点、理论的创新等方面将这一年的研究分成广播电视产业研究、广播电视文化艺术研究、广播电视传播研究、广播电视业务研究和广播电视历史研究等。下面对几个取得了较丰硕研究成果的领域进行简单介绍。

一、广播电视产业研究

这一时期，广播电视产业在机遇和挑战中发展。新媒介技术的快速发展改变了广播电视在视听传播领域的地位，新兴的视听传播形式正在吸引越来越多的受众、投资和人才，三网合一和媒介融合的趋势既挑战了广播电视在媒介产业中的市场竞争力，也为广播电视创造了新的发展机遇。因此，围绕着广播电视产业与新媒介产业之间关系的研究依然是2011年广播电视研究的一个重要领域。广播电视产业和新媒介产业关系研究集中在以下几个方面。

第一，研究者分析了广播电视产业在新媒体时代的体制机制、竞争力和发展方式等方面所遇到的问题，提出广播电视产业既要发挥广播电视产业在内容产品、政策支持、传播渠道、传播影响力等方面的优势，利用新媒体技术所提供的可能性延长产业链，积极主动地把握新传播技术发展提供的战略机遇，也要认识到新媒技术为广播电视产业带来的挑战，认识到广电产业在体制机制、创新能力、投融资能力、全媒介经营能力、新技术研发能力、市场主体性等方面的不足，及时推进广播电视产业机制体制改革、创新产业的商业模式、整合新媒体资源、调整发展战略，以实现广播电视产业在新媒体环境中的发展。丁钊的《媒介融合背景下的广播媒体战略转型探讨》①、申启武与褚俊生的《媒介融合背景下广播的发展趋势》②、李鋆的《广电新媒体未来产业发展的七个关键点》③、胡正荣的《媒介融合趋势给电视媒体带来的挑战与机遇》④、李菁的《媒介融合背景下对于"内容为王"几个关键点的思考》⑤、刘宜民的《全媒体时代传统媒体的核心竞争力》⑥、张佰明的《新界面形式 新产业规则——试论当前中国广电行业新媒体产业发展的传播学路径》⑦、李慧娟的《"三网融合"时代电视媒体面临的新挑战》⑧、刘振英的《在媒介融合中不断发展 再创辉煌》⑨、张雪静的《新媒体围攻下的传统电视发展空间思考》⑩、高宪春的《论三网融合下广电媒体网内整合模式创新及途径》⑪、王朋进的《三网融合条件下欧美电视内容管制的适应与调整》⑫、徐宁的《内容为王OR渠道为王？——三网融合背景下的广电发展策略初探》⑬、于隽的《全媒体环境中网络电视的定位与内容探

① 丁钊. 媒介融合背景下的广播媒体战略转型[J]. 中国广播电视学刊，2011（05）：28-29.

② 申启武,褚俊生. 媒介融合背景下广播的发展趋势[J]. 传媒，2011（06）：28-29.

③ 李鋆. 广电新媒体未来产业发展的七个关键点[J]. 电视研究，2011（08）：48-51.

④ 胡正荣. 媒介融合趋势给电视媒体带来的挑战与机遇[J]. 电视研究，2011（08）：13.

⑤ 李菁.媒介融合背景下对于"内容为王"几个关键点的思考[J].电视研究，2011(02):50-52.

⑥ 刘宜民. 全媒体时代传统媒体的核心竞争力[J]. 中国广播电视学刊，2011（01）：12-13.

⑦ 张佰明. 新界面形式 新产业规则——试论当前中国广电行业新媒体产业发展的传播学路径[J]. 电视研究，2011（05）：27-29.

⑧ 李慧娟. "三网融合"时代电视媒体面临的新挑战[J]. 电视研究，2011（05）：99-100.

⑨ 刘振英. 在媒介融合中不断发展再创辉煌[J]. 中国广播，2011（03）：1.

⑩ 张雪静. 新媒体围攻下的传统电视发展空间思考[J]. 南方电视学刊，2011（03）：81-83.

⑪ 高宪春. 论三网融合下广电媒体网内整合模式创新及途径[J]. 电视研究，2011（05）：20-23.

⑫ 王朋进. 三网融合条件下欧美电视内容管制的适应与调整[J]. 中国电视，2011（01）：76-80.

⑬ 徐宁. 内容为王OR渠道为王？——三网融合背景下的广电发展策略初探[J]. 南方电视学刊，2011（03）：71-72.

析》①、黎斌的《传统电视与新媒体融合发展的转型战略分析》②、鲍琨元的《把握机遇 发挥优势 占领市场——浅析三网融合后广播电台的定位》③、李光辉的《"三网融合"背景下电视媒体内容平台的构建》④、陈鹏的《三网融合背景下电视内容产业升级战略》⑤、李岚的《融合背景下电视产业发展的战略转型》⑥等文章从广电媒体与新媒体的比较优势等出发，分析两者在政府管理、体制机制、传播平台、投融资、经营方式、内容资源、技术创新、市场开拓等方面的优势，强调广电产业在发挥自身优势之时，要主动、积极地进行改革，以充分、有效地建构在新媒介环境中的竞争优势，实现广播电视产业的结构升级和竞争力建构。相关机构也组织召开了多次新媒体与广播电视产业关系的研讨会，如"媒介融合背景下的广播发展——第二届中国广播学研讨会"。

第二，不少研究从媒介融合的角度，强调媒介融合已经随着技术、经济和文化发展的需要而成为包括广电产业在内的媒介产业的必然趋势，并正在深刻地改变整个媒介产业的格局和产业链结构。广电产业和其他媒介产业应当以全媒介战略，打破媒介产业中的技术、政策、行业和市场壁垒，整合传统媒介和新媒介在文化资源、技术资源和市场资源，建构适应媒介融合年代的传媒产业链。蒋虎与宁茹的《媒介融合的胜利》⑦、谭天的《知行并进的"媒介融合年"》⑧、李燕的《中国媒介

---

① 于隽. 全媒体环境中网络电视的定位与内容探析[J]. 现代传播（中国传媒大学学报），2011（08）：163-164.

② 黎斌. 传统电视与新媒体融合发展的转型战略分析[J]. 电视研究，2011（05）：155.

③ 鲍琨元. 把握机遇 发挥优势 占领市场——浅析三网融合后广播电台的定位[J]. 中国广播，2011（03）：44-46.

④ 李光辉. "三网融合"背景下电视媒体内容平台的构建[J]. 中国广播电视学刊，2011（02）：83-84.

⑤ 陈鹏. 三网融合背景下电视内容产业升级战略[J]. 电视研究，2011（01）：17-24.

⑥ 李岚. 融合背景下电视产业发展的战略转型[J]. 电视研究，2011（01）：17-24.

⑦ 蒋虎，宁茹. 媒介融合的胜利[J]. 中国广播电视学刊，2011（07）：41-43.

⑧ 谭天. 知行并进的"媒介融合年"[J]. 中国广播电视学刊，2011（03）：33-34.

融合的问题及未来》①、庞井君的《当前中国视听新媒体产业发展的几点思考》②、黄升民的《三网融合下的"全媒体营销"建构》（《现代传播（中国传媒大学学报）》③与《游走于市场需求和国家意志间的三网融合内在逻辑》、周笑的《新媒体产业格局及发展趋势解析》④、涂昌波的《推进三网融合的法律思考》⑤等文章从多方面分析媒介融合对媒介产业未来的影响，分析了影响中国媒介融合的主要力量及其对媒介融合的影响，考察了促进三网融合发展的政治、经济改革的问题，强调抓住媒介融合的机会促进中国媒介产业结构性升级和发展。而"传媒战略:迎接'媒介融合'与'全媒体'时代——'国际媒介融合的趋势和发展研讨会'""三网融合与传媒投资:机会·战略·回报"等研讨会则集中体现了研究界对媒介融合以及媒介融合对产业影响的兴趣。

第三，大量广播电视产业与新媒体关系的研究集中在一些具体问题和案例上，这为广电产业在媒介融合年代的发展提供了丰富而具体的学术和经验支持。不少研究集中在地方广播电视业在新媒介产业的冲击下面临着更大的危机及发展策略，如殷保文的《新媒体时代城市广播的应对之策》⑥、陈航的《城市电视台开拓新媒体市场的策略探讨》⑦、岳允盛的《面对三网融合地方电视台机遇与挑战并存》⑧、陆正宁的《"三网融合"迷局与地方电视台的出路》⑨、陈浩的《随"网"飞舞 因需而

① 李燕. 中国媒介融合的问题及未来[J]. 中国广播电视学刊, 2011（08）: 29-30.

② 庞井君. 当前中国视听新媒体产业发展的几点思考[J]. 电视研究, 2011（05）: 12-16.

③ 黄升民. 三网融合下的"全媒体营销"建构[J]. 现代传播（中国传媒大学学报）, 2011（02）: 1-8.

④ 周笑. 新媒体产业格局及发展趋势解析[J]. 电视研究, 2011（01）: 13-16.

⑤ 涂昌波. 推进三网融合的法律思考[J]. 中国广播电视学刊, 2011（09）: 75-77.

⑥ 殷保文. 新媒体时代城市广播的应对之策[J]. 中国广播电视学刊, 2011（04）: 85-86.

⑦ 陈航. 城市电视台开拓新媒体市场的策略探讨[J]. 电视研究, 2011（01）: 62-63.

⑧ 岳允盛. 面对三网融合地方电视台机遇与挑战并存[J]. 当代电视, 2011（01）: 43.

⑨ 陆正宁. "三网融合"迷局与地方电视台的出路[J]. 南方电视学刊, 2011（01）: 93-94.

变——浅谈三网融合下城市台如何获得和提升战略竞争力》①、姜田的硕士论文《"三网融合"背景下地方广电媒体的战略管理分析：以厦门广电集团为例》②、盖龙涛的《"三网融合"媒介生态下黑龙江广播电视产业发展对策研究》③、陈沅恺的《新媒体跨越式发展战略布局起手成型——分析上海东方传媒借壳"广电信息"上市举措的意义》④、郭洁黎的《谈电视与新媒体融合的新路径——以浙江卫视〈新闻深一度〉栏目为例》⑤、刘敬东的《传统电视产业互联网之路的策略选择——以上海电视产业及互联网产业为例》⑥等。媒介融合也催生了新的版权问题，尤其对广播电视产业来说，内容产品是其长期积累并具有极大市场价值和潜力的产品，也是其比较新媒体最具竞争力的领域，保护广播电视产业的版权就成为人们思考新媒介产业和广播电视产业关系的重要议题。关于这一问题的研究成果有刘春理的《新媒体时代的广播节目版权保护与管理》⑦、潘娜的《三网融合背景下民营电视剧的版权交易与保护》⑧等。一些研究则将目光集中于具体的广播电视内容产品在新媒介环境中的发展，如骆靓雯的硕士论文《三网融合时代下电视营销广告的发展与

① 陈浩. 随"网"飞舞 因需而变——浅谈三网融合下城市台如何获得和提升战略竞争力[J]. 中国广播电视学刊, 2011（03）：81-82.

② 姜田. "三网融合"背景下地方广电媒体的战略管理分析：以厦门广电集团为例[D]. 厦门：厦门大学, 2011.

③ 盖龙涛. "三网融合"媒介生态下黑龙江广播电视产业发展对策研究[J]. 现代传播（中国传媒大学学报）, 2011（09）：10-14.

④ 陈沅恺. 新媒体跨越式发展战略布局起手成型——分析上海东方传媒借壳"广电信息"上市举措的意义[J]. 现代传播（中国传媒大学学报）, 2011（05）：153-155.

⑤ 郭洁黎. 谈电视与新媒体融合的新路径——以浙江卫视《新闻深一度》栏目为例[J]. 当代电视, 2011（03）：37-38.

⑥ 刘敬东. 传统电视产业互联网之路的策略选择——以上海电视产业及互联网产业为例[J]. 电视研究, 2011（05）：24-26.

⑦ 刘春理. 新媒体时代的广播节目版权保护与管理[J]. 中国广播电视学刊, 2011（03）：35-36.

⑧ 潘娜. 三网融合背景下民营电视剧的版权交易与保护[J]. 声屏世界, 2011（01）：54-55.

趋势》①、李斌的《与视频网站"剧战"，电视台如何应对》②、张敬军
的《三网融合态势下电视新闻应寻求新变化》③、沈芸的《全媒体时代省
级卫视新闻突围之路》④、李艳的《融媒体时代广播发展的应对之策——
以杭州新闻广播为例》⑤、张晓倩的硕士论文《媒介融合视域下电视新闻
频道发展策略研究：以中央电视台新闻频道为例》⑥等。

    体制机制的改革也在改变着中国广播电视产业的格局，不少地方广
播电视机构正在成为强有力的市场主体，但更多广播电视机构的相对竞
争力却出现了危机，广播电视业体制机制的进一步改革迫在眉睫。其中
频道制改革被视为改变广播电视产业困境、提高其竞争力的重要之途。
《电视研究》在2011年第3期集中刊发了刘敬东的《约束或激励——频
道制在上海电视产业格局变迁中的呈现》、汤集安的《从湖南广电看频
道制改革对电视产业发展的作用》、王勇的《"一台两制"：区域性广
电传媒的策略选择电视研究》、张雷的《以制播改革助推频道制革新的
机理与路径》、金雪涛的《组织扁平化视域下电视媒体的混合组织结
构——也谈中心制与频道制》、白小易的《论频道制在我国的演变发展
及实践》等文章，广泛地讨论了我国频道制改革的历史、现状和成功经
验，也提出了频道制改革中由于体制等问题而没有解决的重要问题。商
业南与苑志强的《城市台制播体制改革的困局和突破》⑦、郑坚敏的《深

---

① 骆靓雯.三网融合时代下电视营销广告的发展与趋势[D].厦门：厦门大学，2011.

② 李斌.与视频网站"剧战"，电视台如何应对[J].视听界，2011（01）：41-42.

③ 张敬军.三网融合态势下电视新闻应寻求新变化[J].当代电视，2011（02）：26-27.

④ 沈芸.全媒体时代省级卫视新闻突围之路[J].现代传播（中国传媒大学学报），2011（08）：147-148.

⑤ 李艳.融媒体时代广播发展的应对之策——以杭州新闻广播为例[J].中国广播电视学刊，2011（07）：88-89.

⑥ 张晓倩.媒介融合视域下电视新闻频道发展策略研究：以中央电视台新闻频道为例[D].长春：东北师范大学，2011.

⑦ 商业南，苑志强.城市台制播体制改革的困局和突破[J].南方电视学刊，2011（02）：55-59.

化文化体制改革中电视专业频道发展之路》①、游志郎的《北京华谊兄弟公司电视事业群的治理模式与管理机制探讨》②、徐帆的《凤凰卫视十五年（1996—2011）：媒介组织与生产机制的演进史》③、孟昭元的《试论城市电视媒体内部运行机制的创新》④、李滨的《项目定制:"量体裁衣"式的节目创新机制》⑤、张雷的《频道品牌构建的路径迷失与制度牵引》、陈广录的《浙江电视直播联盟协作机制初探》⑥、王康的《广电技术人才激励机制刍议——以江苏广播电视总台⑦、王焰的《创新，更进一步——利用资本市场完善影视产业链的思考》⑧、张同道的《政策、资本与市场——解读中国纪录片发展关键词》⑨、杨明品的《我国电视频道品牌建设的政策创新》⑩、吴锡俊的《文化创意产业发展中的政府职能转变与政策取向研究》⑪、李兆丰的《被命名的改革:2008年以来广电制播分离的政策与政治》⑫、徐丽玲的《资本理念引导下的广电人力资源体系

① 郑坚敏. 深化文化体制改革中电视专业频道发展之路[J]. 中国广播电视学刊，2011（08）：33-34.

② 游志郎. 北京华谊兄弟公司电视事业群的治理模式与管理机制探讨[J]. 现代传播（中国传媒大学学报），2011（05）：96-99.

③ 徐帆. 凤凰卫视十五年（1996—2011）：媒介组织与生产机制的演进史[J]. 现代传播（中国传媒大学学报），2011（05）：96-99.

④ 孟昭元. 试论城市电视媒体内部运行机制的创新[J]. 中国电视，2011（03）：90-92.

⑤ 李滨. 项目定制:"量体裁衣"式的节目创新机制[J]. 电视研究，2011（08）：34-36.

⑥ 陈广录. 浙江电视直播联盟协作机制初探[J]. 电视研究，2011（07）：59-60.

⑦ 王康. 广电技术人才激励机制刍议——以江苏广播电视总台（集团）的实践为例[J]. 电视研究，2011（07）：59-60.

⑧ 王焰. 创新,更进一步——利用资本市场完善影视产业链的思考[J]. 电视研究，2011（01）：21-22.

⑨ 张同道. 政策、资本与市场——解读中国纪录片发展关键词[J]. 中国广播电视周刊，2011（05）：14-15.

⑩ 杨明品. 我国电视频道品牌建设的政策创新[J]. 电视研究，2011（09）：10-12.

⑪ 吴锡俊. 文化创意产业发展中的政府职能转变与政策取向研究[J]. 现代传播（中国传媒大学学报），2011（02）：142-143.

⑫ 李兆丰. 被命名的改革:2008年以来广电制播分离的政策与政治[J]. 现代传播（中国传媒大学学报），2011（02）：9-12.

建构》①、许林的硕士论文《我国现阶段电视产业制播分离改革研究：以深圳广电集团为例》②以及邢建毅的专著《中国广电业整体转型：理论、路径与方法》③等，从管理机制、人才机制、创新机制、运行机制以及相关体制与政策等多方面研究了中国广播电视产业发展中亟待解决的体制机制改革问题，探讨通过频道制、制播分离、事业与企业分离、社会融资等方式推动广播电视产业发展中的体制改革。吕值友的专著《中国城市广播电视发展战略及政策研究》④则在系统研究我国城市广播电视业的兴起发展过程及其在不同阶段的发展战略的基础上，分析了在当前新媒介环境和多元复杂竞争环境中，城市广播电视业的发展地位、体制改革以及政策措施等。

广播电视产业是以内容产品为核心的，内容产品产业链的开发和运营自然成为研究者进行产业研究的重要一环。2011年出版的王天铮的专著《电视内容产业整合研究》⑤是关于电视内容产业的颇为系统的研究，该书运用了产业纵向整合与横向整合的理论，在内容产业独特性和中国电视内容产业发展历史与现状的基础上，以具体案例分析了在广播电视和新媒体环境中内容产业单向整合、结构整合和模块整合的方式，也总结了中国电视内容产业整合的经验和教训。其他如刘骏晟的《中国电视产业化的路径依赖及问题初探》⑥、徐文松的《浮华忧思:透视中国动漫产业发展中的"短板"问题》⑦、方德运的《我国纪录片产业化发展的难

① 徐丽玲. 资本理念引导下的广电人力资源体系建构[J]. 中国广播电视学刊, 2011（09）: 40-41.

② 许林. 我国现阶段电视产业制播分离改革研究: 以深圳广电集团为例[D]. 厦门: 厦门大学, 2011.

③ 邢建毅. 中国广电业整体转型: 理论、路径与方法[M]. 北京: 中国广播电视出版社, 2011.

④ 吕值. 中国城市广播电视发展战略及政策研究[M]. 北京: 中国广播电视出版社, 2011.

⑤ 王天铮. 电视内容产业整合研究[M]. 北京: 新华出版社, 2011.

⑥ 刘骏晟. 中国电视产业化的路径依赖及问题初探[J]. 中国电视, 2011（01）: 86-88.

⑦ 徐文松. 浮华忧思: 透视中国动漫产业发展中的"短板"问题[J]. 中国电视, 2011（03）: 76-79.

点及对策》①、蒋淑媛的《从动画的艺术特性谈动画产业链的构建》②、宋培义的《基于数字媒体资产开发的电视内容产业价值链构建》③、刘敬东的《传统电视产业互联网之路的策略选择——以上海电视产业及互联网产业为例》④、严波的《试论我国电视产业化发展中版权管理的作用与缺失》⑤、任志明的《电子媒介时代影视改编的市场策略分析——以"红色经典"的电视剧改编为例》⑥、孙崧的《浅析央视新闻频道改版及其核心竞争力的打造》⑦、马继霞的《衍生策略：频道特色内容资源的价值开发》⑧等，大多以广播电视内容产品为核心，集中讨论了内容产品的产业化态势、价值链延长和整合、版权保护和商业运营模式等一系列问题，体现了理论和实践相结合的特点，也分析了不同的广播电视内容产品因为文化和机制等方面的问题而产业化的困境，提出了从政策、投资和文化等方面给予支持等建议。

在关于电视内容产业的研究中，研发在整个产业中的地位和研发的运营成为2011年研究的热点。2011年《南方电视学刊》第2期集中刊发了李舒东的《研发：电视媒体的"导航仪"和"助推器"？》、韩天新的《研发："磨刀工"还是"磨洋工"？》、陈鸿昆的《电视研发的"虚"和"实"——河南电视台研发实践探索》、黄耀华的《研发如何成为广电发展"助推器"？》、朱毅的《我国电视产业研发的厘清、建构与前

① 方德运. 我国纪录片产业化发展的难点及对策[J]. 电视研究，2011（09）：66-68.

② 蒋淑媛. 从动画的艺术特性谈动画产业链的构建[J]. 电视研究，2011（06）：46-48.

③ 宋培义. 基于数字媒体资产开发的电视内容产业价值链构建[J]. 电视研究，2011（05）：53-55.

④ 刘敬东. 传统电视产业互联网之路的策略选择——以上海电视产业及互联网产业为例[J]. 电视研究，2011（05）：24-26.

⑤ 严波. 试论我国电视产业化发展中版权管理的作用与缺失[J]. 电视研究，2011（01）：23-26.

⑥ 任志明. 电子媒介时代影视改编的市场策略分析——以"红色经典"的电视剧改编为例[J]. 兰州大学学报（社会科学版），2011（1）：37-42.

⑦ 孙崧. 浅析央视新闻频道改版及其核心竞争力的打造[J]. 中国广播电视学刊，2011（02）：92-93.

⑧ 马继霞. 衍生策略：频道特色内容资源的价值开发[J]. 中国广播电视学刊，2011（08）：35-36.

瞻》等文章，这些文章讨论了研发对广播电视产业发展的意义、研发的特点以及我国广播电视研发的认识和现状等，强调了我国广播电视产业在研发投入、管理、版权保护、市场开拓等方面依然存在比较严重的问题，并提出全球创意产业竞争将导致广播电视产业的发展困境。另外，黄玉的《国际传播核心节目研发及创新管理》[①]则介绍了国际模式节目研发状况、管理方式等。

品牌建设是2011年广播电视产业研究的另一个颇为集中的领域，2011年第9期《电视研究》刊发了高山冰的《CNN新媒体品牌塑造分析》、何苏六的《我国上星频道品牌现状及其发展探究》、罗艳的《观众忠诚度视野下的电视品牌策略研究》、周丽玲的《公益性频道与电视台整体品牌建设》、杨明品的《我国电视频道品牌建设的政策创新》等文章，《中国广播电视学刊》也刊发了李承立的《浅析凤凰卫视品牌经营策略》、高巍的《城市电视台品牌战略分析》、许继锋的《〈中国梦想秀〉的品牌价值和媒介响应》、方健中的《微博与卫视品牌发展》、藤乐的《创造同质化竞争时代的主动受众——浅谈〈百家讲坛〉品牌形象的建设与维护》、战飚的《电视媒体品牌个性的塑造与赞助营销》、王冬辉的《开拓性与取代性：立足新闻资源优势强化频道品牌价值》、张殷婷的《广播经营:品牌建设加快转型升级》等文章，其他如胥琳佳的《试论媒介品牌形象模型的建构》[②]、王勇的《浅析品牌栏目的延伸与创新——以深圳卫视〈饭没了秀〉和〈宝贝赖上大明星〉为样本》[③]等，从历史、受众、政策、商业、文化以及节目自身的特点等多个角度分析了广播电视品牌经营、建设和管理的特点和具体运作等。

① 黄玉.国际传播核心节目研发及创新管理[J].中国广播电视学刊，2011（09）：42-43.

② 胥琳佳.试论媒介品牌形象模型的建构[J].现代传播（中国传媒大学学报），2011（07）：160-161.

③ 王勇.浅析品牌栏目的延伸与创新——以深圳卫视《饭没了秀》和《宝贝赖上大明星》为样本[J].电视研究，2011（02）：37-38.

二、广播电视文化艺术研究

2011年广播电视文化艺术方面的研究可谓热点频出，娱乐节目研究、纪录片研究、影视剧研究等成为广播电视文化艺术研究的焦点。

2010年国家强调了扶持纪录片的发展，中央电视台也于2011年初成立了纪录片频道，2011年中国共产党成立90周年和辛亥革命100周年等重大历史事件也掀起纪录片制作的高潮，不少电视台如重庆卫视等也开始重视纪录片制作，新媒体传播技术扩大了纪录片市场空间，纪录片领域的文化领导权比较其他电视文化领域相对突出，再加上技术的发展使得纪录片制作越来越社会化和平民化等，都要求广播电视研究界重视纪录片研究，因此《中国电视》《中国广播电视学刊》《电视研究》《现代传播》《当代传播》《当代电视》《当代电影》《新闻与传播》《新闻大学》《新闻与传播研究》以及一些学报等核心刊物，都刊载了不少关于纪录片制作、叙事、艺术等方面的文章和关于一些重点纪录片的研讨成果。其中2011年第1期《中国电视》刊发了25篇、第2期刊发了14篇、第3与第4期共刊发了70余篇、第5期刊发了35篇、第6期刊发了21篇、第7期刊发了22篇、第8期几种刊发了19篇纪录片方面的文章，具体内容涉及纪录片创作者的访谈、纪录片作品研究、纪录片历史研究、纪录片资料钩沉、纪录片文化意义分析、纪录片产业、纪录片在新媒体环境中制作和传播等。这些文章在讨论纪录片艺术和发展的基础上，注重突出主流纪录片的文化引领和传播价值。《中国广播电视学刊》在2011年不仅先后刊发了李城的《纪录片：全球视野与民族审美的多元融合》、温建梅的《制约纪录片真实性的三大要素》、金家平的《转型期中国纪录片的困境与突围》、阎立峰的《简论美国环保运动纪录片的风格与倾向》等文章，还在第5期集中刊发了何苏六的《中国题材纪录片的国际化传播现状及发展策略》、胡智锋的《中国纪录片产业发展的春天》等5篇文章，探讨了中国纪录片产业、国际传播和发展环境等。《现代传播》在2011年刊发了苗元华的《全球化语境中纪录片的文化使命及其实现途径》、周振华的《"南京大屠杀"题材纪录片创作类型与手法》、武新宏的《国际视野与现代表达——纪录片〈当卢浮宫遇到紫禁城〉跨文化传播理念与效果探析》、陈一的《论电视纪录片研究的新取向》、周文的《传播思想与抒写情感——也谈纪录片的功能》、唐宁的《全媒体时代文献纪录片叙事策略革新》,《南方电视学刊》则刊发了张同道的《2010年纪录片网络新媒体传播研究报告》、董书华的《NHK中国纪录片的文本特征及新闻生产之研究》、刘益军的《论纪录片的表现与再现》,《电视研究》则刊发了周洋的《当代纪录片创作中情节与冲突设置初探》、崔军的《论当代中国大型纪录片的文化走向》、金震茅的《导思·染情·益智——试论儿童纪录片的价值功能》、王启超的《从媒介地理学的角度观照中国纪录片的发展之路》、尹鸿的《理性的力量——谈中央电视台大型电视纪录片〈公司的力量〉》、郭唯的《中国动物题材纪录片创作理念分析》等,这些文章都比较侧重于从文化、艺术等方面研究纪录片特点和具体电视剧文本批评,另有一些文章在中外比较中解释纪录片跨文化传播和建构全球多元文化的意义。研究者也分析了中国纪录片在人文关怀、文化差异等方面存在的不足,呼吁从具体的、被拍摄对象自身的视野出发去提高纪录片的真实力量,并使纪录片成为人们真实表现世界的重要文化方式。纪录片研究也是2011年学位论文研究的一个重要对象,如马昊莹的《2006至2010年中国历史文化纪录片叙事探析》、马遥的《新历史主义视野下21世纪中国历史纪录片研究》、齐勇的《论西方科学纪录片的叙事特征》、陆瑶的《中国纪录片的人文精神研究》、苏淑洁的《类型学视角下数字纪录片的选题与叙事策略研究》、袁芳芳的《中国女性纪录片中女性意识研究》、白斐的《人类学纪录片〈西藏一年〉的价值体系研究》、王矗的《生态批评视域下的生态纪录片叙事风格研究》、杨琼的《1990年代我国人类学纪录片的主题与表现手法》,这些研究运用伦理学、叙事学、人类学、文化研究、女性主义以及生态伦理等视角，在掌握大量材料基础上分析了中国纪录片的文化艺术特征和西方纪录片的特征。

2011年的娱乐节目研究无疑是广播电视研究中最具争议的话题。广播电视产业的激烈竞争催生了不少广播电视企业以娱乐节目为立台之本，甚至不惜通过挑战社会价值底线的方式以达到提高收视率的效果。这种娱乐节目泛化和娱乐价值无底线的情况引起了社会、政府、业界和学术界广泛的关注，也将娱乐节目研究推到了广播电视文化艺术研究的焦点位置。2011年的娱乐节目研究大体上可以分为两个方面。一类是诊断娱乐节目及娱乐文化泛化现象，分析这一现象产生的社会、文化和经济原因，批判过度娱乐化和娱乐泛化导致的文化、伦理和趣味低俗化，主张通过管理、文化重建、价值引导、专业精神、伦理责任提倡和制度建设等方式，引导娱乐节目，并改变娱乐泛化。《中国广播电视学刊》在2011年第9期刊发了陈昌凤的《多重制约：美国对电视娱乐化的管控》、卢铁澎的《生于忧患死于愚乐——浅谈电视娱乐节目"三俗"的病根与治理》、魏南江的《警惕:相亲娱乐节目的反智性价值倾向》、李波的《坚守媒体责任文化传递快乐——河南卫视的思考与实践》、孔德明的《电视娱乐节目的价值选择》、林杰谋的《对泛娱乐电视生态的批判性思考》、刘玉平的《坚持新闻立台防止电视过度娱乐化——黑龙江电视台关于电视节目过度娱乐化的思考》、刘贺萍的《月印万川不见月——过度娱乐化丧失了娱乐精神》、陈啸歌的《综艺节目存在的问题及解决办法》、黄良奇的《论传媒娱乐化潮流中的低俗风延伸》、任陇婵的《省级卫视如何走出娱乐低俗的周期律》、花晨峰的《广播媒体低俗化现象及对策》、张聪的《广播电视宣传的反低俗之风行动》、陆绍阳的《用好防止过度娱乐化的三道闸门》等文章，还刊发了刘阳的《电视娱乐节目传播取向的失衡与重构》、时统宇的《抵制广播电视低俗化的现实路径》、吕岩梅的《美国对电视节目低俗内容的规制》、陈琦的《故事类节目如何避免低俗化》、张振华的《文化的理性与自觉》、武兴芳的《文化低俗三问》、李世成的《美国低俗电视节目的监管与启示》等，分析我国娱乐节目大量泛滥、娱乐节目内容屡屡冲击道德和文化底线、娱乐化向各类电视节蔓延等现象的严重性和危害，研究了国内外通过体制、文化自觉、管理、媒体责任建设、理性精神回归以及价值重建等方式，促进广播电视娱乐节目和娱乐化现象在文化和娱乐、道德和娱乐、理性和娱乐、专业精神和娱乐之间良性发展。其他学术刊物也发表了不少具有针对性、有学理基础的文章，批评了广播电视的过度娱乐化现象，如《现代传播》刊发了王若霆的《广播节目低俗化成因及对策分析》、卓宏的《审智与娱乐的两全——〈新视觉·香港例外〉系列电视节目的文本分析》等，《当代电视》刊发了隋欣的《试论电视媒体抵制低俗化的对策》、张志华的《解析波兹曼的"娱乐至死观"》、宋烨的《关于娱乐节目去低俗化的思考》、罗治林的《对当下电视娱乐节目失范的哲学思考》、林海的《少儿电视节目低俗化的危害及对策思考》，《中国电视》刊载了黄桂萍的《娱乐向下，人文精神向上》，《南方电视学刊》刊载了力强的《"娱乐化"：体育传播的边缘异化》、李茜的《信息也须"娱乐化"》等。2011年娱乐节目研究的另一类是从历史、艺术、文化等方面相对客观、中立地研究娱乐节目，分析其特征、发展趋势等，朱岩的《娱乐性在新闻中的位置之我见》[①]、沈旸的《电视综艺娱乐节目可持续发展的路径抉择》[②]、王云峰的《从引进到原创：中国娱乐节目创新趋势》[③]、吕鹏的《消费社会背景下的电视娱乐节目与男性气质》[④]、朱鸿洁的《关于城市电视台娱乐节目发展的思考》[⑤]、夏颖的《从意义指涉到

---

① 朱岩. 娱乐性在新闻中的位置之我见[J]. 中国广播, 2011（03）：78-79.

② 沈旸. 电视综艺娱乐节目可持续发展的路径抉择[J]. 中国广播电视学刊, 2011（07）：24-25.

③ 王云峰. 从引进到原创：中国娱乐节目创新趋势[J]. 中国广播电视学刊, 2011（03）：63-64.

④ 吕鹏. 消费社会背景下的电视娱乐节目与男性气质[J]. 现代传播（中国传媒大学学报）, 2011（06）：19-23.

⑤ 朱鸿洁. 关于城市电视台娱乐节目发展的思考[J]. 当代电视, 2011（07）：28-31.

情绪体验——中国电视娱乐受众自我认知类型分析》①、胡智锋的《新世纪十年中国电视娱乐节目热点分析》②、宋子超的《本土化娱乐节目创新何去何从》③等，虽然也指出了广播电视娱乐节目和娱乐文化发展中的问题，但这些研究更多是从娱乐节目发展的角度分析历史过程、提出解决的方法、总结其文化与传播特点等。另外，郑笑兵等人的《电视娱乐节目品牌构建》、钱曙光的硕士论文《论我国电视娱乐节目的发展困境及对策分析》、李珊珊的硕士论文《我国电视娱乐节目趋同化问题研究》则比较系统地研究了娱乐节目建设中存在的过度娱乐化、同质化、创新不足、文化内涵匮乏等问题，强调通过创新、本土化、提升文化和品牌建设等方式，促进娱乐节目可持续、健康发展。

电视剧、广播剧依然是2011年广播电视领域最重要的文化艺术形式，也是广播电视研究成果最丰富的领域，无论是发表的文章数量还是出版的专著数量，电视剧研究都是电视文化艺术研究中最多的。2011年电视剧研究除了围绕着单部电视剧发表的批评分析文章之外，如围绕着《钢铁年代》《婚姻保卫战》《裸婚年代》《人间正道是沧桑》《毛岸英》《革命者永远年轻》《永不磨灭的番号》以及《水浒》《红楼梦》等电视剧展开的具体讨论，还有不少是围绕电视剧发展的一些重要现象进行的研究。如尹鸿与李瑗瑗的《2010年中国电视剧备忘录》④、陈晓春的《从2010年获奖电视剧看我国电视剧的创作特征》⑤、胡晖的《新世纪

① 夏颖. 意义指涉到情绪体验——中国电视娱乐受众自我认知类型分析[J]. 电视研究，2011（04）：65-67.

② 胡智锋. 新世纪十年中国电视娱乐节目热点分析[J]. 湖南大众传媒职业技术学院学报，2011（02）：5-8.

③ 宋子超. 本土化娱乐节目创新何去何从[J]. 当代电视，2011（05）：31-33.

④ 尹鸿，李瑗瑗. 2010年中国电视剧备忘录[J]. 电视研究，2011（02）：9-12.

⑤ 陈晓春. 从2010年获奖电视剧看我国电视剧的创作特征[J]. 现代传播（中国传媒大学学报），2011（06）：70-73.

以来革命历史人物传记类电视剧创作简论》①、孙宜君的《近十年中国家庭伦理剧的审美取向》②、晏青与赖学滟的《生成模式·成长叙事·国家寓言——新世纪以来民族商业题材电视剧的三个维度》③、李玉琴的《新世纪乡村电视剧人物形象的文化学解读》④、桑盛荣的《"土匪"立言与正名——近期抗战电视剧的审美倾向》⑤、张书端的《双重遮蔽下的影像上海——论新世纪以来上海题材电视剧中上海想象的误区》⑥等侧重于从历史角度总结电视剧发展的经验和文化特征，分析电视剧中出现的文化偏颇。李庚的《历史题材电视剧英雄叙事中的感伤美》、伍爱芳的《电视剧画内音乐与画外音乐比较》⑦、相玉祥的《论纪实性电视剧的审美表达》⑧、宋永琴的《电视剧视像叙事审美观照》⑨、覃媛元的《近年国产电视剧的叙事缺陷》⑩、潘婷婷的《探析:技术对电视艺术及其美学的影响》⑪、姚皓韵的《轮换、沿袭与创新——浅析境外电视剧类型文本创造规律》⑫、张国涛的《集与集剧：电视剧的基本形式与传播形态

---

① 胡晖. 新世纪以来革命历史人物传记类电视剧创作简论[J]. 现代传播（中国传媒大学学报），2011（04）：155-156.

② 孙宜君. 近十年中国家庭伦理剧的审美取向[J]. 中国电视，2011（02）：28.

③ 晏青，赖学滟. 生成模式·成长叙事·国家寓言——新世纪以来民族商业题材电视剧的三个维度[J]. 电视研究，2011（09）：63-65.

④ 李玉琴. 新世纪乡村电视剧人物形象的文化学解读[J]. 文艺争鸣，2011（14）：49-51.

⑤ 桑盛荣. "土匪"立言与正名——近期抗战电视剧的审美倾向[J]. 电影评介，2011（2）：17-18.

⑥ 张书端. 双重遮蔽下的影像上海——论新世纪以来上海题材电视剧中上海想象的误区[J]. 声屏世界，2011（03）：42-44.

⑦ 伍爱芳. 电视剧画内音乐与画外音乐比较[J]. 中国广播电视学刊，2011（07）：51-53.

⑧ 相玉祥. 论纪实性电视剧的审美表达[J]. 中国广播电视学刊，2011（03）：42.

⑨ 宋永琴. 电视剧视像叙事审美观照[J]. 现代传播（中国传媒大学学报），2011（05）：167-168.

⑩ 覃媛元. 近年国产电视剧的叙事缺陷[J]. 中国广播电视学刊，2011（05）：60-61.

⑪ 潘婷婷. 探析: 技术对电视艺术及其美学的影响[J]. 现代传播（中国传媒大学学报），2011（05）：157-158.

⑫ 姚皓韵. 轮换、沿袭与创新—浅析境外电视剧类型文本创造规律[J]. 现代传播（中国传媒大学学报），2011（02）：165-166.

考察》①、金洪申的《电视剧悬念营造的基本原则》②、高鑫的《技术美学研究》③、宗俊伟的《略论电视剧影像语言的美学功能》④、陈友军的《初创时期中国电视剧的美学形态初探》⑤等文章侧从美学、艺术等角度分析了电视剧的叙事、类型、风格、技术等方面。李宝萍的《繁荣国产电视剧创作的新命题》⑥、晏青的《电视剧:艺术的守成与突破》⑦、陈旭光的《创意的限度、现实的边限与价值观本位——从几个视点看当下电视剧创作态势》⑧、曾庆瑞的《电视剧创作呼唤原创力回归——我对当前电视剧创作现状的一点思考》⑨、张德祥的《影视创作，亟待破解三个问题》⑩、张玫婧的《电视剧模仿翻拍热潮下的隐忧》⑪、戴清的《创作倾向的反思——传奇化、浪漫化与游戏化漫议》⑫、房福贤的《并非孤立的创作倾向——当下电视连续剧创作中值得注意的几个问题》⑬、刘新华的《简论家庭伦理剧中的家庭伦理道德表现及存在的问题》⑭等文章则

① 张国涛. 集与集剧: 电视剧的基本形式与传播形态考察[J]. 现代传播（中国传媒大学学报），2011（02）: 81-85.

② 金洪申. 电视剧悬念营造的基本原则[J]. 现代传播（中国传媒大学学报），2011（03）: 141-142.

③ 高鑫. 技术美学研究[J]. 现代传播（中国传媒大学学报），2011（02）: 63-70.

④ 宗俊伟. 略论电视剧影像语言的美学功能[J]. 中国电视，2011（06）: 63-66.

⑤ 陈友军. 初创时期中国电视剧的美学形态初探[J]. 当代电视，2011（03）: 57-58.

⑥ 李宝萍. 繁荣国产电视剧创作的新命题[J]. 中国广播电视学刊，2011（04）: 49-50.

⑦ 晏青. 电视剧: 艺术的守成与突破[J]. 中国广播电视学刊，2011（01）: 14-15.

⑧ 陈旭光. 限度、现实的边限与价值观本位——从几个视点看当下电视剧创作态势[J]. 当代电视，2011（09）: 12-14.

⑨ 曾庆瑞. 电视剧创作呼唤原创力回归——我对当前电视剧创作现状的一点思考[J]. 当代电视，2011（09）: 8-11.

⑩ 张德祥. 影视创作，亟待破解三个问题[J]. 当代电视，2011（9）: 5-6.

⑪ 张玫婧. 电视剧模仿翻拍热潮下的隐忧[J]. 当代电视，2011（06）: 25-26.

⑫ 戴清. 创作倾向的反思——传奇化、浪漫化与游戏化漫议[J]. 当代电视，011（04）: 24-26.

⑬ 房福贤. 并非孤立的创作倾向——当下电视连续剧创作中值得注意的几个问题[J]. 中国电视，2011（02）: 24-26.

⑭ 刘新华. 简论家庭伦理剧中的家庭伦理道德表现及存在的问题[J]. 中国电视，2011（03）:: 46-49.

分析了当前电视剧中存在的问题，强调从艺术创新、文化价值、现世关怀等方面实现中国电视剧的突破。王利丽的《电视剧中的北京空间与文化意义》①、张健的《开年大戏：电视剧盛宴背后的意识形态建构》②、罗良清的《都市题材电视剧中"小人物"群像的寓言——兼谈都市题材电视剧的现代转型》③、周根红的《影像修辞与我国电视剧的"民工叙事"》④等文章以及吕鹏的专著《性属、媒介与权力再生产：消费社会背景下电视对男性气质的表征研究》，从女性、城市、小人物、文化政治等文化研究的视角，呼吁给予边缘群体以更充分的表达和用现代化进程的创造性参与形象塑造。涂彦的专著《电视剧的戏剧性研究》首次将戏剧性引入电视剧艺术的专门研究中，将理论总结和戏剧创作的实践相结合，分析了电视剧通过动作、情境、场面、悬念、冲突、节奏等构成戏剧性的方式，重点关注了现实关系、媒介形式等戏剧性的作用。黎鸣的专著《电视连续剧故事结构解析：兼论电视剧开场戏的美学特征》在研究大量电视剧结构的基础上，从故事要素、叙事结构、故事发展、美学、影像语言等方面分析了电视剧的故事结构。

除了电视剧、娱乐节目和纪录片，2011年广播电视文化艺术研究还在对话节目、动画艺术等方面进行了较为广泛的研究，产生了丰富的研究成果。如张凤铸主编的《广播电视艺术学通论》、李宇的《海外华语电视研究》、王雪梅主编的《中国广播文艺理论研究》、牛慧清的《中国知识分子与电视媒体关系研究》、王人殷主编的《电视电影纵览》、欧阳宏生的《21世纪中国电视文化建构》、莫林虎的《电视文化导论》等诸著作，在深化广播电视文化艺术研究的同时，也开拓了电视文化艺

① 王利丽. 电视剧中的北京空间与文化意义[J]. 中国电视，2011（02）：51-54.

② 张健. 开年大戏: 电视剧盛宴背后的意识形态建构[J]. 中国电视，2011（03）：9-12.

③ 罗良清. 都市题材电视剧中"小人物"群像的寓言——兼谈都市题材电视剧的现代转型[J]. 中国电视，2011（02）：51-54.

④ 周根红. 影像修辞与我国电视剧的"民工叙事"[J]. 中国电视，2011（08）：45-48.

术研究的新领域，尤其是李宇的《海外华语电视研究》和牛慧清的《中国知识分子与电视媒体关系研究》在我国广播电视文化艺术研究此前很少或没有系统研究过的领域做出了深入的研究。

三、广播电视传播研究

广播电视新闻研究、舆论研究和传播研究一直是广播电视研究的核心，也是广播电视研究传统最深厚的领域。2011年的广播电视传播研究延续着这一传统，面对新媒体传播所带来的传播转型、信息传播路径的多元化和文化价值多元化、不同阶层利益分化及其传播诉求、新闻传播的全球化和全球传播话语领导权冲突以及文化民主化与社会传播参与能力的极大提高等现实传播环境，广播电视作为国家主流媒体，适应与吸收多媒体传播资源以提高传播能力建设、引导与整合社会文化意识、促进主流价值的社会认同、在社会文化问题上建构解释权和话语权、充分合理地表达不同社会文化利益的诉求、建设具有魅力和影响力的传播话语体系等就成为广播电视的重要发展方向。围绕着上述广播电视传播发展问题，2011年的广播电视研究就新闻立台、公共突发性事件传播、新闻舆论引导和舆论监督、媒介资源整合和文化领导权、广播电视受众、传播效果和影响力等方面展开了广泛的研究。

在新媒介语境和文化信息民主化的年代，广播电视适应新媒介所形成的信息传播多元化、信息阐释的全民化、多种话语体系的差异化甚至冲突化、跨国信息传播及时化和渗透以及大众信息认同中普遍存在的自我"他者化"过程中，广播电视已经通过增加包括新闻直播在内的第一时间播出、提高新闻评论的客观公正性和权威性、扩大新闻事件参与者不同利益表大的范围、促进新闻话语向对话性和多介质化转变等方式，在一定程度上提高传播能力。广播电视研究一方面及时总结了广播电视传播实践中所取得的成绩，另一方面也在新媒介和全球传播环境中分析了广播电视传播所存在的问题和解决的路径等。孟建的《我国舆论引导的新视域——关于官方话语和民间话语互动、博弈的理论思考》①、陈坤沈的《新媒体生态下广播电视话语权的构建》②、吴瑛的《信息传播视角下的话语权生产机制研究》③、宋妍的《媒体与微博"争锋"之策》④、白滔的《弱势群体的新闻话语权及其实现》⑤、陶皆良的《关于电视节目主持人话语权的思考》⑥、龚君楠的《论新闻媒体对公民话语权的影响——以郭德纲事件为例》⑦、朱颖的《从权力的多元化视角看媒介的传播权》⑧、姜翠英的《电视民生新闻与公共话语空间建构》⑨、闫瑞的《农民在电视媒介中话语权的缺失与对策》⑩、金波的《坚持评论强台打造观点电台》⑪等文章，都在社会利益和话语权分化、新媒体创造了新的话语表达的阶层空间等语境中，分析了广播电视等传统媒体如何真正实现社会公平表达和建构话语权等问题。在各种广播电视媒体话语权讨论中，新媒体重建话语权空间是讨论最多的问题，其中涉及社会边缘群体利用新媒体空间表达诉求、新媒体空间新的话语阶层结构形成、传统媒体整合新媒体话语的策略、主流话语多元话语之间的关系等广泛的讨

① 孟建. 我国舆论引导的新视域——关于官方话语和民间话语互动、博弈的理论思考[J]. 新闻传播，2011（02）：6-18.

② 陈坤沈. 新媒体生态下广播电视话语权的构建[J]. 视听纵横，2011（01）：59-60.

③ 吴瑛. 信息传播视角下的话语权生产机制研究[J]. 四川大学学报（哲学社会科学版），2011（03）：50-57.

④ 宋妍. 媒体与微博"争锋"之策[J]. 记者摇篮，2011（04）：21-24.

⑤ 白滔. 弱势群体的新闻话语权及其实现[J]. 青年记者，2011（14）：23-24.

⑥ 陶皆良. 关于电视节目主持人话语权的思考[J]. 现代传播（中国传媒大学学报），2011（06）：131-133.

⑦ 龚君楠. 论新闻媒体对公民话语权的影响—以郭德纲事件为例[J]. 新闻界，2011（03）：20-21.

⑧ 朱颖. 从权力的多元化视角看媒介的传播权[J]. 当代传播，2011（03）：15-17.

⑨ 姜翠英. 电视民生新闻与公共话语空间建构[J]. 青年记者，2011（20）：20-21.

⑩ 闫瑞. 农民在电视媒介中话语权的缺失与对策[J]. 青年记者，2011（20）：9-10.

⑪ 金波. 坚持评论强台 打造观点电台[J]. 视听纵横，2011（01）：9-10.

论，这里不再赘述。

电视因为其影像语言特征一直是跨文化传播的主要承担者，也是跨文化传播研究的主要对象。2011年，广播电视的跨文化传播由于国家形象片在国外传播、2011年的世博会的国际传播等新闻事件而更引起研究界的兴趣。胡志龙的《中国国家形象建构中的媒体传播策略》①、张志洲的《如何增强中国媒体的国际话语权》②、苗元华的《全球化语境中纪录片的文化使命及其实现途径》③、张炜的《中国影视产品海外传播的动因探析》④、赵玉宏的《论影视剧跨文化传播与中国文化软实力的提升》⑤、陈晓夏的《提升中国纪录片对外传播能力的思考》⑥、张欣的《国际传媒竞争与中国媒体的选择——央视全球报道网络与国际传播能力建设探讨》⑦、赵鑫的《探析新时期中国国家形象的影像化传播策略——以北京申奥片、上海申博片和国家形象宣传片为例》⑧、徐晓的《中国电视剧的国际传播策略分析》⑨、梁悦悦的《中国电视剧在菲律宾:播出历史与现状》⑩、谢卓华的《基于受传机理的跨域传播研究——

① 胡志龙. 中国国家形象建构中的媒体传播策略[J]. 长江师范学院学报，2011（01）：48-56.

② 张志洲. 如何增强中国媒体的国际话语权[J]. 对外传播，2011（03）：38-39.

③ 苗元华. 全球化语境中纪录片的文化使命及其实现途径[J]. 现代传播（中国传媒大学学报），2011（09）：82-85.

④ 张炜. 中国影视产品海外传播的动因探析[J]. 现代传播（中国传媒大学学报），2011（05）：163-164.

⑤ 赵玉宏. 论影视剧跨文化传播与中国文化软实力的提升[J]. 现代传播（中国传媒大学学报），2011（01）：163-164.

⑥ 陈晓夏. 提升中国纪录片对外传播能力的思考[J]. 现代传播（中国传媒大学学报），2011（03）：66-68.

⑦ 张欣. 国际传媒竞争与中国媒体的选择——央视全球报道网络与国际传播能力建设探讨[J]. 电视研究，2011（07）：24-26.

⑧ 赵鑫. 探析新时期中国国家形象的影像化传播策略——以北京申奥片、上海申博片和国家形象宣传片为例[J]. 电视研究，2011（06）：70-72.

⑨ 徐晓. 中国电视剧的国际传播策略分析[J]. 今传媒，2011（09）：65-66.

⑩ 梁悦悦. 中国电视剧在菲律宾:播出历史与现状[J]. 电视研究，2011（09）：78-80.

以广西对东盟的传播为视角》①、李彬的《我国对外传播主体的文化自觉》②、郁玉萍的《中国电视媒体对外传播能力探析》③、姜宝娜的《解析〈当卢浮宫遇见紫禁城〉的跨文化传播》④、郭庆光的《跨越文化 寻求共识——从文化与认知的视角重新审视向世界传播中国文化的方式》⑤、何苏六的《中国题材纪录片的国际化传播现状及发展策略》⑥、钱曦的《跨文化传播的本土化策略——兼谈央视财经频道国际报道的本土化运作》⑦、赵玉宏的《论影视剧跨文化传播与中国文化软实力的提升》⑧、陈林侠的《中国电视剧的"中国立场"及其海外传播策略》⑨、郑伟的《跨越意识形态和文化障碍——中央电视台纪录频道国际传播的意义分析与现实准备》⑩、赵君伟的《浅论国际台提升国际传播能力的人才战略》⑪、廖吉波的《科学定位落地广播频率 提升国际传播效果》⑫、袁奇的《"两会"对外报道的整合传播及创新——国际台2011"两会"

---

① 谢卓华. 基于受传机理的跨域传播研究——以广西对东盟的传播为视角[J]. 广西社会科学，2011（08）：33-36.

② 李彬. 我国对外传播主体的文化自觉[J]. 对外传播，2011（08）：39-40.

③ 郁玉萍. 中国电视媒体对外传播能力探析[J]. 新闻世界，2011（06）：59-60.

④ 姜宝娜. 解析《当卢浮宫遇见紫禁城》的跨文化传播[J]. 东南传播，2011（06）：142-143.

⑤ 郭庆光. 跨越文化 寻求共识——从文化与认知的视角重新审视向世界传播中国文化的方式[J]. 国际新闻界，2011（04）：30-36.

⑥ 何苏六. 中国题材纪录片的国际化传播现状及发展策略[J]. 中国广播电视学刊，2011（05）：11-13.

⑦ 钱曦. 跨文化传播的本土化策略——兼谈央视财经频道国际报道的本土化运作[J]. 现代传播（中国传媒大学学报），2011（04）：33-34.

⑧ 赵玉宏. 论影视剧跨文化传播与中国文化软实力的提升[J]. 现代传播（中国传媒大学学报），2011（01）：163-164.

⑨ 陈林侠. 中国电视剧的"中国立场"及其海外传播策略[J]. 现代传播（中国传媒大学学报，2011（03）：63-66.

⑩ 郑伟. 跨越意识形态和文化障碍——中央电视台纪录频道国际传播的意义分析与现实准备[J]. 中国电视（纪录），2011（01）：163-164.

⑪ 赵君伟. 浅论国际台提升国际传播能力的人才战略[J]. 中国广播电视学刊，2011（07）：66.

⑫ 廖吉波. 科学定位落地广播频率 提升国际传播效果[J]. 中国广播电视学刊，2011（05）：47-48.

特别策划的个案分析》①、张恒的《关于中国电视媒体增强国际传播能力的思考》②、武新宏的《国际视野与现代表达——纪录片〈当卢浮宫遇到紫禁城〉跨文化传播理念与效果探析》③、郭镇之的《对外传播与中国电视》④、麻宁的《论电视媒体国际化传播人才的职业化培养》⑤、苏状的《2010上海世博会"参展国国家形象建构"分析——基于视觉文化传播理论的世博诠释（上）》⑥、孟建的《2010上海世博会"中国国家形象建构"分析——基于视觉文化传播理论的世博诠释（下）》⑦、李毅的《从贴牌到品牌——中央电视台国际传播力质的跨越》⑧、赵晖的《论中国电视剧"走出去"策略》⑨、高晓红的《长城平台的对外传播现状和提升空间探析》⑩等文章，以及郭林的专著《电视产品在中西文化语境中的对话》⑪，在跨文化传播理论的基础上，以一些具体的跨文化传播案例为对象，分析了中国广播电视国际传播文化、意识形态、能力、策略、语言、人才等方面的经验，强调广播电视跨文化传播需要在国际问题、普遍价值、中国立场、共同语言等基础上实现有效传播，并指出广播电视

① 袁奇. "两会"对外报道的整合传播及创新——国际台2011"两会"特别策划的个案分析[J]. 中国广播电视学刊, 2011（04）: 9-11.

② 张恒. 关于中国电视媒体增强国际传播能力的思考[J]. 中国广播电视学刊, 2011（08）: 26-28.

③ 武新宏. 国际视野与现代表达——纪录片《当卢浮宫遇到紫禁城》跨文化传播理念与效果探析[J]. 现代传播（中国传媒大学学报）, 2011（06）: 26-28.

④ 郭镇之. 对外传播与中国电视[J]. 现代传播（中国传媒大学学报）, 2011（09）: 127-129.

⑤ 麻宁. 论电视媒体国际化传播人才的职业化培养[J]. 现代传播（中国传媒大学学报）, 2011（07）: 134-135.

⑥ 苏状. 2010上海世博会"参展国国家形象建构"分析——基于视觉文化传播理论的世博诠释（上）[J]. 现代传播（中国传媒大学学报）, 2011（02）: 90-92.

⑦ 孟建. 2010上海世博会"中国国家形象建构"分析——基于视觉文化传播理论的世博诠释（下）[J]. 现代传播（中国传媒大学学报）, 2011（02）: 86-89.

⑧ 李毅. 从贴牌到品牌——中央电视台国际传播力质的跨越[J]. 电视研究, 2011（06）: 22-25.

⑨ 赵晖. 论中国电视剧"走出去"策略[J]. 现代传播（中国传媒大学学报）, 2011（07）: 158-160.

⑩ 高晓红. 长城平台的对外传播现状和提升空间探析[J]. 电视研究, 2011（01）: 41-43.

⑪ 郭林. 电视产品在中西文化语境中的对话[M]. 北京: 中国传媒大学出版社, 2011.

国际传播中缺乏对文化差异、传播对象本土关注、文本细节魅力等方面的把握。

在2011年的广播电视传播研究中，包括电视等主流媒体在公共突发性事件中新闻传播、事件再现和评价的话语权、危机反应、舆论引导和社会共识建构等方面的表现和所存在的问题成为研究界颇为关心的话题，尤其是在新媒体传播的时效性、现场性、参与性、广泛性以及多元性等方面，广播电视传播在时效性、多元性等方面的不足引起了人们的广泛的讨论。再加上这一时段自然灾害、环境问题、食品安全、生产安全、经济危机、社会公正、公益事业等方面的问题比较突出，引起了社会公众对这些问题普遍的关注，通过新媒体手段积极参与到对这些问题的再现和评价之中。2011年，广播电视研究领域发表了曾祥敏的《国际突发事件的第二落点报道探究——以"3·11"日本大地震央视新闻频道报道为例》①、任金州的《灾难报道中的媒体行为及其思考——以日本NHK地震报道为例》②李景萍与林琛的《广播媒体在公共突发事件中的运用——以海南交通信息广播"10.14突发事件特别直播节目"为例》③、冯福珍的《基层电视新闻如何应对突发事件》④、童兵的《突发公共事件新闻报道中的传媒议题设置刍议——在常熟理工学院"东吴讲堂"上的讲演》⑤、裴丽阳的《应对突发新闻事件的"快"与"慎"》⑥、邱正

① 曾祥敏. 国际突发事件的第二落点报道探究——以"3·11"日本大地震央视新闻频道报道为例[J]. 现代传播（中国传媒大学学报），2011（06）：52-56.

② 任金州. 灾难报道中的媒体行为及其思考——以日本NHK地震报道为例[J]. 现代传播（中国传媒大学学报），2011（06）：55-58.

③ 李景萍，林琛. 广播媒体在公共突发事件中的运用——以海南交通信息广播"10.14突发事件特别直播节目"为例[J]. 中国报业，2011（12）：27-28.

④ 冯福珍. 基层电视新闻如何应对突发事件[J]. 新闻传播，2011（06）：155.

⑤ 童兵. 突发公共事件新闻报道中的传媒议题设置刍议——在常熟理工学院"东吴讲堂"上的讲演[J]. 东吴学术，2011（03）：28-34.

⑥ 裴丽阳. 应对突发新闻事件的"快"与"慎"[J]. 视听纵横，2011（04）：50.

康的《媒介议程与突发事件报道的舆论引导力分析——以南平广播电视台为例》①、华冰的《突发灾害广播报道的主题设置》②、任陇婵的《谣言：广电媒体不能承受之轻？》③、丁为的《论广播电视的舆论引导功能——以突发性事件报道为例》④、温凤鸣的《公共突发事件中电视人的把关标准》⑤、蒋荣良的《在"第二落点"彰显媒体智慧——突发公共事件中电视新闻报道策略》⑥、张艳的《公共突发事件中媒体的行为衍化》⑦、陈虹与沈申奕的《新媒体环境下突发事件中谣言的传播规律和应对策略》⑧、曹丹的《地方电视台应对突发公共事件的报道原则〉⑨、郭荔娟的《媒体在突发公共事件中的作用》⑩、张奇敏的《广播电视在应对重大突发事件中的战略作用》⑪、覃进的《地方媒体在国际突发事件报道中的作为与进步——国际突发事件报道"本地化"的认识、实践》⑫、石磊的《突发公共事件舆论引导策略——以"5·12"汶川特大地震应急

① 邱正康. 媒介议程与突发事件报道的舆论引导力分析——以南平广播电视台为例[J]. 东南传播，2011（06）：144-145.

② 华冰. 突发灾害广播报道的主题设置[J]. 新闻实践，2011（07）：62.

③ 任陇婵. 谣言：广电媒体不能承受之轻？[J].声屏世界，2011(06):16-18.

④ 丁为. 论广播电视的舆论引导功能——以突发性事件报道为例[J]. 新闻窗.2011（03）：18-19.

⑤ 温凤鸣. 公共突发事件中电视人的把关标准[J]. 新闻爱好者，2011(14):124-25.

⑥ 蒋荣良. 在"第二落点"彰显媒体智慧——突发公共事件中电视新闻报道策略[J]. 视听纵横，2011（03）：55-56.

⑦ 张艳. 公共突发事件中媒体的行为衍化[J]. 新闻传播，2011（03）：187.

⑧ 陈虹，沈申奕. 新媒体环境下突发事件中谣言的传播规律和应对策略[J]. 华东师范大学学报（哲学社会科学版），2011（03）：83-91.

⑨ 曹丹. 地方电视台应对突发公共事件的报道原则[J]. 新闻世界，2011（04）：57-58.

⑩ 郭荔娟. 媒体在突发公共事件中的作用[J]. 今传媒，2011（07）：23-24.

⑪ 张奇敏. 广播电视在应对重大突发事件中的战略作用[J]. 声屏世界，2011（04）：20-21.

⑫ 覃进. 地方媒体在国际突发事件报道中的作为与进步——国际突发事件报道"本地化"的认识、实践[J]. 中国记者，2011（05）：22-25.

新闻报道为例》^①、林斌的《大众传媒在公共危机管理中的双重性》^②、
陆小玲的《重大公共安全事件电视直播的"有为"和"不为"》^③、黄丽
君的《电视媒体与公共危机管理研究》^④、陈明的《转型期我国突发事件
舆论引导存在的问题》^⑤、张明羽的《电视新闻在突发公共事件报道中的
定位》^⑥、邓涛的《危机传播中媒体的社会责任》^⑦、王梅芳的《突发事
件中媒体的角色定位与道德立场》^⑧、沈一冰的《突发事件媒介化中的媒
体社会责任》^⑨、杜建华的《试论风险传播悖论与传媒角色担当》^⑩黄可
的《突发事件传播新模式下的报道"守则"》^⑪以及孙华艳的硕士论文
《危机传播中媒体间的议程设置与舆论引导》^⑫等，从具体公共危机中媒
体的报道策略、议程设置、媒体责任、舆论引导、危机传播的特点、新
媒体造成危机传播整合困境、广播电视媒体在新媒体环境危机传播优势
和不足等方面，分析了广播电视媒体如何在媒体、政府、社会三方面的
协调中做好公共危机事件中传播，形成社会关于危机的主流共识，以化
解公共危机处理可能造成的政府管理公信力问题、社会舆论不利于危机
解决等。研究者在中外比较和具体案例分析中，也指出广播电视在公共
危机传播中存在的严重不足，包括缺乏对社会舆论的敏感性和多元性的

---

① 石磊. 突发公共事件舆论引导策略——以"5·12"汶川特大地震应急新闻报道为例[J]. 四川师范大学学报（社会科学版），2011（（03）：49-53.

② 林斌. 大众传媒在公共危机管理中的双重性[J]. 新闻世界，2011（04）：195-196

③ 陆小玲. 重大公共安全事件电视直播的"有为"和"不为"[J]. 新闻爱好者，2011（04）：8-9.

④ 黄丽君. 电视媒体与公共危机管理研究[J]. 经济研究导刊，2011（07）：261-262.

⑤ 陈明. 转型期我国突发事件舆论引导存在的问题[J]. 声屏世界，2011（02）：18-19.

⑥ 张明羽. 视新闻在突发公共事件报道中的定位[J]. 新闻窗，2011（01）：64-35.

⑦ 邓涛. 危机传播中媒体的社会责任[J].新闻知识，2011(05):30-32.

⑧ 王梅芳. 突发事件中媒体的角色定位与道德立场[J]. 当代传播，2011（03）：44-46.

⑨ 沈一冰. 突发事件媒介化中的媒体社会责任[J]. 视听纵横，2011（04）：48.

⑩ 杜建华. 试论风险传播悖论与传媒角色担当[J]. 中州学刊，2011（03）：255-258.

⑪ 黄可. 突发事件传播新模式下的报道"守则"[J]. 中国记者2011（05）：79-80.

⑫ 孙华艳. 危机传播中媒体间的议程设置与舆论引导[D]. 上海：华东师范大学，2011.

认识、难以及时有效地将事件真相传播、在关于公共危机传播的话语权和议题设置等方面缺乏权威性等。

2011年，因为媒体竞争环境和国家管理，不少广播电视台将新闻立台作为自己的发展定位，这也引起了业界和学术界对新闻立台的研究兴趣，如朱春阳的《"新闻立台"：市场补偿机制的演变与修正》[①]、左翰颖的《电视新闻节目播出收视现状与"新闻立台"》[②]、竹林的《论"新闻立台"的可行性与社会转型期的电视媒体》[③]、陈广录的《新闻立台:省级卫视的现实困境与突围路径》[④]、纪忠慧的《去功利化："新闻立台"的深层解析》[⑤]、王晓峰的《加强新闻立台的制度安排、建设和创新》[⑥]、龚军的《省级卫视"新闻立台"背后的冷思考》[⑦]、李彬的《新闻立台:媒体社会功能所决定的一个公理和通则》[⑧]等，这些文章一方面指出广播电视媒体在市场化竞争中由于娱乐化等原因，已经导致了媒体公共责任、理性精神、社会文化建构和公共空间建设等方面职能的弱化，新闻立台可以在一定程度上建构媒体的公共性和社会的理性精神；另一方面，新闻立台依然存在着众多的经济、体制、文化、意识形态等方面的问题，盲目实施会造成媒体资源、广播电视台发展、社会文化建设等多方面的损失。

2011年的广播电视传播研究中没有忽视受众研究和传播效果研究。

① 朱春阳. "新闻立台"：市场补偿机制的演变与修正[J]. 电视研究，2011（04）：28-30.

② 左翰颖. 电视新闻节目播出收视现状与"新闻立台"[J]. 电视研究，2011（04）：18-21.

③ 竹林. 论"新闻立台"的可行性与社会转型期的电视媒体[J]. 电视研究，2011（04）：14-17.

④ 陈广录. 新闻立台:省级卫视的现实困境与突围路径[J]. 中国广播电视学刊，2011（06）：24-26.

⑤ 纪忠慧. 去功利化："新闻立台"的深层解析[J]. 现代传播（中国传媒大学学报），2011（07）：27-30.

⑥ 王晓峰. 加强新闻立台的制度安排、建设和创新[J]. 现代传播（中国传媒大学学报），2011（04）：15-19.

⑦ 龚军. 省级卫视"新闻立台"背后的冷思考[J]. 南方电视学刊，2011（04）：100-102.

⑧ 李彬. 新闻立台:媒体社会功能所决定的一个公理和通则[[J]. 电视研究，2011（07）：36-38.

赵红艳的《短信参与型电视节目盛行的受众动机分析》①、张武江的《电视商业广告的平均语速与受众理解》②、叶鸿宇的《网络广播新闻如何贴近外国受众——自文化的视角》③、闫伟的《从"赵本山春晚小品"（1990—2011）看受众媒体观的偏移》④、张余的《新媒体环境下的受众收视行为测量》⑤、李闯的《农民对电视广告的认知态度及影响——基于对沂蒙山区崖北头村的调查》⑥、陈旭鑫的《三网融合态势下农村居民电视收视行为的实证调查——以江西省为例》⑦、徐晓鸥的《电视剧〈杜拉拉升职记〉传播效应分析》⑧、刘燕南的《央视新评价体系的纵比与横比——特点、差异与探讨》⑨、张辉的《基于多元统计分析方法研究电视剧收视特征及影响因素》⑩，以及张闻兵的专著《电视与三农：对农电视节目发展与实效研究》、俞虹的专著《电视受众社会阶层研究》、郑雁的硕士论文《基于传播动因和受众心理趋向的电视情感类节目研究》、贾慧杰的硕士论文《电视选秀节目品牌建设中的受众研究》、 薛珂的硕士论文《电视动画受众分析》等，这些研究在建立受众研究和收视研究科学合

① 赵红艳. 短信参与型电视节目盛行的受众动机分析[J]. 中国广播电视学刊，2011（01）：58-59.

② 张武江. 电视商业广告的平均语速与受众理解[J]. 现代传播（中国传媒大学学报），2011（09）：148-149.

③ 叶鸿宇. 网络广播新闻如何贴近外国受众——自文化的视角[J]. 现代传播（中国传媒大学学报），2011（02）：155-156.

④ 闫伟. 从"赵本山春晚小品"（1990—2011）看受众媒体观的偏移[J]. 中国电视，2011（05）：55-61.

⑤ 张余. 新媒体环境下的受众收视行为测量[J]. 南方电视学刊，2011（04）：14-19.

⑥ 李闯. 农民对电视广告的认知态度及影响——基于对沂蒙山区崖北头村的调查[J]. 中国广播电视学刊，2011（05）：78-79.

⑦ 陈旭鑫. 三网融合态势下农村居民电视收视行为的实证调查——以江西省为例[J]. 电视研究，2011（01）：69-71.

⑧ 徐晓鸥. 电视剧《杜拉拉升职记》传播效应分析[J]. 中国广播电视学刊，2011（05）：62-63

⑨ 刘燕南. 央视新评价体系的纵比与横比——特点、差异与探讨[J]. 南方电视学刊，2011（04）：10-25.

⑩ 张辉. 基于多元统计分析方法研究电视剧收视特征及影响因素[J]. 现代传播（中国传媒大学学报），2011（06）：101-103.

理模式、科学分析媒体和受众的关系、揭示不同受众尤其是边缘受众在传播中弱势地位等方面具有一定的价值，对于改变广播电视评价体系的单一化、广播电视传播理念和实践中缺乏公共性、忽视边缘群体的表达和媒介使用等问题有一定的批判意义。

四、广播电视历史和业务研究

2011年广播电视历史和学术史研究虽然也有一定成果，但数量不多，主要集中在电视媒介批评、电视剧史、广告史、电视剧批评方法等问题之上，如宋永琴的《以一种体验式批评观来把脉——中国电视剧批评现状及发展趋向的思考》[①]、白凤兰的《中国电视剧产业规制的演变史》[②]、王黑特的《电视剧历史主义批评模式历时性考察》[③]《中国电视剧历史主义批评模式探析》[④]、韩婷婷的《略论当代中国电视剧批评的发展趋势》[⑤]等文章，以及赵毅的《历史与嬗变：1980—2000年美国商业电视转型研究》、王壮辉的《记述中国当代电视广告的传播历史》、李幸的《保卫电视：李幸媒介批评文集》、吴保和的《中国电视剧史教程》等专著，在电视理论和电视历史研究等方面对广播电视学术反思和建设都具有一定的价值，对广播电视发展、尤其是专门领域的发展史具有开拓价值。

广播电视制作是一个涉及众多专业领域合作的过程，因此其专业分工是比较细致的，要促进广播电视业水平的提高，需要在这些专业领域

---

① 宋永琴. 以一种体验式批评观来把脉——中国电视剧批评现状及发展趋向的思考[J]. 今传媒，2011（09）：42-43.

② 白凤兰. 中国电视剧产业规制的演变史[J]. 东南传播，2011（07）：37-39.

③ 王黑特. 电视剧历史主义批评模式历时性考察[J]. 中国电视，2011（04）：45-49.

④ 王黑特. 中国电视剧历史主义批评模式探析[J]. 现代传播（中国传媒大学学报），2011（03）：9-83.

⑤ 韩婷婷. 略论当代中国电视剧批评的发展趋势[J]. 现代传播（中国传媒大学学报），2011（09）：142-143.

展开专门、细致的研究，而这也是中国广播电视研究的特点。2011年，广播电视业务研究依然是广播电视研究领域中成果最丰富、研究数量最多的领域。除了有大量的关于广播电视编剧、导演、灯光、服装、音乐、摄影、剪辑、编排、主持等方面的论文之外，这一年出版的专著大部分都是关于广播电视业务研究的。如王国臣的《电视综艺节目编导》、谭天编著的《纪录片制作教程》、海祥主编的《电视广告制作与创意》、傅正义著的《电影电视剪辑学》、刘万年主编的《电视摄像造型艺术》、李燕临著的《电视编导艺术》、汪洋著的《电视现场制作与导播》、熊高著的《电视新闻节目学》、黄匡宇著的《当代电视新闻语言学》等，涉及广播电视制作的各个方面，对于总结广播电视制作经验、提高广播电视水平有积极的指导意义。

第九章 2012年影视研究综述

2012年是我国影视发展的特殊之年。就电影而言，年初中美两国达成扩大进口分账影片数量协议，严重冲击国产电影市场份额，新媒体技术对电影传播的影响在这一年更加突显，好莱坞电影公司高调进入中国、万达收购美国院线等都引起了中国电影界引起了波动，2012年中国电影海外传播依然没有起色，多部大片票房上折载沉沙而文艺片异军突起：这一切意味着中国电影在2012年又进入了一个转型年。中国电视领域自然也热闹非凡，"限娱令"的实施、电视剧播放中禁止插播广告，卫视频道产业格局和竞争力开始发生结构变化，引进的海外模式节目风生水起，新媒体传播效率和议题设置能力开始挑战电视的传播地位，新媒体互动传播和社交网络模式对电视传播提出了更多的问题，2012年的中国电视或许将来成为中国电视史上浓墨重彩的一年。

我国影视研究在2012年一方面回应着影视界的变化和提出的问题，探讨新媒介环境中影视发展的路径，另一方面从历史、政治经济、文化、艺术等多个维度总结、分析、批判影视发展的结构与现象，从多元主义角度审视了影视文化，并广泛研究了影视艺术的各专业领域。

2012年的我国的影视文本研究和文化研究依然是研究成果数量最大、研究方法与视野颇为丰富的领域。研究者从叙事、女性、青年、身体、视觉、空间、民族、主流、身份等多种视角分析了国内外影视文本，其中围绕着电影《金陵十三钗》、电视剧《中国远征军》《心术》《向东是大海》、电视纪录片《舌尖上的中国》《大鲁艺》《走向海洋》、电视娱乐节目《中国好声音》等都有集中的研究，其中《电影艺术》2012年第2期刊载的尹鸿、王一川、陈犀禾、饶曙光等众多专家谈《〈金陵十三钗〉的赞与非》，《当代电视》2012年第9期、《中国电视》2012年第7期、《南方电视学刊》2012年第3期、《电视研究》第8期等都刊载了多篇文章分析《舌尖上的中国》的叙事艺术、国家传播和国家形象塑造等。《新闻大学》第4期刊载的《性别表征与影像赋权——"华人女性与视觉再现"国际研讨会综述》则概述了该研讨会中女性主义研究者关于影视和其他视觉艺术女性再现的文化变迁、男性中心和女性自我赋权等问题，而杨静的《美国电影塑造的中国女性形象1990—2001》则分析了美国电影中中国女性形象的变化过程以及其中所存在的文化他者化问题。少数民族影视研究是2012年的影视文化研究的值得关注的现象，陈旭光、胡云的《文化想像、身份追寻与"差异性"的文化价值取向——论全球化语境下少数民族题材电影的价值与路向》、黄式宪的《少数民族电影的文化主体性及其现代审美维度》、张阿利的《中国西部少数民族题材电影探析》、周星的《地域艺术文化与西部少数民族艺术发展认知——以西部少数民族电影艺术发展为例》、李树榕的《论蒙古族题材电视剧的"女性想象"》等文章将少数民族影视放在历史发展、本土身份与全球现代性、同质与多元等之中分析其独特的文化特点和现代性过程。而牛颂、饶曙光主编的《全球化与民族电影：中国民族题材电影的历史、现状和未来》则通过历史回顾、在现代化和全球化之中的反思、民族身份与跨文化建构、民族电影产业和传播等一系列关系考察与分析了民族电影。华语电影是2012年电影文化研究的另一个重要领域，陈旭光主编的《华语电影：新媒介、新美学、新思维》、孙绍谊与聂伟主编的《历史光谱与文化地形 跨国语境中的好莱坞和华语电影》、陈犀禾与聂伟主编的《中国电影的华语观念与多元向度》等著作在全球、亚洲、大众化、好莱坞、民族、本土等多重视角的交织中描述了华语电影的历史、身份认同、跨文化交流、意识形态诉求等，吴海清、张建珍的《华人电影抑或华语电影》则梳理国内外华语电影研究的范式，并指出了华语电影概念的多重局限，提出建构包括华人、华语、民族和所在地等多层次研究华人电影的概念。2012年的影视研究中还比较注重从青年文化来分析、批评影视，周雪麟的《表现青年：青年电影研究和新中国青年电影的发展》、王谊文等的《探讨与互动——"日本青春电影国际研讨会"综述》、杨俊蕾的《新青年电影的多元走向与文化意义——以80'导演部分新作为例》、王维的《论近几年台湾影视产业青春剧的走向》、郭静舒与栾颖的《寓教于乐 俗中见雅——省级卫视娱乐节目创新典型范本评析》等分析了国内外青春影视的青年文化特点和发展趋势等。从空间文化角度研究2012年的影视研究延续着近几年空间文化研究的热点，继续关注上海、香港、台湾、西部等中国影视中的空间与现代性文化关系，如杨成虎的《生态电影：中国西部电影的新内涵与新使命》、陈涛《体感上海的方法——21世纪中国电影叙事和城市空间》、李相的《合拍背景下香港喜剧电影的发展与转变》等。而亚洲电影作为一个区域整体性和文化差异性的电影文化地理学现象在2012年继续得到重视，具体研究有陈旭光与周翠的《"亚洲新电影"论——20世纪以来的亚洲新电影导演和"亚洲新电影"》、张慧瑜与李玥阳《亚洲电影的复兴之路——以东亚、东南亚及南亚电影（2001—2010）为例》、杨渊的《求同存异——全球化语境下的亚洲电影对抗好莱坞》、周安华的《崛起的亚洲镜像——亚洲电影评论专题》，等等。很明显，主流文化依然是2012年影视文化研究的重要领域，如李春《对主流电影的再思考》、黎风与李立的《"主旋律电影"与"流行电影"再观察》、陈林侠的《主流政治大片的政治审美与国家形象的建构》、谢莹的《电视仪式与国家认同》、赵莹的《以电视剧为载体推进社会主义核心价值体系建设》等。

影视导演、演员与创作研究也是2012年的研究重点，这一研究领域出版了陈晓云主编的《中国电影明星研究》、张靓蓓编著的《十年一觉电影梦：李安传》、李名编著的《中国独立电影导演访谈》等导演与演员研究专著，翻译出版了让-米歇尔·付东的《杨德昌的电影世界》、安亨模的《世界顶级电视节目主持人奥普拉·温弗瑞》、悉德·菲尔德的《电影编剧创作指南》《电影剧作问题攻略》《电影剧本写作基础》等，出版了刘羽与郭艳民合著的《电视数字摄影艺术与技术》、胡智锋主编的《电视节目策划学》等影视创作专著。

2012年的影视研究中电视娱乐化现象因限娱令而成为研究者关注的中心，人们从理性、公益、正义、伦理和公共性等角度分析娱乐节目泛化的显现及其影响，如李林容的《电视娱乐的意识形态与权力关系》、刘冠群的《电视娱乐节目的对抗文化对受众抗逆力影响初探》、丁怡的《电视娱乐节目制作中政府与市场的作用与影响》、肖叶文的《泛娱乐化语境下的"限娱令"的学理分析》、应兴娣的《产业化背景下中国电视娱乐节目媒体道德分析》、叶露的《寓教于乐终有道——从青年亚文化视角探路新时期下的娱乐节目和道德建设节目》、张文祥的《政府对广电内容规制的边界》、孔令顺的《论电视娱乐节目的逻辑起点》等。

影视产业在市场化、全球化和新媒体影响下的发展是2012年研究的核心之一，陈犀禾与聂伟主编的《华语电影工业:历史流变与跨地合作》、叶月瑜主编的《华语电影工业：方法与历史的新探索》、吴海清与张建珍合著的《全球电影产业和文化格局研究》、丁亚平主编的《大电影制造：热门影视的光影世界》、张会军等编著的《国有电影制片厂转制研究》、杨远婴主编的《北京香港：电影合拍十年回顾》、黄迎新的《数字时代的中国电视产业研究》、湖北省广播电视学会主编的《全媒体时代广播电视面临的挑战》、北京广播电影电视研究中心汇编的《北京广播影视发展研究文集》等从新媒体技术、全球化、政治经济和文化等多重交叉视角分析了中国影视在新技术、全球化环境中的发展问题。尹鸿的《应坚定不移地用发展的方式解决发展中遇到的问题》、聂伟的《构建过渡性市场：中国主流电影泛亚区域推广策略刍议》、刘藩和于宁的《中国电影入世十年发展评价及未来问题分析》、周正兵的《好莱坞电影产业投资基金形成机制研究——基于资产证券化视角》、李迅的《再谈电影观念：类型片的创作、产业和管理》、付筱茵等《印度电影产业经验——大众定位、集群运营、制度支持》等则研究了国内外电影产业的政治、经济和文化等方面的问题。

新媒体对影视的影响是全面而深刻的，也因此引起了学术界对其的兴趣，研究者看到新媒体不只是改变了影视发展的路径，更是全面地改变了影视本身。王一川等人的《名人微电影美学特征及微电影发展之路》、陈共德的《我国新媒体电影发展路径分析》、梁振华的《媒介革命与影像盛宴》、崔兆倩的《浅析微电影的现状及发展》、陈旭光的《全媒介时代的电影："大片"与"小片"的审美分化》、李文冰的《全媒体背景下传媒和传媒人社会责任的缺失与重建》、孔德明的《新传播时代电视媒体传播理念的变革与创新》、周星等的《新媒体环境下都市影像消费生态调查》等文章分析了新媒体给传统影视带来的变化、新媒体创造的新的影像艺术及其发展与传播等问题。2012年出版的韩国柳淳美等的《爱拍电影：iPhone电影拍摄与制作》，详细分析了iPhone的技术、拍摄等方面的理论和实践。张志的《数字时代的广播电视规制与媒介政策》从政治经济学视角分析了新媒介环境下广播电视政策和管理方法的必要性、管理政策和方法的变化等。李倩主编的《中国电影技术发展与电影艺术：第一届中国电影科技论坛文集》既关注了观众研究和跨文化传播研究，也关注了新媒体和新技术对影视传播的影响。许涵之的《跨学科视野中的国家形象塑造与传播——"国家形象的影响建构与传播"国际高峰论坛综述》、胡智峰等的《中国电影国际传播问题三思》、姚坦的《新世纪以来中国电影表现方法与传播过程的文化转向》、黄会林等的《2011年度的"中国电影文化的国际传播研究"调研分析报告》、谢征的《影视跨文化传播的脉络与趋势》、王斌的《电视媒体在维吾尔族同胞中的影响力研究》、雷跃捷等的《我国广播电视媒体的社会公信力的受众认知调查与研究》、黄妍的《语言学视角下的电影跨文化信息传递模型》、刘湜《海外观众对中国电影文化符号的认知——以2011年海外传播的中国电影为例》、戚姚云的《广播电视在突发事件中的舆论引导与传播路径探析》、贾毅的《第二代农民工的电视传播生态与特征研究》、张敬华的《中国电视的海外传播对国家文化软实力的提升与影响》、蒋为民的《〈中国达人秀〉的全媒体传播策略及其效果分析》、周建青的《新媒体影响传播的伦理冲突及其影响因素研究》等文章，以及李宇的《对外电视与文化传播研究》、中国文化国际传播研究院课题组著的《银皮书：2011中国电影国际传播研究年度报告》等，运用跨学科的理论与方法从影视文化和符号、传播路径、受众认知与接受、媒介公平等角度研究了媒介传播。尤其值得注意的是魏小军主编的《看电影，学法律》、翻译出版的米丽卡·Z.布克曼与亚利桑德拉·S.布克曼的《看电影读小说，你就能懂经济学》以颇为新颖的方式揭示了电影与受众之间的接受、知识与行为关系。

影视历史与理论研究在2012年也取得了一定的进展。影视史研究既关注了地方影视史研究，如汪海洲的《20世纪50年代"长城""凤凰"电影中的香港元素》、张晓爱等的《当代北京电视史话》，也关注电影人、影视技术史、影视艺术史、影视政治经济史等方面的研究，翻译出版了罗杰·伊伯特的《伟大的电影》，出版了洪才与王佩芳主编的两卷本《广播电影电视科技发展历程回顾文选》、孙立峰的《电影史话》，《当代电影》2012年第10期刊发的一组纪念《中国电影发展史》出版50周年的史学反思论文、第6期的一组《院线制改革十年》与第7期的一组《制片体制改革十年回顾》的关于政治体制改革与经济体制改革的回顾与总结的文章、刘誉的《新世纪以来中国电视剧类型化创作及叙事演变》、贺钦宁的《纪实性风格的沿承与生活化表现风格的延伸——97回归以来香港警匪题材电视剧综述》，以及章旭清的《越南百年电影事业回顾》等。影视理论方面，张英进的《民族、国家与跨地性：反思中国电影研究中的理论构架》、孙柏的《少数电影：理论概念与批评实践》、孙绍谊的《重新定义电影：影像体感经验与电影现象学思潮》、王文斌的《现象学视域中的现代电影理论转型》、李荣和姚志文的《传统文化电视传播的空间生产理论分析》、戴清的《试论电视剧理论批评发展的主要动因》、欧阳洪生等的《论中国电视文艺的学理建构》、王华的《从传播学走向多学科融合：欧美真实电视研究路径与启示》、陈旭光的《论数字技术的发展对电影理论的挑战——兼及艺术与科技关系的美学思考》《从新时期到新世纪：中国纪录片美学主潮的流变》、杨远婴主编的《电影理论读本》、沈义贞的《现实主义电影美学研究》、赵斌的《消失的风景——中国西部电影及其理论变迁与转向》、黎小峰的《"直接电影"的伦理研究》等，尝试将知识分子理论、现象学理论、空间文化理论、技术文化理论等引入影视研究的理论之中，以回应多元文化、新媒介技术对影视艺术和批评所提出的挑战。

2012年的影视研究虽然取得了相当多的成就，但也存在着明显的不足。首先，尽管新媒体和新技术已经对影视传播造成了结构性变化，但还没有一部系统研究这一问题的专著出现，比较海外有很大差距，即使已有的文章也没有全面而深入地把握新媒和新技术给影视文化及其传播带来的影响和新的影视传播形态与社会关系。其次，全球化已经成为我国影视的重要语境和基本力量之一，但2012年的影视研究关于全球化和跨文化影视研究的成果非常有限，尤其是电视研究仅有寥寥几篇文章涉及海外电视现象，且多注重文本研究。再次，影视作品作为重要的文化形式具有公共产品的特征，但2012年的影视研究中关于影视管理、文化、供应等方面的成果极为有限。再次，2012年关于电视娱乐化现象的争论文章非常多，但几乎所有文章都是批评娱乐化，学术视野和学术观点表现出来的同质化比娱乐节目的同质化还严重，且大多文章都是以非争议性、非学理性的简单断言来批评娱乐化，仅有几篇文章是依据学理做出批评，且没有一篇文章是以严谨的传播学方法来调查娱乐化对文化和受众的具体影响的。最后，2012年的影视研究的批判性、反思性、学理性、创新性、论辩性等方面依然不足，几乎没有产生任何学术争论。

第十章　2013年我国电视研究概述

2013年，我国电视行业进入深度的结构调整时期。新媒体对传统电视行业的冲击在这一年度中更加凸显，整个新媒体的传播优势和技术发展优势更使电视行业危机重重。电视行业的竞争更加激烈，包括中央电视台在内的各电视台都进行了一系列制播分离、投融资方式、节目制作与评估、运营方式等方面的改革，以适应整个电视行业的市场化竞争。电视行业的分化更加突出，中央电视台一些频道和一线卫视的市场优势更强，而其他卫视和地方电视台的生存环境则更加困难，寻求突破则是这些卫视这一年度共同的压力。就电视文化和电视艺术而言，电视剧略显消沉，大型古装电视剧在这一年度大多折戟沉沙，而现实题材和都市题材电视剧则平稳发展；选秀和娱乐节目再度成为各电视台竞争的核心，多档真人秀电视节目影响了该年度电视节目整体发展方向；电视纪录片在国家政策和市场的共同作用下，获得很大发展，但具有高度艺术成就的电视纪录片则比较少；以中央电视台为代表的电视新闻则以前所未有的态势，深入地介入不少此前很少进入的领域，表现出强烈的新闻职业感和社会使命感。

在这一背景之下，我国电视研究领域也开始深刻地回应整个行业的结构调整，调整研究课题，探索电视行业的发展问题和变革路径，关注电视行业市场竞争和公共文化之间的矛盾，创新电视理论，成为该年度电视研究领域颇为突出的特点。

2013年度电视研究领域最为突出研究课题当属新媒体和电视行业关

系这一问题。人们从电视新闻到电视剧、从电视制作到电视受众、从电视文化到电视技术、从电视艺术到电视体制，全方位地研究了新媒体给电视行业造成的冲击、带来的转变等。这一年度，姚洪磊与石长顺的《新媒体语境下广播电视的战略转型》①、穆菁的《媒介融合态势下广播电视媒体面临的挑战及应对策略》②、王冲的《欧美电视产业应对新媒体冲击的策略》③等文章，比较深入地涉及了新媒体给整个电视行业带来的变化，从媒介融合、新媒体和全媒介等角度，分析了我国电视媒体在新媒体时代行业形态、生产方式、社会功能和性质、制度等方面存在的问题，指出新媒体已经创造了新的电视行业的存在形态、媒体的竞争方式、媒体信息的生产者身份与功能以及受众身份与媒体使用方式等，提出通过流程再造、媒介融合、监管制度和角色定位等方面做出重要改革，才能推动电视行业的发展。新媒体给电视新闻生产与传播带来了巨大的变化，使电视新闻由权威单向的传播者和相对封闭的生产者向双向互动的传播者和多元开放的生产者转型，这给电视新闻传统带来了巨大压力和变革的要求。陆晔等人的《新传播形态下传统电视新闻的变与不变——2012电视新闻业观察与思考》④、梁建增的《@央视新闻:台网融合的新媒体先锋》⑤、常江等人的《国际主流电视新闻节目新媒体推广手段探析——以BBC和CNN为例》⑥、付小光等人的《"电视新闻"如何用

---

① 姚洪磊，石长顺.新媒体语境下广播电视的战略转型[J].国际新闻界，2013（02）：13-21.

② 穆菁.媒介融合态势下广播电视媒体面临的挑战及应对策略[J].中国广播电视学刊，2013（04）：48-49.

③ 王冲.欧美电视产业应对新媒体冲击的策略[J].电视研究，2013（10）：78-80.

④ 陆晔，薛丽.新传播形态下传统电视新闻的变与不变——2012电视新闻业观察与思考[J].新闻记者，2013（01）：40-43.

⑤ 梁建增.@央视新闻:台网融合的新媒体先锋[J].新闻与写作，2013（08）：9-12.

⑥ 常江，解立群.国际主流电视新闻节目新媒体推广手段探析——以BBC和CNN为例[J].中国记者，2013（01）：120-121.

好社交媒体——以"央视新闻"微博的融合实践为例》①、周小普等人的《新媒体冲击下的电视观众行为变化——兼谈CNN的iReport项目及其启示》②、孟建等人的《新媒体环境下我国电视新闻的嬗变与发展》③、严婷婷的《新媒体语境下"媒介事件"的特性初探》④等，都从以社交媒体为主的新媒体与电视新闻之间的关系，比较深入地分析了新媒体给电视新闻的生产方式、电视新闻的生产主体、电视新闻的来源、电视新闻的传播力和权威性、电视新闻文本、电视新闻受众及其接受方式等带来的影响，强调了我国电视新闻应调整现有的节目平台和生产方式，在保证新闻的专业性和权威性基础上，应吸纳民间资源，支持民众的多样化深度参与，从而在适应新闻生产的互动性、开放性和合理性基础上以寻求电视新闻的发展。周勇等人的《从"受众"到"使用者":网络环境下视听信息接收者的变迁》⑤、郭小平的《社交电视:传统电视的社会化生存及其网络分析》⑥、周妍的《电视融合影响力的制度性构建》⑦等文章认为，视听信息的接收者正在从被动接收、单次接收信息的"受众"变为表现出主动选择和多向传播的信息"使用者"，而这种转变将带动视听信息传播路径的多级化和传播效果的多元化。新媒体通过社交网络重建电视观众群，其"弱关系"的"信息桥"功能使电视观看行为不再孤

① 付晓光，陈妍凌. "电视新闻"如何用好社交媒体——以"央视新闻"微博的融合实践为例[J]. 新闻与写作，2013（06）：53-55.

② 周小普，解立群. 新媒体冲击下的电视观众行为变化——兼谈CNN的iReport项目及其启示[J]. 新闻记者，2013（03）：45-49.

③ 孟建，董军. 新媒体环境下我国电视新闻的嬗变与发展[J]. 国际新闻界，2013（02）：6-12.

④ 严婷婷，吴翔. 新媒体语境下"媒介事件"的特性初探[J]. 传媒观察，2013（04）：29-31.

⑤ 周勇，黄雅兰. 从"受众"到"使用者"：网络环境下视听信息接收者的变迁[J]. 国际新闻界，2013，35（02）：29-37.

⑥ 郭小平. 社交电视：传统电视的社会化生存及其网络分析[J]. 现代传播（中国传媒大学学报），2013，35（03）：25-29.

⑦ 周妍. 电视融合影响力的制度性构建[J]. 现代传播（中国传媒大学学报），2013（03）：152-153.

立和封闭，为电视观众提供了更多的收视选择、收视体验与技术应用平台。所以，电视的发展之路应该是通过电视和新媒体融合而形成多屏时代的融合发展，最大限度地深入受众的生活空间之中，才能保证电视的影响力。崔亚娟的专著《数字化时代公共电视的危机》①以日本NHK为个案，从公共电视的历史溯源、运营模式、节目内容、发展状况及在数字化时代面临的危机和对策等方面，对公共电视进行了较为深入的考察与探讨，提出了数字时代中国创立公共电视的构想，为中国公共广播电视体系的建立提供了颇有价值的参考。

电视剧、电视节目、电视新闻和电视纪录片研究依然是 2013 年电视研究领域数量最为庞大、研究视角最为多元的领域。就电视剧而言，研究者重点围绕电视剧的题材、类型、文化、审美、历史和价值观等方面展开了丰富的研究。李琦等人的《2012 年革命历史题材电视剧述评》②、宗俊伟的《近年来少数民族题材电视剧的叙事特色》③、杜桦与吴秋雅的《困境中的 2012 年现实题材电视剧创作》④、李磊的《革命题材历史剧中的先锋性——以张黎导演作品为例》⑤、张龙等人的《从"先进典型"到"鲜活面容"：雷锋题材影像研究初探》⑥、史可扬等人的《从历史电视剧到"怀旧电视剧"——当下历史电视剧审美文化审视》⑦、刘永昶的《镜

---

① 崔亚娟. 数字化时代公共电视的危机[M]. 北京：北京大学出版社，2013.

② 李琦，谭瑶姬.2012年革命历史题材电视剧述评[J]. 中国电视，2013（05）：20-23.

③ 宗俊伟. 近年来少数民族题材电视剧的叙事特色[J]. 中国电视，2013（01）：46-49.

④ 杜桦，吴秋雅. 困境中的2012年现实题材电视剧创作[J]. 当代电影，2013（02）：158-161.

⑤ 李磊. 革命题材历史剧中的先锋性——以张黎导演作品为例[J]. 现代传播（中国传媒大学学报），2013，35（06）：165-166.

⑥ 张龙，李沫. 从"先进典型"到"鲜活面容"：雷锋题材影像研究初探[J]. 现代传播（中国传媒大学学报），2013，35（02）：87-90.

⑦ 史可扬，杨文秀. 从历史电视剧到"怀旧电视剧"——当下历史电视剧审美文化审视[J]. 艺术百家，2013，29（01）：78-82.

像中的青春——解析 80 后、90 后题材电视剧的话语生产》①等文章通过历史梳理或者文本分析，比较深入地揭示了我国各种题材电视剧的发展情况和艺术成就等，分析了这些题材电视剧与文化语境变化之间的关系，指出了它们在表现当代中国社会生活、重构历史形象以及人们对历史的想象性情感等方面所作出的艺术创新。王一川的《〈下海〉：当代中国生活方式革命的一面镜子》②、卢衍鹏的《核心价值体系与电视剧创作的有机融合——兼论以"常识哲学"思维创新电视叙事策略》③、薛继军的《电视剧制作"国家队"的文化自觉》④、杜莹杰的《中国电视剧的家国同构性》⑤、张爱凤的《论当代电视剧中的微观政治》⑥、卢蓉的《论新世纪以来国产电视剧类型化创作的意义生产》⑦、郭士礼等人的《穿越、宫廷剧的媒介话语与文化领导权建构》⑧等，从文化、价值、意义等方面仔细分析了我国电视剧作为象征文本强调反映社会生活和人们价值观念变迁，充分地将主流价值和主流文化转化为人们日常生活中的价值观念和常识哲学，从而深刻地介入社会潮流与文化信仰的塑造中，在中国社会的现代合理化进程中承担的独特文化、价值、意识形态和整合功能。聂伟的《新媒体语境下国产穿越剧的重生与重复》⑨、王锟的《青春偶像婚恋剧：电视剧类型融合的新品种》⑩、戴清的《电视剧靠什么吸引年轻人的目光——

---

① 刘永昶. 镜像中的青春——解析80后、90后题材电视剧的话语生产[J]. 中国电视，2013（08）：19-22+1.

② 王一川.《下海》：当代中国生活方式革命的一面镜子[J]. 当代电视，2013（10）：5-6.

③ 卢衍鹏. 核心价值体系与电视剧创作的有机融合——兼论以"常识哲学"思维创新电视叙事策略[J]. 中国电视，2013（03）：57-60.

④ 薛继军. 电视剧制作"国家队"的文化自觉[J]. 电视研究，2013（08）：24-25.

⑤ 杜莹杰，周振海. 中国电视剧的家国同构性[J]. 艺术百家，2013（03）：189-192.

⑥ 张爱凤. 论当代电视剧中的微观政治[J]. 现代传播（中国传媒大学学报），2013（03）：88-92.

⑦ 卢蓉. 论新世纪以来国产电视剧类型化创作的意义生产[J]. 当代电影，2013（02）：164-168.

⑧ 郭士礼，高继国. 穿越、宫廷剧的媒介话语与文化领导权建构[J]. 社会科学家，2013（01）：155-158.

⑨ 聂伟. 新媒体语境下国产穿越剧的重生与重复[J]. 南方文坛，2013（05）：31-33.

⑩ 王锟. 青春偶像婚恋剧：电视剧类型融合的新品种[J]. 中国电视，2013（05）：40-44.

兼谈近年来电视剧的类型偏移与内容创新》①等文章，通过国家管理体制和政策措施、市场需要、观众社会阶层和年龄等方面的变化、新媒体的冲击以及媒介文化本身的变迁等对电视剧类型造成的影响，指出我国电视剧在当下媒介生态中，类型电视剧的发展在保持传统的家庭伦理剧等类型以吸引观众同时，也在更加注重发展能折射出的年轻人的文化偏好和审美需求的新电视剧类型。

在电视节目研究领域，娱乐化和海外电视节目引进与本土化无疑是2013年研究的重点。张建珍等人的《电视节目模式国际贸易发展简史》②与《从模式年到品质年》③、俞虹等人的《模式引进与内容生产复调下的电视机制竞争》④、孙振虎的《实现电视节目创新的可持续性发展——从版权引进到原创的必由之路》⑤、张常珊的《关于国外电视节目模式版权引进的观察与思考》⑥等文章，从海外电视节目模式的特点、历史及我国版权引进的过程、海外电视节目对我国电视行业的影响等方面比较全面地研究了电视节目模式，强调电视节目模式作为一种国际先进的电视节目生产机制和生产方式，海外电视节目对我国电视生产率的提高和生产流程的规范化的价值，也分析了其对我国电视创新产生的多元而复杂的影响。2013年度对电视娱乐节目的研究主要包括三个思路。一是刘冠群与王黑特等人的《对抗性电视娱乐节目探析》⑦、苗棣等人的《中国电视

① 戴清. 电视剧靠什么吸引年轻人的目光——兼谈近年来电视剧的类型偏移与内容创新[J]. 中国电视，2013（07）：18-22.

② 张建珍，彭侃. 电视节目模式国际贸易发展简史[J]. 新闻春秋，2013（02）：65-71.

③ 张建珍. 从模式年到品质年[J]. 中国广播影视，2013（06）.

④ 俞虹，肖妍琳. 模式引进与内容生产复调下的电视机制竞争[J]. 中国广播电视学刊，2013（01）：52-55.

⑤ 孙振虎. 实现电视节目创新的可持续性发展——从版权引进到原创的必由之路[J]. 新闻与写作，2013（10）：48-50.

⑥ 张常珊. 关于国外电视节目模式版权引进的观察与思考[J]. 中国广播电视学刊，2013（06）：38-42.

⑦ 刘冠群，王黑特. 对抗性电视娱乐节目探析[J]. 现代传播（中国传媒大学学报），2013（03）：93-97.

娱乐节目 2012 年度盘点》① 等文章，以客观研究我国娱乐节目发展和娱乐化现象为主，梳理分析了我国电视娱乐节目的发展历程和节目特点等。二是批评依然是电视研究的主流，中国电视艺术委员会评论员的《除了 PK，电视综艺娱乐节目还应该有什么》②、广电总局发展研究中心课题组的《美国对电视节目低俗内容的规制及其启示》③、向志强的《"限娱令"：终结一场华丽的"闹剧"》④、徐君康的《"娱乐至死"：中国电视娱乐节目探究》⑤、弓慧敏的《2012：省级卫视娱乐节目传播生态的变化》⑥ 等文章，重在对电视节目娱乐化和娱乐节目成为各电视台竞争核心的现象进行批判，指出防止广播电视节目低俗化是世界各国共同的课题，应该把治理抵制电视节目低俗内容纳入依法治理、社会公共治理和社会综合治理的轨道，形成一套紧密连接监管机构、司法机构、媒体机构与广大民众共同治理的规制体系。三是李东哲的《电视综艺娱乐节目的公益性趋势管窥》⑦、李滨的《品质化追求：后娱乐时代电视节目创新趋势》⑧ 等文章，则从公益性、文化价值和艺术品质等方面，提出中国电视娱乐节目的发展路径和改变电视节目娱乐化倾向的方法。《中国电视节目主持三十年研究（1980—2010）》⑨ 则运用实证研究和历史研究的方法，系统研究中国电视节目主持的三十年历史，细致梳理了中国电视节目主持

① 苗棣，毕啸南．中国电视娱乐节目2012年度盘点[J]．电视研究，2013（03）：28-30．

② 中国电视艺术委员会评论员．除了PK，电视综艺娱乐节目还应该有什么[J]．中国电视，2013（05）：6-7．

③ 广电总局发展研究中心课题组，庞井君，杨明品，吕岩梅，周菁．美国对电视节目低俗内容的规制及其启示[J]．东岳论丛，2013（01）：137-143．

④ 向志强，杨珊．"限娱令"：终结一场华丽的"闹剧"[J]．新闻知识，2013（02）：32-34．

⑤ 徐君康．"娱乐至死"：中国电视娱乐节目探究[J]．中国广播电视学刊，2013（02）：39-40+75．

⑥ 弓慧敏．2012：省级卫视娱乐节目传播生态的变化[J]．中国广播电视学刊，2013（03）：7-9．

⑦ 李东哲，陈雷．电视综艺娱乐节目的公益性趋势管窥[J]．电影文学，2013（19）：118-119．

⑧ 李滨，王云峰．品质化追求：后娱乐时代电视节目创新趋势[J]．现代传播（中国传媒大学学报），2013（08）：63-66．

⑨ 於青．中国电视节目主持三十年研究（1980-2010）[M]．北京：中国传媒大学出版社，2013．

发展阶段，分类阐述了电视节目主持的表现形态，将中国电视节目主持置于中国电视事业相关性中论述电视节目主持的发展，具有很高的学术价值。陈虹的《电视节目形态：创新的观点》①一书以国内外众多优秀的电视节目为研究对象，分析了电视节目创新的规律和方法。全书分上下两篇，上篇从理论角度宏观阐述了电视节目形态的概念，电视节目创新的战略、流程，电视节目形态的创新趋势等。下篇从实践角度具体分析了新闻、谈话、综艺、真人秀、生活服务、纪录片以及体育七种不同节目形态的创新元素、创新方式，并探讨了其各自的创新趋势，同时各章辅以国外国内两个案例，详细解读其形态创新。全书理论与实践结合，内容全面丰富，富含指导性和可读性。赖黎捷编著的《媒体奇观视域下的中国电视娱乐文化转型研究》②，对历年来我国电视娱乐奇观及其文化内涵进行了粗线条式的梳理和分析，分上、下两编，分别阐述了历次奇观的表现形态和文化、社会、意识形态等对其的影响及反作用力，关注电视娱乐文化的新动态，对当下的媒体奇观进行多元解读。于炯的《转向：中国电视生活服务节目之变迁》③以宏观格局研究和微观个案分析的方法，全面研究中国生活服务类电视节目的缘起、历史、走向和理念变迁，分析了生活服务类电视节目内容、形态、功能等的变化，解释了变化的社会动因，具有一定的学术价值。

电视纪录片方面，孙红云等人的《后直接电影时代的纪录片——1980—2010年西方纪录片创作态势及发展分析》④、张阿利等人的《浅析近年来国产历史题材纪录片的创作与传播特征——以陕西历史题材电视

---

① 陈虹. 电视节目形态: 创新的观点[M]. 上海: 复旦大学出版社，2013.
② 赖黎捷. 媒体奇观视域下的中国电视娱乐文化转型研究[M]. 广州: 暨南大学出版社，2013.
③ 于炯. 转向: 中国电视生活服务节目之变迁[M]. 北京: 清华大学出版社，2013.
④ 孙红云，吕木子. 后直接电影时代的纪录片——1980—2010年西方纪录片创作态势及发展分析[J]. 当代电影，2013（07）: 89-93.

纪录片为例》[1]、张同道等人的《2012年世界纪录片发展特征及趋势》[2]、何苏六的《中国纪录片行业趋势新观察》[3]与《2012中国纪录片行业盘点》[4]及《2012：中国纪录片在新语境中开启新征程》[5]、赵鑫等人的《中国电视纪录片国际化生存研究》[6]、张雅欣的《当下国产纪录片创新印象》[7]、金月成与冷冶夫的《多元视角创作纪录片》[8]等文章，分析了中国纪录片出现主流媒体领域多层级格局，产业链完善，多元化发展，新媒体强劲介入以及纪录片文化的大众化、故事化、体裁的创新性等新的现象，电视纪录片也回归主流媒体，其文化价值和市场价值逐渐被认可，进而创造了电视纪录片一个良好发展的时代，也分析了国际电视纪录片的多元视角和国际化可以为中国电视纪录片提供有益的参照。

电视新闻领域的研究主要包括电视新闻采访与制作等，胡立德的《电视新闻摄像》[9]、郝朴宁的《广播电视新闻评论》[10]、黄雅堃的《广播电视新闻：写作、报道与制作（第5版）》[11]等众多专著，以及王晓红等的《向电视新闻本质的回归——关于中央电视台2012—2013年新闻报道变化的

① 张阿利，唐向瑞. 浅析近年来国产历史题材纪录片的创作与传播特征——以陕西历史题材电视纪录片为例[J]. 中国电视，2013（01）：72-74.

② 张同道，喻溟. 2012年世界纪录片发展特征及趋势[J]. 电影艺术，2013（05）：87-95.

③ 何苏六. 中国纪录片行业趋势新观察[J]. 传媒，2013（02）：31-33.

④ 何苏六，李宁. 2012中国纪录片行业盘点[J]. 电视研究，2013（04）：18-20.

⑤ 何苏六，李智. 2012：中国纪录片在新语境中开启新征程[J]. 中国广播电视学刊，2013（02）：26-28.

⑥ 赵鑫，王俊飞，刘婉丽. 中国电视纪录片国际化生存研究[J]. 电视研究，2013（10）：43-45.

⑦ 张雅欣. 当下国产纪录片创新印象[J]. 电视研究，2013（10）：20-21.

⑧ 金月成，冷冶夫. 多元视角创作纪录片[J]. 中国广播电视学刊，2013（01）：80-82.

⑨ 胡立德. 电视新闻摄像[M]. 杭州：浙江大学出版社，2013.

⑩ 郝朴宁. 广播电视新闻评论[M]. 重庆：重庆大学出版社，2013.

⑪ 黄雅堃. 广播电视新闻：写作、报道与制作. 5版[M]. 北京：清华大学出版社，2013.

思考》①、张丽的《当前我国电视新闻发展的现实困境》②、郎劲松的《平衡性：精确新闻视野下的电视报道——从央视"你幸福吗"式调查的突破所想到的》③、吴闳的《"基层体"电视新闻：建构直入人心的"正能量"》④、周小普等人的《从受众选择偏好谈电视新闻节目制播》⑤ 等文章，论述了电视新闻从采访到制作到评论再到受众的整个制作和意义生成过程，指出我国电视新闻以人为本与真实重要的价值视点重视取材基层、表达生动、贴近人心的主题报道，将镜头对准了基层大地的百姓人家，以及突发事件的及时抵达，跨国事件的人文关注，常态事件的手法创新，都凸显出电视新闻的本质优势。研究者也指出了当前我国电视新闻在制度、传播市场分散、舆论影响力弱、高学历观众流失和新媒体冲击等方面存在的问题，提出应该重视观众需求以重建电视新闻的影响力。

2013 年度的电视研究在电视公共性研究方面主要集中在电视管理制度、电视公共服务等领域。石长顺的专著《中国广播电视公共服务》⑥ 系统梳理了广播电视公共服务的理论源流，厘清了中国广播电视公共服务与西方公共服务广播电视概念的异同，科学地建构起广播电视公共服务体系，包括传输覆盖、内容提供、体制机制、评估监管体系，明确提出我国建立广播电视公共服务体制，实行公共与商业广播电视明显分野的混合体制，并按照公共服务均等化的原则，构建面向全体公民的广播电视公共服务内容体系，以维护公民的知情权和媒介近用权。特别强调解决城乡广播电视服务差距问题，以使人民群众共享公共文化成果。易旭

① 王晓红，赵希婧. 向电视新闻本质的回归——关于中央电视台2012-2013年新闻报道变化的思考[J]. 新闻爱好者，2013（05）：8-10.

② 张丽. 当前我国电视新闻发展的现实困境[J]. 现代传播（中国传媒大学学报），2013（07）：47-51.

③ 郎劲松，唐冉. 平衡性：精确新闻视野下的电视报道——从央视"你幸福吗"式调查的突破所想到的[J]. 新闻与写作，2013（02）：28-30.

④ 吴闳. "基层体"电视新闻：建构直入人心的"正能量"[J]. 电视研究，2013（01）：32-34.

⑤ 周小普，刘斌. 从受众选择偏好谈电视新闻节目制播[J]. 电视研究，2013（02）：24-26.

⑥ 石长顺. 中国广播电视公共服务[M]. 北京：光明日报出版社，2013.

明的专著《中国电视产业制度变迁与需求均衡研究》^①基于新制度经济学
的制度变迁理论框架，通过详细考察我国电视产业制度变迁中的重大制
度创新步骤，提出：中央和地方党政机构、电视台、广告商、投资者以
及观众等电视产业利益相关者是电视产业制度创新的"行动团体"，其
成本收益权衡决定其创新行动，从而决定中国电视制度变迁过程；市场
规模增长改变了制度创新团体收益预期；制度环境演变决定了制度创新
政治风险成本；技术变革改变了传媒可控性、改变了传媒消费，影响制
度创新成本、收益；市场规模、制度环境、技术变革三种因素持续变动，
决定"增量型"制度变迁将持续，"存量型"制度变迁短期内存在不确
定性，但从长期看不可避免，我国维持现有"事业性质企业管理"传媒
规制的成本趋升，收益趋降，建构均衡的商业电视体制和公共电视体制
才能全面满足受众收视需求结构。雷跃捷等人的《广播电视传媒公信力
研究》^②通过对我国广播电视媒体管理层、工作人员、受众广泛的调研，
分析了中外传媒公信力理论和中国广播电视传媒公信力测评指标体系、
中国广播电视传媒公信力的认知及评价、损害广播电视传媒公信力的现
象及原因等，在此基础上，提出了增强中国广播电视传媒公信力的建议
和对策。易旭明的《中国电视体制的起源与转型》^③、金晓非等人的《谈
谈政府在现代传媒产业中应该扮演的角色》^④、张文祥的《"限广令"、
规制与行政法治——以西方国家广播电视业政府规制为比较视角》^⑤、崔
保国的《大部制整合与大传媒时代的到来》^⑥等文章，以我国电视管理体

① 易旭明.中国电视产业制度变迁与需求均衡研究[M].上海:上海交通大学出版社,2013.

② 雷跃捷,刘学义,段鹏,沈浩.广播电视传媒公信力研究[M].北京:社会科学文献出版社,2013.

③ 易旭明.中国电视体制的起源与转型[J].上海交通大学学报（哲学社会科学版）,2013（04）:80-87+95.

④ 金晓非,乔洁琼.谈谈政府在现代传媒产业中应该扮演的角色[J].新闻知识,2013（02）:19-20+61.

⑤ 张文祥."限广令"、规制与行政法治——以西方国家广播电视业政府规制为比较视角[J].西北大学学报（哲学社会科学版）,2013（02）:157-162.

⑥ 崔保国.大部制整合与大传媒时代的到来[J].当代传播,2013（02）:1.

制的变迁为研究对象，分析了电视管理的两种体制，指出早期电视内容的公共户产品性质决定采用事业制度更有经济效率，而改革开放以后，电视事业制度延续是因为电视公共产品功能的延续，电视产业化则是因为电视内容公共产品性质相对削弱、私人产品性质增强，所以采取产业化制度能提高经济效率。研究者认为有些电视产品外部性强、可分割性弱、公共产品属性强，则不宜实行市场导向的产业化。而针对传媒产业多元化、新媒体化、市场化和传媒产业集团化等发展趋势，要通过打破壁垒、提倡竞争、体制创新、管理整合、公共服务等以促进电视管理体制更好地避免某些发展陷阱，更好地适应新时期文化和传播技术的发展。陈旭鑫的《电视媒体维护社会公平正义的理论内涵与基本路径》[1]、李舒东的《国家平台托举"草根"梦想》[2]等文章，则强调了我国电视公共服务的基本目标是促进社会团结稳定、推进国家现代化进程，以社会公平正义为主导的价值取向，所以，我国电视文化应在表现理念、话语表达和关注弱势群体等方面不断创新，创造更多的空间表现普通人的生活、愿望，以维护社会的公平正义。

海外电视研究和我国电视海外传播研究是 2013 年电视研究中较受研究者重视的领域。李智的专著《全球化语境下电视的修辞与传播》[3]以修辞学作为切入点，将传统修辞研究与现代修辞学理论引入电视研究领域中，从视听语言的书写、修辞主客体的叙事互动、全球化背景下的认同等角度，分析了电视修辞的特点，以电视新闻、电视纪录片等为具体的分析对象，通过中美的电视修辞的比较，在全球化语境下探寻电视话语的建构与认同。一方面，2013 年度不少研究者关注美欧、韩国、日本、东南亚地区的电视，如宫承波等人的《半岛电视台阿语新闻频道的成功

① 陈旭鑫. 电视媒体维护社会公平正义的理论内涵与基本路径[J]. 现代传播（中国传媒大学学报），2013（02）：60–62.

② 李舒东. 国家平台托举"草根"梦想[J]. 电视研究，2013（08）：12.

③ 李智. 全球化语境下电视的修辞与传播[M]. 北京：社会科学文献出版社，2013.

策略探析》①、李宇的《意大利电视业概览》②、张磊的《浅析美国广播电视的国际传播力量格局》③、陈积银的《印度数字电视产业发展研究》④、苑帅民的《美国电视剧中的意识形态渗透》⑤、吴敏的《电影与真人秀的"和解"——美国真人秀题材电影观念的嬗变》⑥等，从全球化、新媒体、资本、国家和公共力量等众多视角切入到海外电视领域，并由此形成了韩国、日本、泰国、美国等不同国家的电视节目生产、电视节目管理、电视文本等方面的特点。另一方面，2013年度也有不少研究者关注中国电视海外传播。更多的电视海外研究则集中在中国电视海外传播领域，如吴克宇的《海外华语电视媒体新闻节目异同之比较》⑦、梁悦悦的《中国电视剧在泰国：现状与探讨》⑧、李法宝的《从"文化折扣"看中国电视剧在东南亚的传播》⑨、何晓燕的《提高中国电视剧跨文化传播的表述能力——对中国外销型电视剧传播内容的思考》⑩、汪苹的《从纪录片〈春晚〉国际版看纪录频道在国际传播中的价值与突破》⑪、赵鑫的《中国电视纪录片国际化生存研究》⑫，以华语电视新闻、纪录片、电视剧等为主要研

---

① 宫承波，王维砚. 半岛电视台阿语新闻频道的成功策略探析[J]. 当代传播，2013（04）：25-28.

② 李宇. 意大利电视业概览[J]. 传媒，2013（04）：61-63.

③ 张磊，陈瑶. 浅析美国广播电视的国际传播力量格局[J]. 中国广播电视学刊，2013（01）：74-75+61.

④ 陈积银，郑宇. 印度数字电视产业发展研究[J]. 中国广播电视学刊，2013（05）：78-80.

⑤ 苑帅民，张颖，王丽. 美国电视剧中的意识形态渗透[J]. 当代电视，2013（06）：24-25.

⑥ 吴敏. 电影与真人秀的"和解"——美国真人秀题材电影观念的嬗变[J]. 当代电影，2013（04）：185-188.

⑦ 吴克宇. 海外华语电视媒体新闻节目异同之比较（上）[J]. 新闻战线. 2013（01）：92-94；海外华语电视媒体新闻节目异同之比较（下）[J]. 新闻战线，2013（02）：87-89.

⑧ 梁悦悦. 中国电视剧在泰国：现状与探讨[J]. 电视研究，2013（01）：75-77.

⑨ 李法宝. 从"文化折扣"看中国电视剧在东南亚的传播[J]. 中国电视，2013（08）：83-87.

⑩ 何晓燕. 提高中国电视剧跨文化传播的表述能力——对中国外销型电视剧传播内容的思考[J]. 现代传播（中国传媒大学学报），2013.35（02）：157-158.

⑪ 汪苹，李金澍. 从纪录片《春晚》国际版看纪录频道在国际传播中的价值与突破[J]. 电视研究，2013（03）：54-56.

⑫ 赵鑫，王俊飞，刘婉丽. 中国电视纪录片国际化生存研究[J]. 电视研究，2013（10）：43-45.

究对象，对海外华语电视的新闻编排、新闻筛选及报道深度、报道类别、新闻源、报道领域、报道倾向等方面的差异进行了广泛的研究，针对华语电视在海外传播因为文化传统、价值观念、审美意识、历史处境等方面的不同而存在多种文化折扣等方面的现象，提出需要通过制作团队、制作理念、题材、市场、价值以及虚实等方面的本土化和国际化结合，才能实现很好的海外传播。

农村、女性、少数民族等电视研究在2013年度虽然没有取得突破性的进展，也还是引起了研究者一定的关注。卿志军的专著《电视与黎族生活方式的变迁》①从日常生活方式、消费方式、生产方式、政治行为方式、信息结构与传播方式、公共服务体系、价值观念等多个层面解释了电视与黎族社会文化变迁之间的关系。一方面，一些研究者研究了农村电视媒介的使用方式及其文化建构意义，如陈刚的《乡村媒介环境及电视收视特点探析》②、杨星星等人的《电视传播语境中的少数民族乡村文化建构》③。另一方面，一些研究者则更加关注从权利、社会公平、制度建设和市场批判等角度分析农村电视传播资源的不足，如陈旭鑫的《媒介生态学视域下我国电视服务"三农"的现状与重构》④、郑素侠的《农村留守儿童的媒介素养教育：参与式行动的视角》⑤等文章以电视与农村等为研究对象，指出在相关制度缺失、媒介市场化、新媒体冲击的背景下，我国农业电视中存在着媒介种群弱小、生态位狭窄、农民主体地位弱化以及媒体使用能力不足、媒体资源贫乏等问题，在国家层面和媒介内部

---

① 卿志军. 电视与黎族生活方式的变迁[M]. 北京: 中国传媒大学出版社，2013.

② 陈刚, 高倩. 乡村媒介环境及电视收视特点探析[J]. 电视研究，2013（02）: 27-29.

③ 杨星星, 孙信茹. 电视传播语境中的少数民族乡村文化建构[J]. 现代传播（中国传媒大学学报），2013（06）: 21-25.

④ 陈旭鑫. 媒介生态学视域下我国电视服务"三农"的现状与重构[J]. 河南社会科学，2013（05）: 81-87+108.

⑤ 郑素侠. 农村留守儿童的媒介素养教育: 参与式行动的视角[J]. 现代传播（中国传媒大学学报），2013（04）: 125-130.

都有必要强化公共服务意识和制度建设，通过国家层面的更新新闻传播管理理念、完善制度规制和媒体层面的重点拓宽农业电视生态位、提高农业电视新闻媒介的社会公信力和生存能力，以构建良性、平衡的农业电视新闻传播生态，推动"三农"发展。赵华的《论电视传播中的伦理错位》①、马菁菁的《从〈天下女人〉看女性谈话节目的成功之道》② 等文章则从女性角度切入到中国电视，分析了消费与电视的女性文化、节目与女性之间的关系。

2013年度围绕电视产业研究领域，陶喜红和胡正荣的《中国电视产业对外依存度的测度与分析》凭借电视节目进出口对外依存度、电视技术与设备进出口对外依存度以及电视产业对外资的依存度等三个指标，对中国电视产业对外依存度进行了详细估算后发现，电视节目进口对外依存度一直保持在较为合理的水平，但电视节目出口对外依存度偏低；电视技术与设备进口对外依存度较高，出口对外依存度偏低；电视产业对外资依存度非常低。对数据进行比较后发现，我国电视产业对外依存度表现出结构性差异的特征：从各项指标进出口比例结构上来看，存在着较为显著的差异；从进出口区域结构上来看，电视节目进口对欧美、韩国的依赖程度较大，而节目出口区域则较为分散，不同省市的电视技术与设备进出口对外依存度存在明显的差异；从对外依存度指标的变化趋势来看，广播电视技术与设备进口对外依存度变动幅度较大，电视节目和资本对外依存度变化幅度较小，并提出了优化我国电视产业对外依存关系的对策。③ 电视节目评估等领域也有不少研究成果。谢江林的《媒体整合的中国式逻辑——我国广播电视媒体规模扩张的路向与前景》④ 指

① 赵华. 论电视传播中的伦理错位[J]. 社会科学，2013（02）：188-192.

② 马菁菁. 从《天下女人》看女性谈话节目的成功之道[J]. 中国广播电视学刊，2013（05）：63-65.

③ 陶喜红，胡正荣. 中国电视产业对外依存度的测度与分析[J]. 新闻大学，2013（01）：99-105.

④ 谢江林. 媒体整合的中国式逻辑——我国广播电视媒体规模扩张的路向与前景[J]. 现代传播（中国传媒大学学报），2013（07）：9-13.

出，我国广播电视媒体自产业属性确立后，追求效率所引发的规模扩张本性逐渐显现。从省级卫视的"上星"，到省、市级媒体集团的组建，从受众规模的扩大到实体规模的累积，电视媒体不断寻求"做大"。在市场力量和体制的行政力量共同作用下，我国电视"做大"的重要路径之一是媒体整合，即在行政区划体系内，在同级媒体间寻求整合，从实体的合并过渡到产权与管理机制的融合，实现最大化的规模扩张。但由于我国电视媒体整合的边界受到行政区划的限定，因此，媒体的规模扩张和市场结构难以达到最优，行业的整体发展仍会遭遇瓶颈。向华全主编的《传媒变局中城市广播电视的坚守与突围：2012 中国城市广播电视创新发展论坛文集》展示了城市广播电视在发展过程中的成功经验与不足，为中国城市广播电视的创新发展提供了新的启示和借鉴。李运华主编的《电视购物频道运营与管理：中国电视购物的第二次浪潮》从电视购物的发展阶段作为研究切入点，分析自电视直销、电视购物频道建立以来的经验教训，探索电视购物沉浮的发展规律；以受众消费行为研究为主导，从心理学角度探讨视觉说服过程中的态度改变和强化，研究人们如何通过对某种生活方式的认同来激发对购物品牌的认同，从而被接受形成购买行为；最后，针对电视购物频道发展中的突出问题与原因，探索规范电视购物频道方法，以促进电视购物频道的可持续发展。

另外，2013年中国电视研究领域还围绕电视评估体系建设、收视率和受众等领域展开了广泛的研究，具体包括陶世明的《建立节目综合评价体系 扭转唯收视（听）率倾向》[1]、张宏伟的《构建以受众为中心的电视节目创新体系》[2]、刘燕南的《关于电视评估中纳入新媒体指标的思考》[3]、赵德全的《关于构建广播电视节目综合评估体系的思考》[4]、徐

---

① 陶世明.建立节目综合评价体系.扭转唯收视（听）率倾向[J].中国广播电视学刊，2013（05）：1.

② 张宏伟.构建以受众为中心的电视节目创新体系[J].电视研究，2013（10）：25-27.

③ 刘燕南.关于电视评估中纳入新媒体指标的思考[J].中国广播电视学刊，2013（05）：11-14.

④ 赵德全.关于构建广播电视节目综合评估体系的思考[J].中国广播电视学刊，2013（05）：6-8.

琦的《大数据时代收视调查的创新演进》[①]、陆地的《电视节目传播效果评估系统的构建与应用》[②]等。邢虹文编著的《电视、受众与认同：基于上海电视媒介的实证研究》遵循受众分析的理论传统，基于上海电视受众的实证分析，分析了在媒介融合时代电视媒介意义建构以及受众认同形成的内在机制。在此基础上，该书还就电视媒介在凝聚受众认同及塑造社会共识、形成新的身份文化认同及构建意义等过程的路径与形式进行了探索。

最后，2013年电视研究还出版了一批关于学科建设、学术史梳理、电视史、电视理论以及学术规范等方面的专著，如许婧的《中国电视艺术史》、吴兵与阎安编著的《电视编辑理论与实践》、王文利的《中国广播电视学术研究史稿》、陈林侠的《广播电视概论》等。李准的《推动电视艺术评论的着力点》[③]等文章则在推进在我国电视批评及规范化等方面进行了探讨。

综观2013年我国电视研究，虽然取得不少成就，但在电视与农村关系研究、电视与社会发展研究、电视与少数民族发展研究、电视法律研究、电视国际传播研究、电视公共性研究、电视理论研究等方面还存在研究数量不足、理论水平不高、理论创新不够等众多问题，还需要研究者共同努力。

[①] 徐琦. 大数据时代收视调查的创新演进[J]. 传媒观察，2013（10）：28-30.

[②] 陆地. 电视节目传播效果评估系统的构建与应用[J]. 新闻爱好者，2013（09）：41-46.

[③] 李准. 推动电视艺术评论的着力点[J]. 中国电视，2013（02）：11-12.

第十一章 2014 年广播影视研究综述

一、广播电视研究综述

2014年，中国广播电视继续在转型中发展。中国电视领域的分化加剧，央视和一线卫视形成了以大制作构建竞争力的态势，进一步拉开了与二、三线卫视的距离；尽管国家出台了多项规定，但在激烈竞争中的电视节目依然走在娱乐至上的生存之道上，户外真人秀、喜剧秀等加入各种真人秀节目之中；现实题材、都市情感题材、青春题材电视剧在这一年度中比较抢眼，家庭伦理题材、战争题材等依然是电视剧所青睐的对象，而自制剧、独播剧、周播剧成为一些电视台面对竞争的应变之道；电视在新媒体的冲击下，整个行业发展速度受到影响，制播分离、市场化运作等成为电视行业的重要话题和实践。影视研究置身这一背景中，通过历史的、实践的、理论的等多种方式参与这一电视发展过程之中。

2014年，影视研究给人印象深刻的主题之一就是中国影视国际传播。张梓轩的专著《走向世界的中国电视：国际文化贸易的视角》，从国际贸易的要素禀赋、规模竞争、公共政策等理论出发，分析了中国影视的国际贸易历史和模式，比较分析了国产片海外发行、国际合作制片、整频道海外发行以及海外直接投资，对于每种模式下的渠道特点、出口构成及贸易基础等展开了比较充分的理论研究。[①]臧具林、卜伟才主编的《中

---

① 张梓轩. 走向世界的中国电视: 国际文化贸易的视角·自序[M]. 北京: 清华大学出版社，2014: 4-9.

国广播电视"走出去"战略研究》，以"外圆内方"发展方略为理论指导，以我国广播电视"走出去"的机遇、挑战和条件分析为基点，结合我国广播电视"走出去"工程的理论探索和实践总结，从中国国际地位提高、中华文化影响力、中国经济社会发展等方面概述了"外圆内方"方略的提出、背景、内涵、框架、思路、初步实践、远景规划、配套措施等方面，在这一理论的指导下从各国电视准入、电视国际传播格局、中国电视国际传播的历史阶段和现实能力、中国电视文化和产业竞争力提高、电视国际传播的国家需要和国家战略、中国电视国际传播的战略布局以及本土化文化战略等方面，比较全面地研究了中国电视国际传播的新举措、新方案。[①] 路俊卫、吕海文的《从引进改造到创造：电视节目模式的创新发展路径》[②]、殷乐的《电视模式产业发展的全球态势及中国对策》[③]等文章，从近年来引起中国电视产业巨大变化的国外电视节目模式出发，研究了电视模式节目在中国的发展和全球模式节目的产业状况，并在此基础上分析了中国电视模式节目的创新和竞争策略。

新媒体的发展对我国广播电视的影响以及在新媒体时代如何促进影视传播与新媒体的融合依然是2014年影视研究的重点。于勇的《互联网电视》从互联网思维特点、互联网电视模式、国际互联网电视比较、互联网电视创作与传播、互联网电视平台策略等方面系统论述了互联网电视特点及其发展方式。[④] 李宇的《数字时代的电视：变革与超越》从电视技术变革与发展、数字时代的节目播出、数字时代的收视调查、数字时代的电视观众、传统电视与网络电视及社交媒体、数字时代的电视对外

① 臧具林，卜伟才. 中国广播电视"走出去"战略研究视角·绪论[M]. 北京: 中国国际广播出版社，2014: 1-7.

② 路俊卫，吕海文. 从引进改造到创造：电视节目模式的创新发展路径[J]. 中国广播电视学刊，2014（05）: 33-35.

③ 殷乐. 电视模式产业发展的全球态势及中国对策[J]. 现代传播（中国传媒大学学报），2014，36（07）: 106-111.

④ 于勇，互联网电视[M]. 北京: 高等教育出版社，2014: 1-2.

传播等角度论述数字时代给电视带来的变化。① 卜晨光的《大数据背景下电视节目的发展与创新》②、张红军的《试论全媒体时代电视剧的跨屏传播》③、史安斌的《颠覆与重构：大数据对电视业的影响》④、史安斌与赵涵漠的《媒体融合：触及媒体人灵魂的革命》⑤、葛自发的《新媒体对积极受众的建构与解构》⑥、于隽的《全媒体语境中电视媒体优势的再思考》⑦以及乔保平等人撰写的《媒介融合：广播电视舆论引导的转型与突破》等文章或从新媒体时代电视发展及其传播模式的创新与转型出发进行研究，或从媒介融合趋势中分析电视舆论引导的困境、策略转型和突破方式等。⑧

广播电视文化和艺术研究依然是 2014 年影视研究成果最为丰富的领域。人们从身份认同、性别、民族、空间文化、意识形态等角度切入影视文化和艺术研究之中，提出了主流广播文化有效传播的策略、公共文化平等化建设的问题等。刘利群、张敬婕的《中美女性电视节目比较研究》以社会学、传播学、社会性别研究、女性主义媒介研究为基本理论，运用了综述法、个案法、内容分析、文本研究等研究方法，分析了媒介中的女性形象、媒介通俗化与女性政治、女性电视媒体以及性别与收视偏好之间的关系等，并研究美国的女性电视节目注重于搜集和提炼社会性别重要议题如性暴力、家庭暴力、种族与性别相结合的暴力等现象，

① 李宇. 数字时代的电视变革与超越: [M]. 北京: 中国广播电视出版社，2014: 1-2.

② 卜晨光，高贵武. 大数据背景下电视节目的发展与创新[J]. 电视研究，2014（04）: 22-24.

③ 张红军. 试论全媒体时代电视剧的跨屏传播[J]. 现代传播（中国传媒大学学报），2014（01）: 81-83.

④ 史安斌. 颠覆与重构: 大数据对电视业的影响[J]. 新闻记者，2013（10）: 52-56.

⑤ 史安斌，赵涵漠. 媒体融合: 触及媒体人灵魂的革命[J]. 电视研究，2014（10）: 22-25.

⑥ 葛自发. 新媒体对"积极受众"的建构与解构[J]. 当代传播，2014（01）: 71-73.

⑦ 于隽. 全媒体语境中电视媒体优势的再思考[J]. 现代传播（中国传媒大学学报），2014（04）: 157-158.

⑧ 乔保平，邹细林，冼致远. 媒介融合: 广播电视舆论引导的转型与突破[J]. 郑州大学学报（哲学社会科学版），2014（03）: 182-186.

批评了国内电视的"剩女"形象塑造。① 赵月枝的《大众娱乐中的国家：市场与阶级——中国电视剧的政治经济分析》②、何志武的《电视公共论坛的"乌托邦"式构建——基于媒介批判理论》③、王强的《流动的藏私：新媒体语境下广播电视新媒介中公共空间的构建》④、郭晓歌的《试论公共媒体对公民社会的培育作用——以台湾公广集团为例》⑤ 等文章研究了影视作为公共文化在公共领域、公共文化、公共空间建构等方面的价值和存在的问题，分析了在市场和国家双重关系中中国影视公共领域建构所存在的困境。胡明川的专著《电视公共领域的结构转型》则从电视公共领域的交流话题、对话者、交流方式以及对话节目等方面比较系统地研究我国电视公共领域的转变，但该书没有对公共领域做比较严格的概念限定。⑥ 孙秋云的专著《电视传播与乡村村民日常生活方式的变革》以实证研究方法，研究了电视与平原村民的日常生活方式、少数民族山地村民的日常生活方式、乡村青少年群体的社会化、乡村青壮年的休闲生活、乡村妇女家庭生活观念、乡村老年生活、乡村政治传播以及乡村治理等方面的关系。⑦ 刘贤政的《全媒体时代对农村电视节目的创新与坚守》则分析了在全媒体时代农村传播更加边缘化背景中，农村电视节目的创新策略以及坚守农村传播的重要性。⑧ 李琦的专著《多元媒介环境下

① 刘利群，张敬婕.中美女性电视节目比较研究[M].北京：中国传媒大学出版社，2014：1-2.

② 赵月枝.大众娱乐中的国家：市场与阶级——中国电视剧的政治纪实分析[J].清华大学学报（哲学社会科学版），2014（01）：24-41+159.

③ 何志武.电视公共论坛的"乌托邦"式构建——基于媒介指着理论[J].新闻界[J].2014（03）：24-29.

④ 王强.流动斩藏私：新媒体语境下广播电视新媒介中公共空间的构建[J].编辑之友[J].2014（11）：54-57.

⑤ 郭晓歌.试讼公共媒体对公民社会的培育作用——以台湾公广集团为例[J].现代传播[J].2014（05）：151-152.

⑥ 胡明川.电视公共领域的结构转型[M].成都：西南交通大学出版社，2014.

⑦ 孙秋云.电视传播与乡村村民日常生活方式的变革[M].北京：人民出版社，2014.

⑧ 刘贤郑.全媒体时代对农村电视节目的创新与坚守[J].中国广播电视学刊.[J].2014（11）：44-45.

的儿童与儿童电视》以对当前多元媒介环境的剖析作为立论基础，探讨了"媒介童年"的生成及其特征，并以积极的视角将儿童电视视为维护和谐、健康媒介环境的媒介内容要素，较为系统地研究了其传播过程，在此基础上提出了传播效果最优化目标下的各个传播过程要素良性互动的策略。①

2014年影视研究一个颇为突出的现象就是进行影视规制、版权研究。毛武群的《西部广播电视媒资版权状况及工作思路》②、刘星的《以法务为主导的电视版权管理模式新探》③、王迁的《论我国〈著作权法〉中的"转播"——兼评近期案例和〈著作权法修改草案〉》④、杨庆国的《广播影视版权相关产业发展模式研究》⑤、邹阳阳的《广电版权核心竞争力如何"突围"》⑥、倪晓娜的《广播电视内容资产产业化对版权管理的启示》⑦、朱晓宇的《广播电视机构对版权法律顾问服务的需求和现状》⑧等文章从版权法律、版权经济等方面研究了我国广播电视版权在当时的状况以及版权产业发展模式等。张朴宽主编的《发展中国家广播电视概况暨管理体制研究》则比较系统地比较了各国广播电视规制的政策、法律状况以及其政治、社会和文化基础，从电视发展、国家文化需要等视角切入比较之中，系统而具有实践价值。⑨

在影视历史和理论研究方面，仲呈祥主编的《中国电视文艺发展

① 李琦. 多元媒介环境下的儿童与儿童电视[M]. 北京: 中国广播电视出版社, 2014.

② 毛武群. 西部广播电视媒资版权状况及工作思路[J]. 中国广播电视学刊, 2014 (06) : 20-22.

③ 刘星. 以法务为主导的电视版权管理模式新探[J]. 电视研究[J]. 2014 (08) : 23-25.

④ 王迁. 论我们《著作权》中的"转播"——兼评近期亲例和《著作权法修改草案》[J]. 法学家[J]. 2014 (05) : 125-136+179.

⑤ 杨庆国. 广播影视版权相关产业发展模式研究[J]. 青年记者, 2014 (06) : 52-53.

⑥ 邹阳阳. 广电版权核心竞争力如何"突围"[J]. 中国广播电视学刊, 2014 (06) : 13-15.

⑦ 倪晓娜. 广播电视内容资产产业化对版权管理的启示[J]. 中国广播电视学刊, 2014 (01) : 86-87.

⑧ 朱晓宇. 广播电视机构对版权法律顾问服务的需求和现状[J]. 电视研究, 2014 (08) : 18-20.

⑨ 张朴宽. 发展中国家广播电视概况暨管理体制研究[M]. 北京: 中国广播电视出版社, 2014.

史》①、金宜鸿的《新中国文艺政策与中国当代电影发展》②、谢建华编著的《台湾电影与大陆电影关系史》③、李清著的《中国电影文学改编史》④、吴海勇著的《"电影小组"与左翼电影运动》⑤、史可扬的专著《新时期中国电影美学研究》⑥、张永峰的《中国电视剧审查制度的形成》⑦、苏涛的《香港左派独立制片公司研究（1948~1951）——以大光明影业公司为中心》⑧、等从美学、国际关系、文艺政治、文化身份等多个角度研究了我国影视历史，为影视历史研究注入了新的视角和新的阐释。而各种电视电影艺术、产业等方面的发展报告则为上一年度影视艺术和产业发展留下了丰富的历史资料和比较全面的描述分析。饶曙光的《中国电影可持续发展的辩证法》（上、下）⑨、王一川的《革命式改革——改革开放时代电影文化引论》⑩、李宁的《西方马克思主义与当代中国电影批评》⑪、李建强的《新时期以来中国电影理论批评的流变及其启示》⑫、欧阳宏生的《媒介批评与广播电视宣传管理》⑬、张君昌的《中国特色广

① 仲呈祥，中国电视文艺发展史[M]. 北京: 中国电影出版社，2014.

② 金宜鸿，新中国文艺政策与中国当代电影发展[M]. 广州: 世界图书出版广东有限公司，2014.

③ 谢建华，台湾电影与大陆电影关系史[M]. 北京: 人民文学出版社有限公司，2014.

④ 李清，中国电影文学改编史[M]. 北京: 中国电影出版社，2014.

⑤ 吴海勇，"电影小组"与左翼电影运动[M]. 上海: 上海人民出版社，2014.

⑥ 史可扬，新时期中国电影美学研究[M]. 北京: 北京师范大学出版社，2014.

⑦ 张永峰. 中国电视剧审查制度的形成[J]. 新闻大学，2014（01）: 61-69.

⑧ 苏涛. 香港左派独立制片公司研究（1948~1951）——以大光明影业公司为中心[J]. 电影艺术，2014（02）: 153-158.

⑨ 饶曙光. 中国电影可持续发展的辩证法（上）[J]. 电影新作，2014（01）: 22-29.
曙光. 中国电影可持续发展的辩证法（下）[J]. 电影新作，2014（02）: 4-8.

⑩ 王一川. 革命式改革——改革开放时代电影文化引论[J]. 当代文坛，2014（01）: 9-14.

⑪ 李宁. 西方马克思主义与当代中国电影批评[J]. 电影艺术，2014（02）: 74-79.

⑫ 李建强，郑倩艺. 新时期以来中国电影理论批评的流变及其启示[J]. 上海交通大学学报（哲学社会科学版），2014（05）: 105-112.

⑬ 欧阳宏生，姜海. 媒介批评与广播电视宣传管理[J]. 中国广播电视学刊，2014（07）: 93-95.

播电视理论的系统创新》①等文章结合中国影视发展历史与这一时期的发展状况，提出了影视理论建设的文化、政治方法。

二、2014年电影研究综述

2014 年的中国电影在继续此前的产业高速发展之趋势的同时，也引来了电影产业、电影传播、电影文化、电影艺术等方面的诸多变化，这些变化中一部分有可能造成中国电影的结构性转型，如不少电影类型相对成熟、年轻导演已经成为电影发展主力、新媒体行业对电影产业和电影文化的发力、国际电影机构不再忽视中国电影市场巨大的体量和超高速发展、中国电影已经开始形成了一定程度的国际电影资源整合力量、中国电影规模在中国电影市场和传播领域中成为主导力量等，以及这些变化所带来的中国电影体制的变革、电影市场与文化与政治之间的关系的复杂化、中国电影传统的重建等，这些都给电影学术界研究提出了新的课题，要求电影研究界探索新的研究方法和研究思路以给中国电影之问题提出有针对性的诊断和有意义的解决方法，也要求电影批评能对中国电影提出具有政治的、美学的、历史的批判。正是在这种电影市场、制作、传播变化的促动下，在电影批判传统和思想学术资源的基础上，2014 年的中国电影学术研究确实颇有收获。

2014年电影史研究不仅延续着此前的繁荣，而且电影史研究对象、研究范围、历史意识、研究方法等方面都有一定的成果。首先，就电影史研究对象而言，电影史研究涉及电影政策史、电影运动史、电影批评史、电影艺术史、电影关系史、地域电影史、民族电影史、电影文化史、电影技术史、电影传播史、电影经济史等诸多方面，在电影史历史研究方面，胡星亮主编的《影像中国与中国影像：百年中国电影艺术发

---

① 张君昌. 中国特色广播电视理论的系统创新[J]. 电视研究，2014（05）：64-66.

展史》①、凤群的《绿风景：侨乡民国电影人与当代作家》②、张燕与周星主编的《跨世纪定格：香港电影100年·第二十一届北京大学生电影节特辑》③、史兴庆的《民国教育电影研究》④、周晨的《文化生态的衍变与中国动画电影发展研究》⑤、金宜鸿的《新中国文艺政策与中国当代电影发展》⑥、刘阳的《中国电影业的演进路径与话语建构（1949—1992）：基于政策分析的视角》⑦、张华的《姚苏凤和1930年代中国影坛》⑧、张巍的《鸳鸯蝴蝶派文学与早期中国电影的创作》⑨、谢建华编著的《台湾电影与大陆电影关系史》⑩、李清的《中国电影文学改编史》⑪、史可扬的《新时期中国电影美学研究》⑫、孙慰川的《后"解严"时代的台湾电影》、⑬颜小芳的《从主体建构到自我解构：中国新时期以来电影中农民形象演变的符号学考察》，⑭以及谭慧的《中国译制电

---

① 胡星亮.影像中国与中国影像：百年中国电影艺术发展史[M]. 北京：北京大学出版社，2014.

② 凤群.绿风景：侨乡民国电影人与当代作家[M]. 北京：新华出版社，2014.

③ 张燕,周星.跨世纪定格：香港电影100年·第二十一届北京大学生电影节特辑[M].北京：中国电影出版社，2014.

④ 史兴庆.民国教育电影研究[M]. 北京：中国传媒大学出版社，2014.

⑤ 周晨.文化生态的衍变与中国动画电影发展研究[M]. 苏州：苏州大学出版社，2014.

⑥ 金宜鸿.新中国文艺政策与中国当代电影发展[M].广州：世界图书出版广东有限公司，2014.

⑦ 刘阳.中国电影业的演进路径与话语建构（1949—1992）：基于政策分析的视角[M].杭州：浙江大学出版社，2014.

⑧ 张华.姚苏凤和1930年代中国影坛[M]. 北京：北京大学出版社，2014.

⑨ 张巍.鸳鸯蝴蝶派文学与早期中国电影的创作[M].北京：中国电影出版社，2014.

⑩ 谢建华.台湾电影与大陆电影关系史[M].北京：人民文学出版社，2014.

⑪ 李清.中国电影文学改编史[M]. 北京：中国电影出版社，2014.

⑫ 史可扬.新时期中国电影美学研究[M]. 北京：北京师范大学出版社，2014.

⑬ 孙慰川.后"解严"时代的台湾电影[M]. 北京：商务印书馆，2014.

⑭ 颜小芳.从主体建构到自我解构：中国新时期以来电影中农民形象演变的符号学考察》[M]. 苏州：苏州大学出版社，2014.

影史》①、陈军主编的《电影技术的历史与理论》②、闫凯蕾的《中国早期电影明星控制系统的变革和产业模式的突破（1935～1937）》③等，从政治、经济、文化、符号学、美学、技术、个体存在等角度切入中国电影历史之中，不仅提供了颇为不同而丰富的中国电影史景观，而且其研究方法的开拓也使电影历史呈现出更为复杂的、多元的构成性特点。

苏涛的《香港左派独立制片公司研究（1948—1951）——以大光明影业公司为中心》④、吴海勇的《"电影小组"与左翼电影运动》⑤等从美学、国际关系、文艺政治、文化身份等多个角度研究了我国影视历史，不仅呼应了近年来重新兴起的进步或者左翼文艺研究现象，在一定程度上重新阐释了中国进步电影的历史，再次将进步或者左翼电影历史作为重要的电影史现象带入到电影研究之中，对此前电影史研究有意边缘化进步电影史做出了某种程度的纠正，而且也在一定程度上与当下电影的消费化、去政治化构成了对话关系。各种电视电影艺术、产业等方面的发展报告则为上一年度影视艺术和产业发展留下了丰富的历史资料和比较全面的描述分析。史静的《主体的生成机制："十七年电影"内外的身体话语》⑥、陈旭光等的《"十七年"少数民族题材电影:意识形态构建与类型性的隐性承续及开拓》⑦、彭静宜的《"十七年"电影

---

① 谭慧. 中国译制电影史[M]. 北京: 中国电影出版社, 2014.

② 陈军. 电影技术的历史与理论[M]. 北京: 世界图书出版公司北京公司, 2014.

③ 闫凯蕾.中国早期电影明星控制系统的变革和产业模式的突破（1935～1937）[J].电影艺术, 2014(05):140-147.

④ 苏涛. 香港左派独立制片公司研究（1948～1951）——以大光明影业公司为中心[J]. 电影艺术, 2014（02）:153-158.

⑤ 吴海勇. "电影小组"与左翼电影运动[M].上海: 上海人民出版社, 2014年.

⑥ 史静. 主体的生成机制: "十七年电影"内外的身体话语[M]. 北京: 北京大学出版社, 2014.

⑦ 陈旭光,郝哲. "十七年"少数民族题材电影: 意识形态构建与类型性的隐性承续及开拓[J]. 上海大学学报（社会科学版）, 2014（04）: 13-23.

创作模式与类型元素辨析》①、厉震林的《"十七年"电影表演美学论纲》②、刘起的《新时期电影叙事的现实主义——生活的逻辑与节制的戏剧性》③、顾广欣与李亦中的《新时期中国少数民族电影批评初探》④、李建强与郑倩艺的《新时期以来中国电影理论批评的流变及其启示》⑤、王一川的《革命式改革——改革开放时代电影文化引论》⑥、李宁的《西方马克思主义与当代中国电影批评》⑦、张智华的《新世纪以来中国少数民族题材电影的表现方法与产业发展》⑧、厉震林与万传法主编的《新世纪中国"现象电影"研究》（中国电影出版社，2014年）等从电影艺术史、文化史、批评史、接受史、经济史等方面分阶段研究了新中国成立以来的电影历史。这些研究成果一方面从多方面构建中国电影史面貌，从国际的、国家的、民族的多维度探索中国电影历史，并且在某种意义上以"十七年"、新时期、新世纪等作为中国电影阶段史的研究范式。应该说，这种历史分期方式固然有些历史事实的支撑，但一方面这些历史分期范式大多从其他领域中引用过来而缺乏关于电影的独特考量，而且其所依据的历史事实支撑是否足以作为历史分期的基础也没有得到认真的思考，另一方面学术界也缺乏对这些历史分期范式的反思：这也是电影史研究，尤其是电影史史学研究需要注意的。

在近年的电影史研究中，除了港台等地区的电影史研究外，上海作

---

① 彭静宜. "十七年"电影创作模式与类型元素辨析[J]. 当代电影，2014（01）：61-65.

② 厉震林. 十七年"电影表演美学论纲[J]. 当代电影，2014（01）：103-107.

③ 刘起. 新时期电影叙事的现实主义——生活的逻辑与节制的戏剧性[J]. 当代电影，2014（01）：91-97.

④ 顾广欣，李亦中. 新时期中国少数民族电影批评初探[J]. 民族艺术研究，2014（05）：14.

⑤ 李建强，郑倩艺. 新时期以来中国电影理论批评的流变及其启示[J]. 上海交通大学学报（哲学社会科学版），2014（05）：105-112.

⑥ 王一川. 革命式改革——改革开放时代电影文化引论[J]. 当代问题，2014（01）：9-16

⑦ 李宁. 西方马克思主义与当代中国电影批评[J]. 电影艺术，2014（02）：74-79.

⑧ 张智华. 新世纪以来中国少数民族题材电影的表现方法与产业发展[J]. 民族艺术研究，2014（03）：72-76.

为中国现代电影中心持续受到电影史研究者的关注。如黄德泉的《民国上海影院概观》（中国电影出版社，2014年）、张硕果的《"十七年"上海电影文化研究》（社会科学文献出版社，2014年）、贺昱的《文学与电影的上海时代：1905—1949》（陕西人民出版社，2014年）、任明的《光影叙事与时代风云：上海城市电影六十年变迁（1949—2009）》（上海文艺出版社，2014年）以及陈慧芬的《中国早期电影中的女性与上海大众文化》①、李晓灵与王晓梅的《空间生产和身体言说：中国电影的上海城市想象和建构》②、万传法的《"十七年"电影中的上海城市想象及现代性研究》③，等等。

　　2014年电影研究领域中令人印象深刻的是新媒体技术与电影关系的研究，其研究范围覆盖了电影制作、传播、产业、政策、文化、艺术等诸多领域，这同新媒体的发展已经在改变中国电影的生态、创意、生产制作、传播等是相适应的。梁振华的《幻影流年：新媒体时代电影文化述评》（浙江古籍出版社，2014年）、张杰勇的《数字技术下的电影虚拟表演》（中国电影出版社，2014年）、朱梁主编的《数字电影的技术与理论》（世界图书出版北京公司，2014年）以及尹鸿等人的《"网生代"：电影与互联网》④、陈肃与詹庆生的《电影大数据：分众和定制时代的思维方式》⑤、刘涛的《大数据思维与电影内容生产的数据化启示》⑥、司若的《大数据与"微"营销——社交媒体大数据对电影营销

---

① 陈慧芬. 中国早期电影中的女性与上海大众文化[J]. 中国比较文学，2014（02）：181-192.

② 李晓灵，王晓梅. 空间生产和身体言说：中国电影的上海城市想象和建构[J]. 兰州大学学报（社会科学版），2014（06）：42-48.

③ 万传法. "十七年"电影中的上海城市想象及现代性研究[J]. 当代电影，2014（01）：51-55.

④ 尹鸿，朱辉龙，王旭东，朱晓敏. "网生代"：电影与互联网[J]. 当代电影，2014（11）：4-10.

⑤ 陈肃，詹庆生. 电影大数据：分众和定制时代的思维方式[J]. 当代电影，2014（06）：4-9.

⑥ 刘涛. 大数据思维与电影内容生产的数据化启示[J]当代电影，2014（06）：9-14.

的若干新拓展》①、韩婷婷的《新媒体与电影的交互发展》②、曹书乐的《新媒体环境中的"现象电影"》③、安晓芬与尹鸿等《互联网时代的电影生产与传播》④、蒲剑与赵梦然的《电影产业中的互联网思维》⑤、刘军的《互联网时代中国电影产业结构的调整》⑥、任晟姝的《功能转型与价值重塑——互联网时代的电影放映业》⑦等从新技术、新媒体对电影制作、表演、创意、内容、营销、传播媒介与传播方式、创意、受众身份与对电影生产制作的影响等方面产生的影响，强调新技术和新媒介对电影产业和电影传播的变革是全面而深刻的。但就2014年的新媒体、新技术和电影关系的研究来说，对新技术、新媒体与电影之间革命性关系的研究远远不足，尤其是关于电影、新媒体之间的政治经济学研究几乎没有涉及，而比较多地集中在产业和营销领域。

　　鉴于国家对电影国际传播的重视，也是因为中国电影国际市场发展状况多年来一直持续徘徊而无进展，以及电影市场、制作、传播的全球化不断加快加深，学术界对电影国际传播也就表现出持续的兴趣。尹鸿的《世界电影发展报告》⑧对世界主要电影生产国家（包括中国）的年度电影创作、制作、发行、票房、衍生品等情况进行汇总，对年度世界电影的发展概况和重要电影节展进行概述和分析，还将对华语电影在海外的传播，包括发行、票房、海外媒体评论等内容进行总结。陈林侠的

① 司若. 大数据与"微"营销——社交媒体大数据对电影营销的若干新拓展[J]. 当代电影，2014（06）：4-19.

② 韩婷婷. 新媒体与电影的交互发展[J]. 当代电影，2014（05）：9-14.

③ 曹书乐. 新媒体环境中的"现象电影"[J]. 当代电影，2014（05）：6-10.

④ 安晓芬，尹鸿等. 互联网时代的电影生产与传播[J]. 当代电影，2014（05）：156-159.

⑤ 蒲剑，赵梦然. 电影产业中的互联网思维[J]. 电影艺术，2014（05）：19-22.

⑥ 刘军. 互联网时代中国电影产业结构的 调整[J]. 电影艺术，2014（05）：35-39.

⑦ 任晟姝. 功能转型与价值重塑——互联网时代的电影放映业[J]. 当代电影，2014（01）：88-91.

⑧ 尹鸿. 世界电影发展报告[M]. 北京：中国电影出版社，2014.

专著《跨文化背景下中国电影的国家形象建构》①论述跨文化背景下中国电影的海外现状及其竞争、电影产业化与国家形象、文化形象及其冲突、中国电影建构国家形象的文化策略等方面，论述跨文化语境中我国电影存在的价值观、传播策略等方面的问题，并提出实现有效传播的文化策略和产业策略。周安华的《当代电影新势力——亚洲新电影大师研究》②以不同的文化流脉，从日本、韩国、印度、越南、伊朗、中国等国家，选择24位代表亚洲电影近20年突出成就的著名导演，分析在美国和欧洲两大电影力量之外，亚洲电影艺术家们的价值理念、美学追求，诠释多元文化、多元电影形态选择。丁亚平主编的《大电影的拓展：中国电影海外市场竞争策略分析》③分别从中国电影市场竞争的现状及外国电影竞争力、国际化转型与内容生产策略、海外市场受众心理、大电影所造成的业态转型与中国电影海外竞争、中国电影海外市场投融资与推广模式、华语电影的合作与融合、中国电影海外市场政策及国家战略发展等方面找寻中国文化产品国际化传播的问题和对策。邵培仁等的《华莱坞电影理论：多学科的立体研究视维》（浙江大学出版社，2014年）④是一部颇具理论创新和文化战略意义的电影国际传播研究作品。从理论上说，该著作提出了"华莱坞"概念作为理解、整合、规划、建设中国电影在全球化时代的核心概念，这是一个不同于中国电影、华语电影的战略比较明确的电影概念。与此同时，华莱坞电影研究提出了从多层面、多角度、共同体、本土与全球等相结合的研究方法和理论视野，构建比较完整的华莱坞电影研究的对象、范围、方法等。从实践层面来看，该著作分析了华莱坞电影产生的历史语境、存在的问题、生存空间、国际传播的路径、东方文化基因、模仿性创新、主动积极参与跨

① 陈林侠. 跨文化背景下中国电影的国家形象建构[M]. 北京: 人民出版社, 2014.

② 周安华. 当代电影新势力——亚洲新电影大师研究[M]. 北京: 北京大学出版社, 2014.

③ 丁亚平. 大电影的拓展: 中国电影海外市场竞争策略分析[M]. 北京: 文化艺术出版社, 2014.

④ 邵培仁. 华莱坞电影理论: 多学科的立体研究视维[M]. 杭州: 浙江大学出版社, 2014.

文化传播以及可能提供的地理、生态、城市等方面的文化想象，工业、艺术、传播等方面的整合以及对好莱坞、宝莱坞、瑙莱坞等电影中心的参照学习而实现好莱坞作为全球重要电影中心。这部著作将历史与现实、理论与实践、思想与战略等结合起来，对中国电影的全球生存和国际传播建设提出诸多理论思考。黄会林主编的《银皮书：2013中国电影国际传播年度报告》①、陈焱的《好莱坞模式：美国电影产业研究》②、陈众议与叶隽等的《外国商业电影及其影响研究》（中国社会科学出版社，2014年）③、刘新传与冷冶夫的《角色与认同：中国纪录片国际传播战略》④、吴海清与张建珍的《新自由主义与好莱坞电影霸权》⑤、金丹元与田承龙的《反思与寻求：探索中国电影与好莱坞博弈中的共存之道》⑥、彭侃的《好莱坞电影剧本开发体系》⑦、陈林侠的《法国电影的国际竞争力及其国家形象的传播——基于北美电影市场的实证分析》⑧等从多方面分析了国际电影竞争格局及其形成，以及中国电影国际传播的政治、经济和文化策略，还有可参照的国外电影国际传播的路径。

电影的文化和艺术研究依然是2014年电影研究成果最为丰富的领域。人们从身份认同、性别、民族、空间文化、意识形态等角度切入电影文化和艺术研究之中，提出了主流电影文化有效传播的策略、电影公共文化平等化建设的问题，以及性别、民族、农民等在电影文化和艺术

① 黄会林. 银皮书: 2013中国电影国际传播年度报告[M]. 北京: 北京师范大学出版社，2014.

② 陈焱. 好莱坞模式: 美国电影产业研究[M]. 北京: 北京联合出版公司，2014.

③ 陈众议, 叶隽, 等. 外国商业电影及其影响研究[M]. 北京: 中国社会科学出版社，2014.

④ 刘新传, 冷冶夫. 角色与认同: 中国纪录片国际传播战略[M]. 北京: 中国传媒大学出版社，2014.

⑤ 吴海清, 张建珍. 新自由主义与好莱坞电影霸权[J]. 电影艺术，2014（02）: 67-73.

⑥ 金丹元, 田承龙. 反思与寻求: 探索中国电影与好莱坞博弈中的共存之道[J]. 当代电影，2014（05）: 41-145.

⑦ 彭侃. 好莱坞电影剧本开发体系[J]. 当代电影，2014（07）: 5-30.

⑧ 陈林侠. 法国电影的国际竞争力及其国家形象的传播——基于北美电影市场的实证分析[J]. 国外社会科学，2014（02）: 108-114.

表现中的不足及其历史等，当然华语电影、中国电影等依然是电影研究者所念兹在兹的情怀与对象。

陈犀禾主编的《华语电影的美学传承与跨界流动》①收集整理了几十篇电影艺术和电影文化方面的研究文章，立足于华语电影的历史研究，梳理了华语电影在国际传播和全球竞争中的学习、变革、冲突、探索和国际影响力等，分析了华语电影类型、跨文化想象、中国各地的电影美学与符号等，强调了华语电影文化的流动性、播散性、跨界性等方面的特点。聂伟主编的《华语电影的全球传播与形象建构》②从"跨界景观与理论建构""文化传播与国家形象""合拍与共融""全球视野与产业实践""美学检省与未来图景"等五个方面组编了几十篇文章。这些文章分析了华语电影概念从提出到当下的含义和理论扩张，强调华语电影在全球电影语境中的理论新变化，分析了中国电影海外传播的历史、困境和问题，认为需要从多元的、可能性的角度看待中国电影和华语电影国际传播的前景，并在分析香港电影近年来与内地电影关系基础上，提出在全球电影格局中通过合拍发展华语电影国际传播的路径。在实证分析华语电影北美竞争力之后，根据中国电影的发展和改革趋势，强调了中国电影与好莱坞博弈的现状，提出通过市场、艺术、价值等多方面的构建来保证中国电影的国际传播和国家形象建构。倪祥保主编的《华语电影如何影响世界：当代华语电影文化影响力研究国际论坛文集》③，通过产业、美学、文化等方面研究，分析了跨文化传播、媒介融合、文化想象、电影工业、电影类型、华语文化共同体等对于华语电影国际传播的影响。陈旭光等的《华语电影大片：创作、营销与文化》④以华语电影

---

① 陈犀禾. 华语电影的美学传承与跨界流动[M]. 桂林: 广西师范大学出版社，2014.

② 聂伟.华语电影的全球传播与形象建构[M].桂林: 广西师范大学出版社，2014.

③ 倪祥保. 华语电影如何影响世界: 当代华语电影文化影响力研究国际论坛文集[M]. 镇江: 江苏大学出版社，2014.

④ 陈旭光. 华语电影大片: 创作、营销与文化[M]. 北京: 北京大学出版社，2014.

大片为研究对象，分析了近年极具争议华语电影大片的叙事、文化、营销策略等，强调尽管华语大片在叙事等方面存在着众多问题，但就中国电影的历史、生存、发展、资源整合和国际传播等而言，华语电影大片无疑是具有重要意义的存在。正是在这种辩证的分析模式基础上，该书分析了一些华语电影大片的个案，并以华语电影存在的问题、解决问题的路径和发展前景等。陈林侠的《新世纪北美外语片市场与华语电影的国际竞争力——基于北美外语片市场的实证研究（2000—2012年）》①、陈旭光的《后华语电影：跨地的流动与多元性的文化生产》②、鲁晓鹏的《跨国华语电影研究的接受语境问题:回应与商榷》③等文章从世界电影文化格局形成的原因、华语电影跨文化传播的身份流动和接受语境等方面，研究了华语电影的国际传播问题和策略等。

　　女性形象一直是中国电影文化研究的重点，2014年的电影研究在这方面依然颇富成就。除了华语电影、上海电影、电影与性别等方面的研究著作中有大量涉及电影与女性关系的研究之外，张霁月的《新中国革命题材电影中的女性寓言（1949—1978）》从电影生产机制、传播体制与环境的变化等角度分析了1949—1978年中国革命题材电影女性在两性关系、母子关系以及社会政治中的形象的变化，从电影中女性形象的角度反思了新中国成立之后的女性政治。苏涛的《女性身体、现代生活方式与都市空间——论"电懋"电影的都市想象与现代性》④等论文从历史和文本等多种角度讨论了影视中的女性形象建构及其背后的社会性别文化的历史变迁。吴全燕的《女性"现代梦"的觉醒和实现——中国当代

① 陈林侠. 新世纪北美外语片市场与华语电影的国际竞争力——基于北美外语片市场的实证研究（2000—2012年）[J]. 学术研究，2014（05）:131-138.

②陈旭光. 后华语电影:跨地的流动与多元性的文化生产[J]. 艺术百家，2014（02）:64-70.

③鲁晓鹏.跨国华语电影研究的接受语境问题:回应与商榷[J]. 当代电影，2014（10）:27-29..

④ 苏涛. 女性身体、现代生活方式与都市空间——论"电懋"电影的都市想象与现代性[J]. 当代电影，2014（06）:101-105.

电影中女性形象的呈现与变迁》①分析了女性电影形象从被言说、被观看的第二性向主动言说、主动建构自我形象的第一性转变，也是从传统女性形象向现代女性形象的转换。郝延斌的《"亚洲电影"的国族叙事与性别修辞》②认为尽管亚洲电影概念似乎是超越民族的，也是用来抵抗好莱坞霸权的，但其在性别方面的基本叙事还是采取了好莱坞二元关系的性别叙事和国家叙事的结合，将性别收编到国家叙事之中。

少数民族电影尽管数量不多，但作为中国文化的重要部分，一直是中国电影研究所关注的课题。除了上文所提到的新时期以来少数民族电影制作、生产、批评等方面的研究成果之外，过鹏群的《中国电影中的云南形象研究》③在电影的文化地理学研究中，重点以少数民族电影为对象，分析了云南少数民族电影形象被作为观看的对象、被作为民族团结和国家进步的形象以及被作为多元传统民族的现代性转化的形象而被构造等。万传法的《蒙古的他者与他者的蒙古：族裔性、本土性与融他性——蒙古族电影浅述》④、刘帆的《"十七年"少数民族题材电影的娱乐效果与意识形态策略》⑤、张丽娟的《新世纪以来新疆本土电影的发展及文化特质分析》⑥等人的文章运用身份认同、意识形态理论研究了我国电影中少数民族形象建构以及多元文化对话之中的少数民族文化的变迁等。很明显，目前少数民族电影研究还有许多重要课题尚未展开充分的研究，尤其是是在电影市场、新媒体、新技术影响下的少数民族电影的

① 吴全燕. 女性"现代梦"的觉醒和实现——中国当代电影中女性形象的呈现与变迁[J]. 当代电影，2014（07）：186-188.

②郝延斌. 亚洲电影"的国族叙事与性别修辞[J]. 当代电影，2014（10）：59-62.

③ 过鹏群. 中国电影中的云南形象研究[M]. 北京: 中国社会科学出版社，2014.

④ 万传法. 蒙古的他者与他者的蒙古: 族裔性、本土性与融他性——蒙古族电影浅述[J]. 北京电影学院学报，2014（05）：29-34.

⑤ 刘帆. "十七年"少数民族题材电影的娱乐效果与意识形态策略[J]. 西南大学学报（社会科学版），2014（06）：130-318.

⑥ 张丽娟. 新世纪以来新疆本土电影的发展及文化特质分析[J]. 北京电影学院学报，2014（05）：35-42.

发展危机、公平等方面的问题几乎尚未有人涉及。

　　青春电影是20世纪初期以来电影类型比较成熟、也是电影市场开拓比较成功的电影，也就成为电影研究颇为热门的对象。郑逸欢的《21世纪青春电影的电影美学比较研究》①、方晞的《近年来我国青春电影的审美流变》②、黄望莉与黄帆顺的《文化新政下的当代青春怀旧电影》③、陈娟的《台湾新青春电影的文化身份与地域想象》④、秦中书与余鸿康的《新世纪以来中国青春电影创作价值观的现状与反思》⑤、廖金生的《"80后"青春电影中"家庭空间"的呈现》⑥等，从电影类型、电影美学、电影文化等方面，研究了青春电影。尽管青春电影研究取得一些成果，但是青春电影研究在对象、方法、理论等方面还是缺乏具有开拓性的成果。

　　仇玲的《城市电影与公共领域的互动研究（1992—2013）》⑦等文章研究了电影作为公共文化在公共领域、公民文化、公共空间建构等方面价值和存在的问题，分析了在市场和国家双重关系中中国电影公共领域建构所存在的困境。陈犀禾的《"新都市电影"的崛起》⑧、王勇的《文化帝国主义与中国电影话语权建设》⑨、丁亚平的《引进片与全球化时代中国电影的历史位移》⑩、贾磊磊的《正义国家的影像建构》⑪等文章

---

① 郑逸欢.21世纪青春电影的电影美学比较研究[J].电影文学，2014（12）：12-14.

② 方晞.近年来我国青春电影的审美流变[J].电影文学，2014（01）：1-22.

③ 黄望莉，黄帆顺.文化新政下的当代青春怀旧电影[J].电影新作，2014（01）：35-40

④ 陈娟.台湾新青春电影的文化身份与地域想象[J].当代电影，2014（07）：160-163.

⑤ 秦中书，余鸿康.新世纪以来中国青春电影创作价值观的现状与反思[J].中华文化论坛，2014（11）：183-186.

⑥ 廖金生."80后"青春电影中"家庭空间"的呈现[J].当代文坛，2014（03）：87-90.

⑦ 仇玲.城市电影与公共领域的互动研究（1992—2013）[J].当代电影，2014（11）：188-191.

⑧ 陈犀禾."新都市电影"的崛起[J].电影新作，2014（01）：4-12.

⑨ 王勇.文化帝国主义与中国电影话语权建设[J].文艺争鸣，2014（05）：167-169.

⑩ 丁亚平.引进片与全球化时代中国电影的历史位移[J].当代电影，2014（02）：15-20.

⑪ 贾磊磊.正义国家的影像建构[J].当代电影，2014（10）：53-58.

则运用文化身份理论、文化地理学理论、文化政治学理论等研究我国影视在全球化、地域化、本土化之间的中国电影的文化身份、文化话语权建构等。杨晨的《传统、现代和后现代的纠葛：新世纪中国电影的文化症结》①、黄英侠主编的《电影类型：本土实践与域外经验》②等，运用全球化、现代性、后现代性、电影类型学等理论，研究中国电影现象，将中国电影文化纳入全球性、历史性的脉络中加以研究，也在一定程度揭示了中国电影的文化特点、时空位置和问题。

电影的经济学研究在2014年也是人们比较重视的研究领域。高月梅的《改革开放以来中国电影产业发展研究：以电影市场为核心》③、顾峥的《中国电影市场研究》④、丁亚平主编的《当代中国民营电影发展态势研究》⑤、张家林与钟一安的《电影投资分析及风险管理手册》⑥、樊丽与吴晓东等的《从商业营销到文化消费：1990年代电影及新世纪以来中小成本电影的二维透析》⑦、赵宁宇的《产业化生存：当代中国电影表演研究》⑧等，以及饶曙光的《中国电影可持续发展的辩证法》（上、下）⑨、任明的《全球背景下中国电影产业所面临的挑战与机遇》⑩、高红岩的《融合与共生：电影产业的文化创意战略选择》⑪、刘昶与刘起的

---

① 杨晨. 传统、现代和后现代的纠葛: 新世纪中国电影的文化症结[M]. 昆明: 云南大学出版社, 2014.

② 黄英侠. 电影类型: 本土实践与域外经验[M]. 北京: 中国电影出版社, 2014.

③ 高月梅. 改革开放以来中国电影产业发展研究: 以电影市场为核心[M]. 北京: 中国工人出版社, 2014.

④ 顾峥. 中国电影市场研究[M]. 北京: 群言出版社, 2014.

⑤ 丁亚平. 当代中国民营电影发展态势研究[M]. 北京: 北京师范大学出版社, 2014.

⑥ 张家林, 钟一安. 电影投资分析及风险管理手册[M]. 北京: 中国经济出版社, 2014.

⑦ 樊丽, 吴晓东, 等. 从商业营销到文化消费: 1990年代电影及新世纪以来中小成本电影的二维透析[M]. 长春: 吉林大学出版社, 2014.

⑧ 赵宁宇. 产业化生存: 当代中国电影表演研究[M]. 北京: 中国传媒大学出版社, 2014.

⑨ 饶曙光. 中国电影可持续发展的辩证法（上）[J]. 电影新作. 2014（01）: 22-29; 中国电影可持续发展的辩证法（下）[J]. 电影新作, 2014（02）: 4-8.

⑩ 任明. 全球背景下中国电影产业所面临的挑战与机遇现代传播. [J]. 现代传播, 2014（08）: 9-14.

⑪ 高红岩. 融合与共生: 电影产业的文化创意战略选择[J]. 当代电影, 2014（07）: 9-14.

《融媒背景下中国电影发展战略新探——以法国电影产业经验为鉴》[①]、曹怡平的《中国电影产业"蝙蝠效应"的机遇、挑战及趋势》[②]等，或者以电影市场和产业作为研究对象，或者以市场或产业作为电影研究方法而切入电影研究领域，研究了中国电影的投融资、风险管理、产业改革与发展、营销与消费以及企业所有制与发展的关系等众多问题，在一定程度上回应了中国电影经济快速发展所提出的一些问题，具有一定的实践意义。当然，2014年中国电影的经济学研究无论比较电影产业的发展还是从理论创新角度而言，都存在一定的不足，对中国电影经济中的诸多重大问题都没有触及。

2014年的中国电影研究所涉及的范围和成果自然不止于上述方面，如关于电影制作、电影艺术、电影传播和受众等领域都有不少成果，也是值得人们注意的。不过，2014年的电影研究虽然取得一些成果，但在电影的政治经济学研究、电影的新媒体传播研究、电影产业研究等方面还存在诸多不足，尤其是具有高度理论价值、批判性价值或者战略性价值的研究成果还是非常少的。

---

① 刘昶,刘起. 融媒背景下中国电影发展战略新探——以法国电影产业经验为鉴[J]. 当代电影，2014（06）：110-114.

② 曹怡平. 中国电影产业"蝙蝠效应"的机遇、挑战及趋势[J]. 北京电影学院学报，2014（06）：19-24.

第十二章 2015年电视研究综述

2015年电视研究颇为多元而丰富，其中关于电视的政治经济学、电视文化研究、电视历史研究、电视与新媒体关系研究、电视国际传播研究、电视新闻传播研究以及电视类型研究都取得了一定的成果。我们分述如下。

2015年电视的政治经济学方面的研究成果除了有关政府政策方面的阐释性研究外，人们对电视领域中的管理体制、规制方式、传媒公平正义、媒介话语权等方面的研究，也取得了一定的成果。研究者以数字电视转换的"青岛实践"为研究对象，在梳理改革实践的历史、参与者、实践方式等的基础上，提出"青岛实践"的成功一方面是中央与地方"报偿式"合作关系的结果，这一关系主要基于"试点推广"的策略和青岛区域经济的自给自足特征；另一方面得益于"整体平移"模式在广电普遍服务传统与市场化、产业化发展路径博弈中所容纳的国家政策、市场长期利益与数字化社会服务关系之间的平衡，从而通过用户端较低的转换成本使数字化没有成为一个"排斥"（exclusion）的社会过程。

然而，持续投资的成本清偿和其他参与资本力量的增长欲求，使以"青岛实践"为代表的广电系统在"三网融合"之后沿着产业化的道路渐行渐远。因此，国家如何在政策发展中容纳更多的市场主体参与将是决定未来中国数字电视发展道路的关键选择。①从所有制与影视产业竞争力关系而言，国有电视节目生产企业在近些年的市场竞争中不仅存在竞争力下降、市场占有率缩小和文化影响力弱化等方面的问题，而且存在着人才流失和体制机制不灵活等根本问题，研究者总结了电视剧国有生产的七种模式：央视模式，以央视的背景，扶持旗下中国电视剧制作中心走向市场；江苏模式，将电视剧产业放在重中之重，由江苏广播电视台集约全台优质影视资源，包括电影院线，建立幸福蓝海影视文化集团股份有限公司，对其全方位支持，扶持幸福蓝海上市，作为未来广电的战略支撑性产业来发展；山东模式，将影视剧产业放在重中之重，体制上事业产业并行发展，有独立的副厅级事业单位山东电视剧制作中心及下属企业；上海模式，上海东方传媒集团旗下控股尚世影业，公司经营规模和产量在全国范围均名列前茅，已发展成为中国影视业目前颇具影响力的活力企业之一；湖南模式，湖南广播电视总台的电视剧制作公司与电视频道紧密结合，根据频道气质，量身定制电视剧，由湖南台独播，所采用的演员与电视频道存在良性互动关系，在这一模式下，频道打造与创意制作前端充分结合，形成了较好的互动；天津模式，天津广播电视台将台电视剧制、购、销完全归为一体，打通资源屏障，实现电视剧全产业链的融通互补。这些模式固然促进了电视剧制作，但因为行业引领能力不足、体制机制创新不足、产业结构单一以及人才流失等，从而导致了国有电视剧企业竞争力和文化引领力量的有限，所有需要通过产业链整合与多元发展、资源整合与市场化开发、人才激励机制以及运营机制市场化改革等，来提高竞争力。②

针对技术、社会、新闻等关系的变化，研究者也从技术、传媒、社会角度，以多年春节期间《新闻联播》为对象，考察了"技术赋权"和

---

① 姬德强. 从"模式"到"实践"：国家、资本与社会关系中的中国有线电视数字化转换[J]. 新闻大学，2015（01）：65-72.

② 张建敏. 国有电视剧制作企业发展的突破与创新[J]. 中国电视，2015（04）：99-103.

"社会赋权"给电视新闻带来的变化，指出媒介融合时代"技术赋权"和"社会赋权"所带来的社会文化整体气氛和"形式"与"内容"创新与变革的期待，推动了2012—2015年春节期间《新闻联播》形式上创新的密度陡然加大、内容上集中走"软性暖融"的路线，提出这些变化体制上需要各级管理者的宽容和鼓励；机制上要打破电视机构内部各部门的条块区分，切实协同配合并确立责任主体，构建常态创新机制；技术上不断发掘新老设备与系统的潜能；人员上鼓励编辑、记者、技术人员不断思考与研究相应的新闻内容与形式创新，以及新闻规律与趋势特征；时机上需要不断寻找类似"春节期间"的有助于变化的时间点；激励方面需要完善奖励机制，提高记者、编播和技术人员的地位与热情，留住优秀人才，并适当鼓励优秀人才长期攻坚于擅长的岗位；理念方面，需要切实以新媒体生产、传播、接受的新闻思维看待媒介融合之局。[①]就政府的电视规制而言，研究者在梳理十余年政府净化荧屏的政策措施基础上指出，在政府和市场就电视内容净化所发生的关系而言，政府所期许的市场化和产业化从未放弃对广播电视媒体喉舌功能的强调，只不过给予其一定的市场灵活度增强自身实力，从而更好地发挥宣传作用。2007年到2015年，娱乐类节目逐渐在文化格调上被污名化，而主管部门对这一节目类型的持续高压政策体现出这一问题已被建构为事关社会主义核心价值观的高度意识形态化的问题。这是国家规制与媒介市场化的正面交锋，两者间的张力历经数次"净化荧屏"运动不仅没有消弭，反而日益紧绷。2014年以来国家广电总局先后领导了4次广电内容整改运动，在保证电视媒体喉舌功能的前提下规范广电市场发展是其中最显明的政策目的。市场化媒体的"创造性遵从"使得中央政令在规范广电市场的过程中遭遇文化抵抗，而在全局性体制改革破冰之前，主管部

---

① 刘俊. 技术赋权与社会赋权的回响: 媒介融合时代的电视时政新闻改革——基于对近年来央视《新闻联播》春节期间创新的分析[J]. 新闻界，2015（09）：30-37.

门只能采取局部控制，政令频繁而效率低下。市场化媒体以大众文化引领者的文化姿态取悦受众，这个过程中出现的文化失范，稀释社会主义核心价值观的倾向引起了主管部门的警惕，以"反三俗"和"反泛娱乐化"为起点的新一轮政策规制对待市场化媒体和媒介市场化的态度渐趋保守。这体现了国家规制与媒介市场之间张力的持续强化，也体现了两者悖论无法在合理的政策框架下予以通盘解决的困境。特别当新媒体技术给拓展市场边界、脱离国家规制提供了更多可能性的情况下，如何在保持产业健康发展的同时提高规制权威性和稳固文化领导权，是媒体主管部门的管理重点，也是难点。[①]在几乎一边倒的关于电视产业、市场、技术会带给电视更好的发展前景的研究者，学术界也没有忽视其中所包含的复杂的政治经济关系和人民在市场话语中被异化为大众和收视率，从而导致资本置换人民、民主、社会主义的公正缺失问题，故研究者针对"收视率是人民的选择吗？"的问题，批判了在市场话语的主导下，收视率被视为传播效果的"客观"反映和一种"民主"的表达，揭示收视率作为特定历史条件下的结构性产物，具有一定的政治和意识形态属性。在中国，收视率的商品化和收视率调查的制度化过程，不可避免地与电视媒体的社会主义属性之间形成张力。提出"收视率是人民的选择"作为一种市场话语，简化和遮蔽了中国社会复杂的政治经济关系、文化矛盾及媒体的阶级与代表性政治。在由政治与经济权力共同主导的中国广电系统市场化改革过程中，收视率的商品化和制度化使"受众"取代了"人民"，使资本积累的目标取代了建设以人民为主体的"社会主义共同文化"的价值取向和目标，违背了体现"人民民主"原则的社会主义媒体的建设和发展宗旨。[②]针对真人秀节目成为当前电视流行现

[①] 赵瑜. 媒介市场化、市场化媒体与国家规制——从净化荧屏、反三俗和限娱令谈起[J]. 新闻大学，2015（01）：56-64.

[②] 张韵，吴畅畅，赵月枝. 人民的选择？——收视率背后的阶级与代表性政治[J]. 开放时代，2015（03）：158-173+9.

象，研究者从社会语言学的角度，基于费尔克拉夫的批判话语分析的方法，把真人秀节目当作当代中国社会的一种话语事件和文化现象，通过在文本、话语实践和社会文化实践三个层面上分析真人秀节目的话语再现与重塑、生产和消费中的真人秀节目以及媒体、政府、市场、明星和观众对于话语权的争夺，指出：一方面真人秀节目推动了社会观念、生活方式等方方面面的变革，促进和加速了社会阶层之间的双向流动，包括实质上的身份地位流动和思想观念上的沟通交流，体现了更好的社会平等与公正。另一方面，真人秀节目在本质上仍是一种建构出来的媒体话语，建构的权力仍旧掌握在拥有技术、平台等少数人的手中，媒体话语利用自己的平台优势在这场权力的争夺战中占据了有利的位置，媒体、资本、政府在这个全民娱乐的时代的话语权，进一步得到认可和巩固。观众虽然在观看和消费的阶段拥有一定的选择和阐释的话语权，可是这种权力确是非常有限的。更多的情况是，观众沉浸在媒体话语的"文化霸权"中而不自知，渐渐丧失了思考和抵制的意向和能力，成为被牵制和利用的对象。①

但是，学术界对新媒体与电视关系的政治经济学研究、对地方电视机构在市场化和新媒体化时代中公共性难以坚守的问题的研究、对电视与社会公正和民主关系的研究、甚至前些年从民生方法切入电视的研究，都已经相当弱化、边缘化，这是值得学术界注意的。

新媒体对电视的重构是2015年电视研究重点关注的课题。这些研究讨论了电视从生产、投融资，到传播媒介、营销、价值链，再到电视管理和受众等的整个电视行业，所遭遇的挑战、发生的变化、改革的路径、发展的策略、融合的方式以及取得的成就。其中人们对电视在新媒体时代的投融资、制作到传播过程的变化的研究更是颇有兴趣。研究揭

---

① 唐毅. 中国电视真人秀节目的媒体话语权建构——基于批判话语分析的方法[J]. 新闻界，2015（18）：51-55+72.

示，在移动互联时代，电视的播出方式不再局限于直播，点播、回放日益普遍；播出形态不仅仅是完整的频道，碎片化特征也日益显著；播出终端也不再局限于电视机，人们越来越多地在手机、平板电脑、台式电脑、笔记本电脑等观看节目。这些变化都体现了电视概念的演变和电视特征的变化，而电视传播特征也出现业务融合化、节目碎片化、播出社交化和终端多屏化四个方面的变化。①新媒体语境下广播电视媒介内部生态发生了传播者转化为信息筛选者和讲故事者、媒介技术的互通与形式的共融、受众成为信息的使用者和制造者等变化，新媒体语境下广播电视媒介外部生态则发生了媒介政治生态公共空间不断扩大与媒介管理机制弹性增大、媒介经济生态效益显著增加、媒介文化生态愈加多元开放等变化，由此也促进了媒介内部生态和外部生态之间互动方式的变化。②研究者强调电视受众从"看电视"到"用电视"的转变、节目生产方式和广告营销形式发生了价值链化和产业链化的重构、众筹资本的融资变革和评估体系多屏化变化。③针对新媒体时代电视竞争环境、传播方式等方面的变化，人们提出"平台化"作为应对竞争、走向融合的重要路径。就互联网对传统电视的挑战，研究者提出了电视思维从观众向粉丝、从节目到IP、从渠道到平台的转型。④研究者认为"平台化"是传统电视媒体在"融合发展"大背景下的应对之道。所谓平台化，就是媒体通过组织关系的彻底重构，改变传统采编生产的垂直业务理念，使原本单向流动的内部制播体系转变为开放式横向流动的外部合作模式，与社会外界资源产生充分的互动，构建以内容生产为核心的、跨媒介的、集

① 李宇，巩向飞. 移动互联时代电视概念嬗变与传播特征[J]. 传媒，2015（04）：14-16.

② 冯莉. 新媒体语境下广播电视媒介生态研究[J]. 西南民族大学学报（人文社会科学版），2015，36（03）：178-183.

③ 张应敬，李钢. 嬗变与重塑：多屏融合时代的电视内容生产[J]. 中国广播电视学刊，2015（08）：102-104.

④ 蔡盈洲. 从"互联网+"看电视传媒的思维转型[J]. 中国电视，2015（10）：46-49+1.

约式信息平台。平台构建应结合国际新型媒体集团的发展路径和中国传媒业的发展实际，可以从"内容"和"资本"两个方面进行突破：一是立足"内容为王"，通过技术创新拓展多渠道多终端，形成具有固定用户基础和内容产业链拓展的媒体平台；二是借助"资本杠杆"实现新旧媒体整合升级，打造媒体航母；平台运营要向产业集中度、受众中心定位和多元与统一监管等三个方面发展；至于平台支撑则应以节目制作、产品创新、广告收益和版权开发等为主。① 也有研究者提出以内容生产为主体、以自建平台和对接平台为两翼的发展方式。② 研究者开始重视大数据在电视节目制作过程的价值，揭示了始于电视剧，逐渐延伸到电视栏目过程，提出大数据可以在受众喜好、选题范围、环节设置、节目风格、播出后节目的调整优化、栏目运营中的广告营销、电视台与厂家合作的衍生产品的开发与推广等诸多环节中，帮助电视制作的定量定性分析，预测和指导电视内容创新和栏目运营，实现社会效益和经济效益。③ 关于电视内容方面，研究者认为版权开发应成为新媒体环境中电视竞争不可忽视的方式，通过包括电影、动漫、出版物、新媒体等电视内容的版权开发，实现全产业链的增值，而实现版权开发就必须通过制度、技术、安全等全面的建设以解决同一节目各版本关联性差、集团内制作的节目素材与工作版收集效率低、合作与委托制作的节目素材和工作版收集困难、各种版本定义和标准不明确、版本保存的依据不明确等问题。④

新媒体对电视的影响最终体现在受众接受、使用电视的方式上，这涉及电视受众群体、接受和使用电视的方式与媒介，以及由此所造成的

---

① 俞虹，马骏. 突围与融合——传统电视媒体平台化发展策略研究[J]. 中国广播电视学刊，2015（02）：17-20.

② 谭天，林籽舟，张甜甜. "一体两翼"：电视媒体与新兴媒体融合策略选择[J]. 中国广播电视学刊，2015（02）：20-24.

③ 王燕. 大数据下的电视节目创新创作[J]. 中国广播电视学刊，2015（10）：107-109.

④ 孙羽桦. 浅论全媒体时代电视版权节目多版本管理[J]. 中国广播电视学刊，2015（07）：78-80.

电视竞争环境和竞争内容的变化。研究者提出，新媒体时代电视受众从被动接受向主动选择、参与媒体的信息生产以及碎片化、差异化等方面发展，也因为多屏因素而可能变成可以也需要加以整合构建的受众。①在"新观剧模式"中，一个重要变化是电视剧的观看模式从"守候更新"到"随时观剧"的转变，在"新观剧模式"中，观众可以自由跨媒介评论电视剧，数字媒体时代点对点的传播方式赋予了观众更多的权利，观看与参与电视剧的平台出现了微博、弹幕以及其他媒介融合形式。②受众的变化也提出了电视评价体系的变化，多屏评价无疑是电视评价必须面对的变革。研究者认为多屏评价指标可以细分为网络视频、手机和平板电脑、IPTV和互联网电视三个分指标，每个指标都要考察其收视度和满意度。网络视频、手机、平板电脑终端上的收视度主要由视频点击量、下载量、讨论量计算，IPTV和互联网电视上的收视度主要由节目的直播量、点击量和回放量计算；满意度则主要由观众评论中的正负向意见分布来决定。③

　　电视所遭遇到新媒介和受众的变化，自然也带来电视营销的变化，因此研究者强调电视营销从产品到"镜众"的电视节目多元审美变化、从价值链到价值网的市场拓展空间变化以及从大众化向个性化转换的创意性品牌营销变化。④研究者认为，电视营销应该建立媒介整合营销的基本战略，树立渠道思维，推进电视节目全媒介覆盖和衍生品开发；遵循新媒体的基本体量要求，对电视节目文本采用多形态设计策略，促进内容产品的差异化、多形态化、裂变化；尊重观众群落分化的基本趋势，对电视节目的生产按照阶段预售策略进行媒介覆盖，构建节目预售机

① 慕玲. 多屏传播背景下的受众收视研究[J]. 现代传播，2015（04）：126-129.

② 曾一果. 新观众的诞生——试析媒介融合环境下观众模式的变化[J]. 中国电视. 2015（03）：66-70.

③ 韩瑞娜，周小普. 多屏发展背景下电视节目评估指标体系创新初探[J]. 中国广播电视学刊. 2015（03）：42-46.

④ 宋天卓，高敏. 模式之变：媒介融合背景下电视整合营销的新路向[J]. 电视研究，2015（07）：24-26.

制。^①

当然，人们对新媒体时代的电视发展并不是都非常乐观的，尤其是面对中国电视体制和政策监管，更加造成了电视竞争的局面。研究者认为在多网融合的形势下，电视台和视频网站已成为视频节目播出市场的直接竞争对手，但这两类市场主体面临政府的不对称规制。广电总局通过制定相关制度强化对电视渠道播出信息的规制，而互联网渠道的视听节目的规制力度则较小。这种规制削弱了电视台的竞争力，不利于市场的平等竞争，因此，政府有必要改变这个市场的不对称规制以实现充分竞争的市场结构。^②也有研究指出，我国互联网电视正进入用户规模不断扩大、视频内容日益丰富、终端不断普及的阶段，但是在政策监管、商业模式的构建、产业生态的发展等方面仍不成熟。因此，政策、资本、技术等方面还需要不断改善。^③

在2015年新媒体时代电视文化批评研究中，陆地提出了新媒体时代电视文化的对冲观念，认为伴随着互联网技术的出现和快速发展，不断催生新的威力强大的视觉媒体无情地摧毁了传统电视媒体对眼球的单线垄断，彻底打破了视觉媒体的一元化格局，大大丰富了视觉媒体的传播内容，系统地优化了视觉媒体的文化生态环境，形成了工业文化与个性文化的对冲、精英文化与大众文化的对冲、官方文化与民间文化的对冲、历史文化与网络文化的对冲、国际文化与本土文化的对冲等，因此，各种文化或亚文化主体应当本着多元互补、包容共存、交叉创新的态度从容应对。^④研究者也揭示了网络电视批评是广义的教育途径，它突

① 陈志生，王墨之. 媒介融合背景下电视节目营销的方向分析[J]. 电视研究，2015（07）：21-23.

② 池建宇，陈燕霞，池建新. 不对称规制下电视台与视频网站的竞争现状与趋势[J]. 现代传播（中国传媒大学学报），2015（01）：119-124.

③ 孙江华，王晶，戴建华. 我国互联网电视产业发展瓶颈分析[J]. 中国广播电视学刊，2015（10）：44-46.

④ 陆地. 走向对冲的文化传播生态[J]. 当代传播，2015（05）：4-5.

破了传统的文化规训与培养模式，融"自制"与"他制"为一体，更直接、更接地气、更具入世精神，让广大公民在主动参与相互矫正中提升媒介素养，实现文化自觉，强化文化公民的自我认同，从而完成"文化化人"的过程。在网络电视批评中，公民文化权利的行使与文化义务的履行同时进行，其文化公民身份的自我建构与社会文化的公共建构也同步进行，从而既塑造了合格的文化公民，也凸显了社会主义文化共建共享的根本特征。①

在电视与新媒体的关系研究中，有关综艺、电视纪录片、电视新闻、电视主持人、儿童电视节目、地方电视机构等，在媒介融合、大数据、新媒体等背景中的发展、变化、挑战、变革路径等方面的研究，是非常丰富的。如《视听变革：广电的新媒体战略》②《广播电视数字化网络化的理论创新与科学实践》③《传统电视与新兴媒体：博弈与融合》④等专著就从电视数字化技术、发展战略等方面研究了电视与新媒体的关系。

电视文化研究依然是2015年电视研究颇为繁荣的领域。人们对电视与农民、女性、儿童、国家、少数民族、地方、城市等之间想象性叙述、文化身份建构与认同、多元化和文化差异控制等之间的关系进行了丰富的研究。就电视与农民、农村的文化关系而言，针对21世纪以来的"三农"题材电视剧，研究者批评其主流是对农村的遮蔽，认为当创作者沉溺于对乡村的凭空想象，刻意回避尖锐的现实矛盾，不触及历史的悖谬和人性的冲突，而是着意营造一个远离现实的乡村乌托邦，满足于浅薄肤浅的自娱自乐和无关痛痒的自我慰藉，从而淡化了厚重的民间底

① 谭玲. 论网络电视批评对文化公民的塑造[J]. 西南民族大学学报（人文社会科学版），2015，36（01）：178-183.

② 张锐. 视听变革：广电的新媒体战略[M]. 北京：新华出版社，2015.

③ 周毅. 广播电视数字化网络化的理论创新与科学实践[M]. 北京：北京邮电大学出版社，2015.

④ 李宇. 传统电视与新兴媒体：博弈与融合[M]. 北京：中国广播电视出版社，2015.

色，远离了深沉的历史意蕴，放弃了深刻的文化反思时，那么，这样的农村题材剧就会成为当下社会中的一针精神麻醉剂，不仅无益于农村现实问题的解决，更会让人继续沉迷于虚假的乡村幻象里。[①]研究者在实证方法的基础上，揭示在电视消费世界中，农民工群体不断地改变着自己的思想、工作方式、生活方式、社会人际交往模式，以及社会心理结构，寻求乡村集体经验与电视世界之间的对接，寻求在独立意识中不断复苏的个人权利意识与城市生活经验之间的对接。他们在消费突围中修正乡土社会中的集体记忆，建构在城乡社会关系中的集体经验，重塑集体记忆，从而在实现代际更替的同时完成个人在城市社会的选择，并以新的集体经验的积淀为前提，呈现出农民工在城市生活中的另一种社会化过程。[②]针对近年来真人秀节目比较多强调农村和城市的文化差异，研究者从生态美学的视角来看，指出在当下热播的城乡角色体验类真人秀节目中，城市和乡村被建构成一种严重失衡的文化生态关系。在自然生态上，农村通常优于城市，而在物质生活和精神化上，城市则以双重优越于农村的姿态出现在节目中。为了强化城乡矛盾和情节冲突，节目中的城市人和农村人在贫富人物形象及价值观方面都表现出明显的对立性，且这种城乡对立的文化生态关系在传播中被进一步模式化、刻板化。[③]研究者通过对贵州、湖南、河南等地乡村的实地调查，指出电视在乡村社会的普及，拉近了中央政府与乡村村民的距离，构造乡村村民对于国家形象和中央政权政治认同；由于目前我国乡村基层政权与普通村民之间缺乏有效的信息交流的平台，导致乡村村民对地方政权的认同度和权威性下降，进而将他们从国家代理人的形象和身份中割离出来；电

---

① 张新英. 被遮蔽的乡村与被想象的农民——新世纪中国农村题材电视剧创作批评[J]. 中国电视，2015（05）：57-61.

② 李红艳. 集体记忆和电视经验——农民工和电视关系研究[J]. 新闻大学，2015（03）：110-118.

③ 张爱凤. 论国内电视真人秀节目建构的城乡文化生态——基于生态美学的视角[J]. 现代传播（中国传媒大学学报），2015（06）：77-81.

视新闻的传播客观上削弱了基层政府和村民之间的精神联系，导致了地方政府、尤其是乡镇政府及其下派干部国家代理人身份和形象的疏离，造成了中央政府与地方基层政权、中央电视媒体与当地县市电视媒体间较为强烈的认知割裂状态。①研究者也揭示了电视对农传播中存在的主体缺席与内容缺位、媒介赋权与调控失灵而造成的对于农村受众的媒介补偿失调等问题，需要将农村传播从我国大众传播的图景中剥离出来，将农村受众作为我国城乡二元结构中的特殊群体，从传播主体的设定、传播资源的配置、传播内容的生产、受众研究的深入、市场要素的耦合、资本价值的补偿等诸多方面进行完善，建构主体明确、资源可控、内容丰富、受众可导、市场健全的广播电视对农传播体系。②《西部农村广播电视影响力研究》一书从对西部农村广播电视受众的调查入手，重点关注了甘肃农村广播电视收视现状调查分析、甘肃广播电视媒体农村节目播出现状、西部农村广播电视影响力分析，提出在农村提高广播电视媒体影响力的具体措施。③

电视与女性身份、少数民族身份之间关系研究在2015年也取得了一些成果。如《电视与西藏乡村社会变迁》基于电视在乡村生活中扮演的角色，运用发展传播学的理论框架，梳理西藏电视的发展历史，研究西藏受众接受电视信息而对其生活主动改造的影响，分析了电视对乡村受众的民主政治、农业科技、教育、婚恋、宗教、娱乐等方面认识发挥的作用，以及对生活进行的调整，充分显示了电视在西藏受众现代化、自我认知、乡村生活和乡村政治中的"放大器"的作用。④

电视历史研究依然是2015年电视研究领域比较薄弱的部分，无论是

① 孙秋云，王利芬，郑进. 电视传播与村民国家形象的建构及乡村社会治理——基于贵州、湖南、河南三省部分乡村的实地调查[J]. 广东社会科学，2015（01）：207-214.

② 陈燕. 我国广播电视对农传播的媒介赋权与价值考量[J]. 编辑之友，2015（11）：61-64.

③ 冯晓临. 西部农村广播电视影响力研究[M]. 武汉：武汉大学出版社，2015.

④ 泽玉. 电视与西藏乡村社会变迁[M]. 北京：中国传媒大学出版社，2015.

从历史资料的发掘还是历史理论的建构，抑或是历史过程的梳理和总结方面，都比较有限。研究者梳理了1994—2014年之间少数民族电视研究的106篇期刊文献和几部相关专著、报告，指出20多年的少数民族电视研究主要集中在少数民族广播电视的定义、少数民族广播电视的作用和功能、区域性少数民族广播电视、少数民族广播电视的对外传播等理论领域，和少数民族广播电视史、少数民族广播电视应用等三个研究领域，并取得了比较清楚界定少数民族广播电视现象、明晰少数广播电视历史以及总结少数民族广播电视发展经验的研究成果，但也存在研究不够深入、一手资料缺乏、应用研究的实践性不强、新媒体对少数民族广播电视影响关注不够等问题，提出通过研究视角多元化、加强个案研究、重视体制机制改革研究和民族广播电视资源研究等去加以改善。①学者还梳理了"电视"一词在汉语中的历史，指出该词在古汉语之中就已经出现，尽管不是作为现代传播媒介的意义上使用，而现代传播媒介意义上的电视则是随着20世纪20年代世界电子技术的新发展，英文"television"一词作为电传图像概念在西方兴起，中国留学生将英文"television"传入中国。1927年，《申报》和《科学》采用意译方式，将古汉语"电视"一词对译英文"television"，借以表达"利用无线电波传送物体影像的装置"和"利用无线电波传送物体影像装置传送的影像"外来概念，赋予它新语义，成为新名词。1932年，"电视"与英文"television"对译关系基本固定，逐渐成为报刊常用语。1934年，中国物理学会编定《物理学名词》，"电视"等相关名词得到官方学术权威认可，"television"正式命名为"电视"。此后，"电视"一词成为反映电子技术新知识的物理学关键词和新兴电子媒介的新闻学关键词，进入各大辞典和著作，

---

① 哈艳秋，齐亚宁. 20年来中国少数民族广播电视研究述评[J]. 中国广播电视学刊，2015（01）：100-104.

融入社会，流传至今。①人们也在梳理、总结电视新闻初创时期的历史基础上，提出初期中国电视新闻具有两方面的显著形态特征：对重大事件现场直播的重视和深受电影风格（尤其是新影厂《新闻简报》风格）的影响。在前者的丰富实践中，以纪实、客观为核心理念的新闻专业主义雏形得以出现;而后者带给中国电视业的则是从方法层面到理念层面根深蒂固的技术审美主义的传统。这两个因素为中国电视新闻赋予了很强的独特性，即电视新闻在风格上始终保留着与传统电影业关系密切的美学特征，并在"文革"之后为包括新闻在内的全部纪实类节目（如纪录片、专题片）一定程度所继承和发扬，以及从早期现场直播实践中逐渐形成的针对电视这种新媒介平台的新闻生产方式的探索，成为与技术审美主义传统既相互融合又时有冲突的传播理念，为中国电视新闻在20世纪90年代全面走上专业化道路打下了坚实的基础。②《中国影视文学发展的历史、现状与前景》③《新时期以来国产影视戏剧发展的状况与流变》④《社会变迁与中国电视公益广告的发展》⑤《知识分子与电视:角色变迁、功能转型及其反思（1988—2011）》⑥《中国广电新媒体10年》⑦等著作则从不同角度研究了中国电视的历史。⑧

就电视国际传播和中外比较研究而言，2015年的电视研究关注了日本、巴西、美国、英国、俄罗斯、印度等国的儿童、动画、脱口秀等电

① 邓绍根. 从新名词到关键词: 民国"电视"概念史[J]. 现代传播（中国传媒大学学报），2015（07）: 41-45.

② 常江. 中国初创期电视新闻形态及其开创的传统[J]. 新闻与传播研究，2015（03）: 68-79+128.

③周斌，厉震林. 中国影视文学发展的历史、现状与前景[M]. 北京: 中国电影出版社，2015.

④周斌，厉震林. 新时期以来国产影视戏剧发展的状况与流变[M]. 北京: 中国电影出版社，2015.

⑤张弛. 社会变迁与中国电视公益广告的发展[M]. 长沙: 湖南人民出版社，2015.

⑥张振宇. 知识分子与电视: 角色变迁、功能转型及其反思（1988—2011）[M]. 武汉: 华中师范大学出版社，2015.

⑦赵子忠. 中国广电新媒体10年[M]. 北京: 中国传媒大学出版社，2015.

⑧李宇. 数字时代的电视国际传播: 路径与策略[M]. 北京: 中国广播电视出版社，2015.

视节目类型以及新媒体时代的电视转型发展，如《数字时代的电视国际传播：路径与策略》融合了传媒发展和技术革新两个研究路径，系统分析了美国、法国和日本电视国际传播的现状和策略，不仅阐释了这些国家与国际传播相关的电视频道和节目内容，还从渠道运营、技术输出、设备出口和文化外交等维度进行了探讨，提出了电视国际传播三个发展阶段、国际电视传播四大核心竞争力和我国电视国际传播进入了多轨传播阶段等理论，为我国电视国际传播策略的制定提供参考。①

国际电视节目模式传播和中国电视的跨文化传播是人们在2015年电视国际传播研究中颇为重视的研究领域。就电视模式节目的国际传播研究来说，研究者揭示了电视模式节目国际传播之中意识形态接受、重构、混杂等现象。②提出电视模式节目作为国际化知识生产方式，通过本土化过程与目标市场的社会文化相结合，能够应用到不同国家和地区的电视节目生产之中，吸收各种地方文化的特殊性和差异性，以此来开辟全球电视市场和实现资本增值。当然，研究者也肯定了电视节目模式国际传播对我国电视发展的积极意义，提出在以克隆为主阶段、原版节目模式的适应阶段和模式版权引进的运作阶段之后，电视节目模式引进的本土化为中国电视的传者从组织结构、个人身份、传播观念三方面进行了重构，培养了懂观众、懂市场的专业化、职业化电视人，为中国电视节目的自主创新奠定了基础。③就中国电视国际传播而言，研究者梳理、总结了我国电视非洲传播的历史、主体、路径和问题，并提出了通过产业化、市场化、品牌化、提高质量和效益等方式，提升中国电视对非洲

① 张潇潇. 基于意识形态理论看境外电视模式在中国的产业运作[J]. 现代传播（中国传媒大学学报），2015（03）：119-122.

② 佘文斌. 控制差异：电视节目模式的市场逻辑[J]. 国际新闻界，2015（02）：18-28.

③ 刘琛. 电视节目模式本土化进程中的传者重构[J]. 南通大学学报（社会科学版），2015（04）：156-160.

的传播。①研究者在揭示我国电视剧跨文化传播因编剧在创作团队中的地位与作用未能得到有效重视、且其专业素质大多不符合创造需求，缺乏系统而全面的电视剧跨文化传播的支持政策和海外发行能力薄弱，以及由于科学评估体系不足造成的文化影响力等现实困境的同时，提出通过构建起优秀的中国电视剧国际文化形象、健全政策扶持和民间电视文化贸易体系、提升电视剧质量等方式，提升我国电视剧跨文化传播的能力和影响力。②

电视新闻传播研究方面，人们研究了电视新闻的生产方式、话语形态、意识形态特点、新媒体对电视新闻生产的影响等。研究者认为在基于管理体制与社会发展的影响，中国电视新闻在其传播发展过程中，形成了较为鲜明的自有特色。在新闻话语层级，先后形成了以"联播体"为代表的"时政新闻"话语体系，以及以城市社会生活与服务信息报道为代表的"民生新闻"话语体系。其中，20世纪90年代中国电视的"时政新闻"话语，从电视语言运用层面上的语体变革，进而发展到节目形态上的文体改造以及叙事模式的变革，大大超出了局部语言修辞、新闻工作者个体选择和业务改进的问题范畴，从而指向了电视新闻媒介角色扮演的总体性调整，以及新闻话语模式的整体性改变，这场自我变革直接塑造了当代电视新闻的形态，并至今影响着电视新闻话语多样态的现实存在。中国电视新闻通过"民生新闻"的表达，在一定程度上创造出来一种新的新闻话语模式，从经济、文化与生活的多层级上呈现社会现实，以生动、朴实的电视新闻话语模式，回归"民本"的报道价值。然而其核心观念的模糊与话语方式上的缺乏规范，也限定了其发展空间与社会价值的深度挖掘。这两种电视新闻话语在当下的交互发展中产生了"时政新闻民生化"，即"时政新闻"从内容到形式上进行了自我调

---

① 闫成胜. 中国电视对非洲传播的现状、特点与思考[J]. 传媒，2015（10）：42-44.

② 刘婷. 中国电视剧的跨文化传播[J]. 当代电视，2015（08）：16-17.

整，以回应社会发展与传播市场变革所形成的信息需求，寻求其发展与形态重构。①关于电视新闻传播与新媒介的关系研究方面，人们考察了基于受众融合的新闻素材采集开放化、基于组织融合的新闻生产开放化、基于终端融合的新闻传播开放化等，而传统电视媒体就应以开放的姿态，提出电视新闻要主动走出去，融合移动互联时代的网络与社交媒体，生产优质的内容，投入新媒体平台上来，以在用户的心目中构建一个全新的媒体形象。②研究者还以中央电视台的媒介融合背景下的新闻生产变革为例，分析了电视新闻生产积极尝试"新闻"一体化运作，发展新闻"微视频"；贯彻"用户"理念，新闻节目放下身段，表达方式日益多元；利用大数据技术，给"新闻"提供"数据"的支持。③研究者也指出新媒体环境中电视新闻生产的资源整合形态创新的社交化、基于用户需求的编辑创新的服务化、回归电视本质的表达创新的视听化等趋势。④电视新闻传播研究自然离不开关于电视新闻与国家关系的研究。研究者或者揭示符号呈现、阐释和观众参与等生产主流意识形态的意义，从而通过仪式化新闻传播实现社会意识的整合，⑤或者以场域理论，分析中央台《新闻调查》278 期节目的报道，在将其报道倾向划分为正面、负面和中性三个维度基础上，指出其报道的正面倾向主要体现在政治体制改革与经济体制改革和建设成就报道、先进及典型人物报道、会议报道和解读、政策主旋律宣传等报道形式中；负面倾向主要以揭露为形式，体现在关注社会变革中的难点、疑点事件并对其进行批评和反思的报道形式中；中性倾向报道的内容强调客观记录或呈现，没有流露出明显的

① 朱天，姚婷. 中国电视新闻传播实践中"两种话语"现象辨析[J]. 西南民族大学学报（人文社科版），2015（11）：156-160.

② 张雷，陈佳敏. 基于媒介融合的电视新闻开放式生产与传播[J]. 电视研究，2015（08）：13-16.

③ 马战英. 媒介融合背景下电视新闻传播新特点[J]. 中国广播电视学刊，2015（11）：71-73.

④ 王晓红，林宇宇. 新媒体时代电视新闻创新"三化"[J]. 新闻战线，2015（6）：28-30

⑤ 张雯雯，徐明卿. 论主流意识形态在电视新闻中的生产机制[J]. 编辑之友，2015（03）：67-71.

肯定或者否定色彩。报道主题方面，社会问题和舆论监督仍然是栏目新闻生产过程中占比最大的，为40%，环境保护、医疗卫生、文化教育等热点问题占比25%。

第十三章　2016年广播电视研究综述

2016年，我国广播电视研究在实践研究、理论研究、历史研究、文化艺术研究等方面都取得了一定的成就，这些成就为广播电视在传播技术、政治经济环境变迁中的发展提供了一些理论和方法探索，也对我国广播电视发展和传播所存在的问题做出了一些诊断。

广播电视媒体作为党和国家新闻宣传、文化产业发展的重要领域，党和国家自然会对广播电视研究者提出如何阐释、落实党和国家宣传和产业方针与政策的研究任务。广播电视研究则积极将党和国家提出的供给侧改革落实到研究之中，朱新梅指出，广播电视领域存在条块分割难以形成全国统一市场、广电生产要素难以有效供给与利用、事业产业混合发展、关键主体发育不健全、广电各环节主体弱小、总体供给能力较弱、结构性矛盾十分突出、供需错位现象严重等问题，分析了广播电视行业存在着影视制作机构大量崛起而争夺内容市场、视听新媒体实现"弯道超车"抢占播出平台、互联网加快宽带化建设而大大提高传输竞争力、广播电视受众与广告客户流向新媒体平台等竞争态势，提出通过体制机制改革而建立全国统一的广播电视市场、重构广电主体以提升供给能力以及加强市县两级广电机构建设提升供给能力等方式，提高广电行业的竞争力。①周笑盈、曾祥敏则提出，通过关于广播电视体制机制、市场主体、政企分开、新技术思维和方法的运用等来实现广电供给侧改

① 朱新梅.加快供给侧改革.解放广电产业生产力[J].中国广播电视学刊，2016（05）：9-14.

革，也就是通过"加法"，即加强全媒体发展模式构建，优化生产、传播、服务业务流程，打造一体化、多元化平台；"减法"，即政企分离、制播分离，进行传媒产业集团化改革；"乘法"，即树立全新互联网思维，利用大数据和云计算技术推进新闻生产，实现社会化传播高速发展；"除法"，即遵循优胜劣汰原则，推动媒体资源要素整合，优化媒体产业布局，培植一批形态多样、有竞争力和影响力的品牌媒体。[①]而作为长期关注广电改革实践和理论建设的研究者，李岚在2016年依然重视制播分离体制改革的研究，在她和罗艳共同署名的《新形势下深化制播分离改革的几点思考》中，提出通过广播电视主体、广播电视产品、广播电视人才和广播电视资本与市场对接改革路径，扩大和深化制播分离体制的改革，解放制、播、传、收生产力[②]。当然，对于广播电视发展过程中的政府规制的作用，学术界并不是只有论证政策合理性这一种思路，也不乏批评的研究。赵瑜梳理了互联网电视的发展历史、产业政策和管理的历史以及出现的问题，指出我国互联网电视由于存在着国家战略、几个主要行业管理部门间的利益、包括各级电视机构和其他各种电视产业主体之间相互博弈的关系，导致了互联网电视规制中出现了碎片化的广播电视市场，以及缺乏核心资源主导互联网电视竞争，行政主导、文化安全为先的规制思维，并不能实质解决市场整合问题；"碎片式威权主义"的政策制定框架，加剧了主管部门的各自为政与资源争夺，与互联网时代的产业发展要求大异其趣的问题；互联网治理过程中市场与科层的双重失灵，需要国家层面发挥"网络治理模式"（network governance）平等、互利的原则，而非反之。作者因此提出在公共政策的制定和执行是在互相依赖的行动者的网络中完成的历史条件下，广播电视行业以行政垄断和市场壁垒的观念与方法出台相关规制，而希望能达

① 周笑盈，曾祥敏.广电媒体供给侧改革的"四则运算"[J].中国广播电视学刊，2016（05）：21-24.

② 李岚，罗艳.新形势下深化制播分离改革的几点思考[J].中国广播电视学刊，2016（03）：71-72.

到资源的最优化配置，这不仅在经济学上无效，在意识形态管理上同样无效。①

2016年的广播电视研究最令人瞩目的无疑是广播电视在新媒介时代的发展问题。如果说2015年之前的互联网平台还是比较多购买广播电视平台播放的内容，从而创造了广播电视产业在互联网领域的延伸，增加了广播电视产品价值，那么，2015年可以说是互联网企业加大自制内容投入，并且取得很大影响的一年，网络综艺、网络剧、网络直播等互联网性质的节目内容出现，再一次冲击了广播电视行业，并产生了从内容制作、传播渠道、受众、广告、资本等方面的全面影响，也因此促使2016年广播电视研究领域中广播电视、新媒体、社交媒体、互联网等相互关系研究成为热点。欧阳宏生等人认为，广播电视在互联网时代的发展不是简单地将广播电视内容放在互联网上播出，而是采取"广播电视+互联网"的发展模式，既要通过用户体验的用户理念、微而快的迭代理念、用户参与使用交流与对话的平台理念、跨界理念和大数据理念、媒体社交化和社区化理念等认识变革，也要通过用户关系重构、全新的内容加形式加关系加场景的互联网化内容生产模式、整体战略的调整和盈利模式的变化等，实现"广播电视+互联网"的发展。②在分析了自媒体的信息传播的平民化、低门槛、自由传播的特点及其受众需求的碎片化、个性化、去中心化的特征之后，朱杰、孙玥提出了电视媒体在自媒体发展的压力下存在的媒体界限消失、单向传播不复存在、移动端传播异军突起以及广告客户投放方向的变化等问题，广播电视需要通过内容需求与价值需求的坚守、渠道创新、品质坚守和产品创新等方法来提升自己在自媒体时代的竞争力。③面对广电媒体在新传播媒介的冲击下的

---

① 赵瑜.互联网电视的规制及其政策张力[J].新闻大学，2016（03）：1-10+146.

② 欧阳宏生，梁湘梓，徐书婕.论互联网时代"广电媒体+"之融合创新模型的建构[J].西南民族大学学报（人文社科版），2016（01）：173-179.

③ 朱杰，孙玥.自媒体背景下电视媒体的创新发展[J].中国广播电视学刊，2016（08）：59-61.

发展路径探索，曾祥敏、齐歌夷介绍了当前广播电视媒体在新媒体传播压力下的三种发展战略和方法：第一是"一体化"融合探索，即体制机制、用人制度、资本整合等方面的顶层设计，组织架构的重构以优化内容生产过程，IP内容开发、"N+"拓宽产业链、运营模式的"一体化"与细分等的垂直产业链的价值挖掘；第二是通过重点突破、局部创新，即顶层设计先行，立足本土、打造新媒体产品，借力传统广电以促进内容融合；第三是散点突破，即多屏搭建、多渠道分发，优势内容多层开发，"软硬"兼施、重塑形象。他们还分析了广播电视媒体存在的产业链可持续发展、人才流失、版权保护和分享、互联网认知思维、平台搭建不足、资源短缺、普及率和使用率低、融合程度不高等方面的问题，提出了转换思维、整合价值链、深化本土资源利用和展开纵深合作等路径，以谋求在新媒体时代广播电视媒体的发展之道。①郝雨、李灿在分析了媒介融合的环境之后，提出先做好用户使用服务再提供内容的融合、建构贴近用户的立体架构的传播渠道以蓄积商业价值、基于用户需求以受众为本位进行理念融合，才可以超越简单媒介差异和媒介融合认知，从而将人与人、人与物的连接全面社交化，将现有的社会资源重新配置，达到整合建构的目的。②赵曙光提出为社会化媒体使用者的内容满足、社交满足和过程满足动机，是互联网电视的重要发展战略。传统电视的社会化媒体转型不是简单地将社会化媒体功能附加在电视节目上，而应通过垂直拓展上下游产业链和建设内容集散分发平台，强化内容资源优势；基于集体使用和强关系的特征优化社交应用界面，形成家庭社交中心，优化用户体验，避免电视业务复杂烦琐的使用方法，为用户提

---

① 曾祥敏，齐歌夷. 我国广电媒体融合发展路径探究（上篇）[J]. 电视研究. 2016（06）：7-10；当前我国广电媒体融合发展路径探究（下篇）[J]. 电视研究，2016（07）：37-40.

② 郝雨，李灿. 全媒重构格局中电视与新媒体融合路径深层探寻[J]. 现代传播（中国传媒大学学报），2016（04）：118-121.

供简洁流畅，超越遥控器和卧室、客厅等地点限制的用户体验。[①]在分析了广播电视媒体通过资本驱动、巩固平台、渠道突围、试水新闻，技术先导、产品制胜等方式寻找与新媒体融合的路径之后，张腾之提出，这些融合路径中也存在着资本驱动所带来的体制机制问题和控制权丧失的风险，以及渠道突围过程中技术门槛高、资本投入大、管理要求转型、盈利周期长等方面的问题，新技术的出现所带来的传播"云时代"的机遇和挑战，以及内容竞争和品牌矩阵构建方面所存在的压力和创新等，他还提出通过资本驱动体制机制变革、坚持内容核心竞争力以打造集群品牌以及通过技术提升和智能建设以适应用户体验等，从而实现广电媒体在新媒体时代的融合发展。[②]面对广播电视媒体融合的必然之势，构建把握这一融合的理论框架也是当务之急，高洪波就试图从媒介环境学、传媒经济学、产业经济学、网络传播学等四个方面，梳理国内外可以运用到广播电视媒体媒介融合中的理论，以适应广播电视媒体进入"第二媒介"时代的理论阐释需要。[③]如果上述研究还主要是战略性研究，那么朱依曦则通过实证性研究，具体分析了三网合一所产生的社会经济效益。他运用社会福利视角研究了三网融合政策实施过程中有线电视产业的福利变化，通过分析我国91个城市2009—2012年的相关面板数据，构建双重差分模型，实证考察三网融合政策的实施对有线电视产业的影响效果。他的研究结果表明，只有当进入的通信企业与有线电视企业进行适度竞争时，消费者的福利才会获得改善。实证结果显示，在实际推进三网融合过程时，政策的实施对促进试点城市有线电视产业收入增长率有3.4个百分点的贡献，但是这一促进作用只在三网融合政策实施的当年

---

① 赵曙光. 传统电视的社会化媒体转型：内容、社交与过程[J]. 清华大学学报（哲学社会科学版），2016（01）：182-188+193.

② 张腾之. 中国广电媒体融合的驱动路径与未来思考[J]. 现代传播（中国传媒大学学报），2016，38（05）：8-13.

③ 高红波. 电视媒体与新兴媒体融合发展的学理思考[J]. 中国电视，2016（05）：60-66.

比较显著，在随后的时间里，这一效果不仅会减弱，还有可能产生负影响。此外，通过对不同的子样本进行分析发现，三网融合政策的实施效果在有线电视产业发展程度较高、具备一定经济实力的地区更为明显。[①]

除了上述这些有关广播电视媒介融合的宏观研究之外，2016年的广播电视新媒介研究方面，还涉及一些具体的微观领域的研究。这些微观研究，体现在有关广播电视媒介融合在具体运用新媒介而展开传播、节目制作以及具体传播主体变化等方面，如黄楚新、彭韵佳选取收视率在2015年1～8月排名前十的卫视及央视频道的微信公众号为样本，对卫视及央视频道的微信公众号的现状进行了梳理，指出电视媒体公众号缺乏运营思维、推广力度薄弱、互动方式单一等问题，提出电视媒体公众号应重点着眼于用户数据的挖掘、媒介资源的整合，在互动中引导舆论发展。[②]高贵武、刘娟则根据新媒体环境信息传播模式、传播主体、接受模式的变革分析，提出广播电视主持传播一家独大的情形已经无法支持，出现了主持传播主体构成日渐多元化、人人皆可成为主持，主持传播客体日渐多元化、网民和离线客体渐成主流，主持传播平台日渐多元化、全媒体多平台传播渐成主流，主持传播权威日渐消解、主持人被"围观"渐成主流，主持传播风格日益多元化、个性化和草根性渐成主流，主持传播内容日渐娱乐化、网络化主持渐成主流等趋势，因此，传统媒体主持传播、中央媒体主持传播、体制内媒体主持传播、正统性媒体主持传播的独大地位发生动摇，主持传播的互动空间、内容空间、路径空间和创新空间以及角色和流程等，将出现共存、融合与转型。[③]其他研究媒介融合过程或者新媒体背景下的广播电视新闻、综艺节目、电视剧、

① 朱依曦. 网络融合政策的实施效果评价——基于有线电视产业视角的实证研究[J]. 当代财经，2016（01）：95-107.

② 黄楚新，彭韵佳. 我国电视微信公众号台的发展现状、问题及建议——以排名前十的电视频道为例[J]. 中国广播电视学刊，2016（03）：47-51.

③ 高贵武，刘娟. 新媒体环境下的主持传播格局演变[J]. 国际新闻界，2016（03）：6-19.

网络剧的成果也有不少，我们将在下文进行介绍。微观研究还体现在具体广播电视机构的新媒介融合案例研究方面，如对中央电视台、湖南广电、东方传媒集团等媒体的新媒介融合方法、理念、成就和问题进行的研究。

何志武的《重构："三网融合"对广播电视新闻传播的影响》[1]在反思"三网融合"在学界和业界出入的基础上，认为"三网融合"自提出到进入实质性建设推进，经历了孕育期、破冰期等几个阶段，并提出广播电视新闻价值的判断也要接受新的多元标准的取舍。张柱的《新媒体时代的电视新闻生产——平台思维与流程再造》[2]则着眼于新媒体环境，研究我国电视新闻媒体生产流程中存在的问题，并紧扣平台思维和流程再造两个关键，提出了可供借鉴的具体举措。还对媒体语境下的电视新闻生产新的现实进行了针对性关照。段鹏的《挑战、变革与提升：媒介融合背景下中国广播电视舆论引导能力研究》[3]、马利等的《传统主流媒体舆论引导效能与创新研究》[4]对在媒体融合背景下，广播电视作为"传统主流媒体"对外部效应的新常态进行了新的思考。中国广播电影电视社会组织联合会出版的《广播电视改革与创新（2015）》选取"媒介融合""媒体机制改革""节目创新创优"这三个行业最为关注的方面，从全国广播电视台中选出20个典型，进行市场调研与实地考察，总结各地"热运行"的案例。

比较2016年前的广播电视研究中丰富的经济学，尤其是产业研究，由于这一时段广播电视行业的最大冲击来自新媒介技术方面，所以比较多的产业、经济研究集中于广播电视的新媒体环境下的发展问题上，

①何志武.重构："三网融合"对广播电视新闻的影响[M].武汉：华中科技大学出版社，2016.

②张柱.新媒体时代的电视新闻生产——平台是思维与流程再造[M].北京：中国人民大学出版社，2016.

③段鹏.挑战、变革与提升：媒介融合背景下中国广播电视舆论引导能力研究[M].北京：中国人民大学出版社，2015.

④马利，等.传统主流媒体舆论引导效能与创新研究[M].北京：中国社会科学出版社，2016.

2016年有质量的广播电视产业、经济研究不多。陆地、靳戈从"加减乘除"四个方面分析了电视产业的竞争环境和发展，提出电视有"互联网+"和"电视+"两种路径，尤其是"电视+服务""电视+电商"模式，但电视领域也因国家的政策限制而不得不在一定程度上缩减了市场竞争的自主性和空间，而IP的开发和使用则给电视产业带来了几何性发展效应。尽管如此，由于电视台的"双轨制"无法有效激励人才，也导致了大量电视台优秀人员离开体制，而进入可以有多种激励机制度的社会媒体和新媒体领域。这就形成了广播电视产业不得不正视互联网领域的竞争，而需要进行深刻的变革。[①]李岚等人提出了"广电+电商"的产业发展模式，分析了"广电+"的内涵，提出构建服务用户、具有地域特色的"广电+"业态，从传统广告经营向"广电+电商"转型，构建广电"广告+新媒体"，实现社交、移动、多屏融合的经营方式；实现从线上到线下寻找消费者以集中到荧屏，打通节目盈利通道；运行T2O模式，盘活本地资源。在此基础上全面打造"广电+电商"产业生态系统。[②]战迪梳理了好莱坞"高概念"的内涵和我国电视台制作"高概念"电视节目从模仿借鉴，到模式引进、本土化改造，再到本土创新、模式输出的历史，认为"高概念"电视节目在中国尚处于起步阶段，重塑了以家庭为单位的文化共同体，唤起了人们的参与热情，具有较强的话题性。但"高概念"节目生产并非电视业未来发展的唯一选择和出路。中国电视产业固然需要"高概念"形态的助推，但也需要斑斓的多元形态来填充和完善。[③]谭天、覃晴指出，随着互联网的发展和新兴媒体的崛起，电视节目传播和运营的空间大大拓展了。以节目生产方式多样化、表现空间多元化的多维生产建构，以社交影响节目传播、数据定制传播内容、话题引发传

---

① 陆地，靳戈.中国电视产业的"四则运算"[J].新闻战线，2016（03）：20-23.

② 李岚，张苗苗，莫桦."广电+电商"：广电产业发展新突破[J].新闻战线，2016（01）：66-69.

③ 战迪.中国高概念电视节目的产业创新与文化博弈[J].深圳大学学报（人文社会科学版），2016，33（03）：42-46.

播裂变、场景构建全新时空为特点，以满足用户网络消费和移动终端使用方式变化的平台运营模式建构，已经形成了生产空间多元化，传播空间社交化，运营空间平台化。①张凌霄在梳理了2015年电视纪录片产业收视稳步增长、电视纪录片受众群体覆盖扩大、电视纪录片广告发展态势良好、电视纪录片创新特征的纪实性泛化、平台特征进一步走向台网融合、主题偏向于抗战和"中国梦"以及国际合作深化与成熟等方面的成就。②在新媒体冲击传统电视行业的大背景下，对于传统电广电媒体的变化，业界与学界有了更深入的思考，其中王文科的《中国区域广电媒体市场拓展与广告营销》③集中了"中国区域广电媒体市场开拓与广告营销学术研讨会"的优秀成果，得出了从观念到实际操作的关键要把握"方向重于努力""创新驱动发展""开放大于改革"三个方面。刘灵爽的《全媒体时代央广品牌建设路径探索——以音乐节目中心为范例》④以国内最具影响力的广播电台——中央人民广播电台为例，探索性地回答了品牌建设如何助推以央广为代表的传统广播电台进行转型升级，如何进行品牌化效应的全面提升等问题。

无论广播电视产业、技术和传播发生怎样的变化，广播电视的一个核心都是必不可少的，那就是必须通过内容来满足人们的文化需求，吸引受众，进而创造各种政治、经济、文化和社会的价值。正是基于此，2016年的内容研究依然是广播电视研究中研究成果最多的领域，电视剧、综艺节目、广播电视新闻、电视纪录片、动漫等广播电视内容研究都取得了一定的成果。由于电视综艺节目近几年颇为火热，再加上网络综艺在2015年的发力，因此2016年的电视内容研究界，十分重视这一

① 谭天，覃晴. 作为空间产品的电视节目[J]. 现代传播（中国传媒大学学报），2016（02）：83-87.

② 张凌霄. 借势登高：电视纪录片产业发展态势探析[J]. 中国广播电视学刊，2016（04）：87-90.

③ 王文科. 中国区域广电媒体市场拓展与广告营销[M]. 北京：中国传媒大学出版社，2016.

④ 刘灵爽. 全媒体时代央广品牌建设路径探索——以音乐节目中心为范例[M]. 北京：中国传媒大学出版社，2016.

方面的研究。李冰、武闽在视频网站自制综艺节目和有影响力的电视综艺节目的网络传播数据支持下，总结了"大数据+编剧+体验"的电视综艺节目生产方式、从"台网联动"到"网台联动"以扩大收视半径范围、开发IP市场以创新盈利模式等电视综艺节目容和创新的特点。①刘绩宏等人以真人秀节目海外引进会影响国内综艺节目的创造力、中国引进的真人秀节目简单地成为海外真人秀节目的中国明星化和中国场景化以及造成雷同模仿的问题意识为前提，通过有关受众需求和观感评价的问卷调查，比较电视真人秀和网络真人秀在题材策划、规则设计、参与人物、受众定位、需求满足、效果体验等方面的特点，而提出"真"与"秀"、题材与人物、节目效果、媒介等方面的融合。②真人秀节目作为国内电视台竞争的重要类型，其繁荣自然也会引起人们对其文化价值方面的研究与反思，刘娜、常宁分析了我国真人秀节目在市场和政府监管下，天然具有娱乐性质的真人秀节目吸收了主流话语所强调的正能量价值，通过意义层面的节目主题设置和价值传达弘扬"梦想""成长励志""亲情人伦"等一系列正能量化的主题，内容层面通过参与者、规定情境、规定目的、规定规则等来传递正能量，制作层面通过画面摄制、声音、字幕、画面特效、剪辑技巧和声画手段加强正能量的情感感染力，使正能量话语更广泛深入地传达到受众的认知之中。③肖俏通过分析真人秀节目的戏仿特征及其类型，指出真人秀节目具有颠覆经典与价值重构、拼凑游戏与平面欢愉等美学意义，强调这种戏仿并不是消解一切有价值的文化经典，是不同于"恶搞"的彻底否定扭曲一切价值而毫

---

① 李冰，武闽. 从"综艺+互联网"到"互联网+综艺"——电视综艺节目的互联网思维[J]. 中国电视，2016（09）：23-28.

② 刘绩宏，徐志彬，戚晟昊. 差异竞争与融合创新——电视真人秀与网络真人秀的传播特色与发展对策[J]. 中国广播电视学刊，2016（01）：76-78.

③ 刘娜，常宁. 正能量话语在真人秀节目中的构建和呈现——以《了不起的挑战》为例[J]. 新闻大学，2016（04）：60-66+151.

无讽刺功能的美学形式。[①]

关于电视剧，尹鸿认为"互联网+时代下的电视剧发生了几个方面的变化，即现象级电视剧的社会文化价值的扩展与放大，电视剧通过颜值、气质与品质的化学反应而走向年轻化，互联网价值向电视剧价值的转换，IP改编、类型剧创作的分众化和多样性，电视剧从互动走向融合的台网关系。[②]针对网络剧所出现的道德问题，尹鸿在比较网络剧和电视剧审查差异以及价值观方面的问题基础上，认为按照当下核心的政治原则标准、伦理底线标准、社会安全标准对网络剧进行规范是必要的，也是符合宪法和相关国家法律法规基本要求以及人民群众的根本利益的，建议网络剧和电视剧管理要同中求异。[③]张海欣分析了"互联网+"时代国产电视剧的开发，提出以民族精神、历史积淀为核心开发IP文化内涵，塑造IP品牌文化；以借力已有资源、使用前置营销、设计互动等方式创新营销方式，扩大IP品牌传播效果；以产业链的形式、将衍生品销售与电视剧播出同步进行、将衍生品开发前置以及注重衍生剧的开发等有效开发IP衍生品，实现IP品牌利润最大化；全产业链开发，打造平台，培育原创IP品牌。[④]

---

① 肖俏. 平面欢愉与颠覆价值——真人秀节目"戏仿"现象的美学之思[J]. 现代传播（中国传媒大学学报），2016（02）：158-160.

② 尹鸿. "互联网+"背景下的电视剧多元转向——2015年度中国电视剧创作[J]. 电视研究，2016（03）：10-13.

③ 尹鸿. 网络剧的底线可以比电视剧低吗[J]. 人民论坛，2016（10）：90-91.

④ 张海欣. "互联网+"时代国产电视剧的IP开发与品牌运营[J]. 中国广播电视学刊，2016（04）：79-81.

曾志华①、袁媛②、宗俊伟③、李艳峰④、曾祥敏与倪乐融⑤、董萌⑥、陆蓉蓉⑦、常江和文家宝⑧、徐爱华与戴辰⑨、薛可与孙页及秦畅⑩等人也从"互联网+"或者其他角度研究了广播电视的艺术、传播等问题。

在广播电视内容研究方面，从女性的、少数民族的、农村的、空间的、文化身份的以及国家的视角出发的文化研究在2016年依然是很重要研究方法。陈旭光⑪、卓雅⑫、尹兴与尹燕⑬、任阳梅⑭、尹兴⑮、陈柏霖

① 曾志华. 中国故事广播频率有声语言艺术创作现状与思考[J]. 现代传播（中国传媒大学学报），2016（01）：93-97.

② 袁媛. 中国电视剧音乐的民族特性呈现[J]. 现代传播（中国传媒大学学报），2016（06）：100-102.

③ 宗俊伟. 电视剧人声叙事的时间机制[J]. 现代传播（中国传媒大学学报），2016（08）：99-103.

④ 李艳峰. 2015年国产纪录片网络传播效果及趋势解析[J]. 中国广播电视学刊，2016（07）：83-85.

⑤ 曾祥敏，倪乐融. 承上启下 氤氲突破—2015年国产电视剧热点述评[J]. 当代电视，2016（01）：4-7.

⑥ 董萌. 综艺类节目主持人言语行为的语用研究[J]. 中国广播电视学刊，2016（01）：81-83.

⑦ 陆蓉蓉. 融合背景下的区域性主流媒体电视新闻创新刍议[J]. 电视研究，2016（04）：10-12.

⑧ 常江，文家宝. 中国语境下的电视新闻调查性报道：基于对《新闻调查》（1996-2006）的个案考察[J]. 国际新闻界，2016，38（03）：91-113.

⑨ 徐爱华，戴辰. 电视纪录片传播力模型的构建与实证分析——基于"非遗"纪录片的样本分析[J]. 现代传播（中国传媒大学学报），2016，38（09）：158-160.

⑩ 薛可，孙页，秦畅. 政务广播+立体传播模式研究——以政务类访谈《对话区县委书记》为例[J]. 新闻记者，2016（04）：48-53.

⑪ 陈旭光. 电视艺术的定位与电视文化的"后现代性"[J]. 现代传播（中国传媒大学学报），2016（01）：87-92.

⑫ 卓雅. 历史性与地域性交节点的民族叙事——浅析电视剧《二十四道拐》中特殊而真实的黔西南抗战[J]. 中国电视. 2016（01）：93-96.

⑬ 尹兴，尹燕. 国家认同与边疆少数民族形象电视传播的编码策略——对新疆卫视纪实栏目《东西南北新疆人》的镜像考察[J]. 现代传播（中国传媒大学学报），2016（08）：104-107.

⑭ 任阳梅. 类型、身份建构与家国精神的现代想象[J]. 中国广播电视学刊，2016（03）：63-65.

⑮ 尹兴. 电视节目对少数民族集体记忆与国家认同的塑造[J]. 当代传播，2016（02）：105-106.

与黄京华[1]、吕晓志与邱冰洁[2]、韩鸿与张欢[3]、刘婷[4]等人，在广播电视文化研究等方面或提出了新的观念，或分析了广播电视文化及其传播方面的经验、问题和价值等。

高广元的《中国农业电视发展战略研究》[5]对中国农业电视节目几十年来的发展做了系统而全面的梳理，运用系统论的方法，将中国农业电视置于中国社会环境中进行了系统的分析，对中国农业电视的发展方向提出了一些建设性的意见。常昕的《中国健康广播研究》[6]则以健康传播为视角，重点分析了我国健康广播发展的历史、现状、问题及发展思路。试图分析和解决在现有社会环境、体制环境、人文环境、媒介环境多重语境下，中国健康广播如何发挥公共服务的基本功能，以及在"以人为本"的定位指引下，如何进一步开发广播的媒介优势，实现对广播受众生命呵护的有效服务。胡智锋等人的《电视发展新论》[7]以"发展"为切入点，对2010年以来中国电视的现状、问题进行了观察、描述和剖析，并对未来走势做了前瞻性思考。揭示并阐释了电视发展的宏观"新形势"、节目"新景观"、电视文艺及纪录片的"新动向"与"新热点"。吴宁的《新传播语境下我国公民新闻研究》[8]与唐晓晔的《表现：电视化传播语汇的全解构》[9]则分别关照了公民新闻、电视语汇等学界一

[1] 陈柏霖，黄京华. 发挥少数民族语言电视频道传播优势. 促进民族文化传承——基于西藏藏语卫视受众调查的数据分析[J]. 电视研究，2016（01）：66-68.

[2] 吕晓志，邱冰洁. 第三次女性主义浪潮中的美国情景喜剧女性形象研究[J]. 中国电视，2016（08）：98-101.

[3] 韩鸿，张欢. 国外少数民族电视的发展模式、制播经验及其中国价值[J]. 新闻界，2016（09）：58-66.

[4] 刘婷. 中国电视文化身份的新世纪转向[D]. 长春：吉林大学，2015.

[5] 高广元. 中国农业电视发展战略研究[M]. 北京：中国传媒大学出版社，2016.

[6] 常昕. 中国健康广播研究[M]. 北京：知识产权出版社，2016.

[7] 胡智锋，等. 电视发展新论[M]. 北京：中国社会科学出版社，2016.

[8] 吴宇. 新传播语境下我国公民新闻研究[M]. 武汉：长江出版社，2016.

[9] 唐晓华. 表现电视化传播语汇的全解构[M]. 北京：群言出版社，2016.

直较受关注的热点概念与理论问题。

2016年的广播电视的国际传播研究主要包含两个方面，一是我国广播电视的国际传播研究，二是海外广播电视的传播研究。李汇群总结了中国电视剧非洲传播的现状和传播技术布局，认为中国在非洲传播的电视剧具有类型多样化、制作精良化、价值普世化、内容国际化与接地气等特点，提出中国电视剧非洲传播具有推进"一带一路"建设的意义。①何立艳分析了在新媒体环境中，我国纪录片国际传播所的题材选取、传播模式、制作品质、资金收益等方面所存在的问题，提出通过研究西方观众的收视习惯而改进创作方式、加大人才培养、加强同西方媒介的合作而扩大传播渠道、以政府引导和市场化经营的生产方式来实现纪录片制作与传播的商品化加强与传播受众地的合作等。②刘焕兴梳理了我国广播电视海外传播的监管落地播出质量、扶持重点广电项目、播出机构自身管理、海外受众反馈监督、社会投诉和媒介监督等管理方法，提出这些管理方法在传播主体多样化、传播平台多元化、传播从业者多元化以及传播机构国际化以及新媒体快速发展的背景下，已经存在明显不足，应该通过遵循避免道德说教而讲好中国故事、积极主动发声以增信释疑、利用外方平台加强语言转换、用好本土化策略作用精英人士、淡化官方背景而采取分众化策略等对外传播的规律，以法制监管、科学的效果评估、宣传管理向传播管理转型、行政管理和商业管理双轮驱动以及加强新兴媒体管理等方法，提高广播电视对外传播的管理效率。③陈持分析了中国公益节目发展现状，提出公益节目应该通过宣扬中国的主流价值观和人生观，创造最优质的国际传播本体素质；应从人文关怀切入，表现对生命的尊重，这样可以创造优质的国际传播本体内容；应加强媒体联动，唤醒公众的参与和互动意识，从而提高公益节目的国际影

① 李汇群. 中国电视剧的非洲传播刍议[J]. 现代传播（中国传媒大学学报），2016（05）：161–162.

② 付海恋. 新媒体语境下中国纪录片的跨文化传播[J]. 当代电视，2016（04）：63+78.

③ 刘焕兴. 如何创新广播电视对外传播管理[J]. 中国广播电视学刊，2016（01）：108–111.

响力。①

比较中国广播电视国际传播研究，2016年的广播电视国际传播研究在有关海外广播电视研究方面着力更多，张潇潇与冯应谦重点关注了电视生产领域的日常实践，通过民族志观察，分析了"丑女贝蒂"模式在中国的本土化过程，揭示了电视模式所携带的全球性知识和地方性知识之间的互动与塑造关系，即一方面全球性知识指引着本土生产者复制原版节目，另一方面电视生产社群还需依据地方性知识，对与当地社会观念冲突的元素进行适当的改编。拥戴、协商和摒弃是本土生产者改编全球模式的常见策略，这导致了全球电视模式的引进和转译的偏差，从而形成了混杂的文化产品。②苗宁③、张晓菲④、王锦慧与赵计慧⑤、殷乐⑥、史凯⑦、韩雪莹⑧、李玥⑨等人的研究考察了新媒体环境下国外广播电视媒体的变革、海外广播电视节目的创新、海外广播电视中国传播的路径等。

王宇的《北欧媒介研究》⑩介绍了丹麦、芬兰、冰岛、挪威、瑞典这五个北欧国家独特的"北欧媒介模式"，即急于表达自由和作为基本产

---

① 陈持. 中国公益电视的发展现状与国际传播作用[J]. 传媒，2016（01）：19-21.

② 张潇潇，冯应谦. 全球模式与地方性知识：电视生产社群的民族志阐释[J]. 国际新闻界，2016（07）：138-149.

③ 苗宁. 基于接受美学的中国广播电视译制与国际传播[J]. 中国广播电视学刊，2016（10）：56-58.

④ 张晓菲. BBC数字化转型的核心理念与策略[J]. 中国广播电视学刊，2016（02）：85-88；张晓菲. 基于多平台的一体化生产经营模式——以美国最大的商业广播公司iHeartMedia为例[J]. 新闻记者，2016（01）：56-61.

⑤ 王锦慧，赵计慧. 韩国电视节目进入中国电视市场的模式及其影响[J]. 现代传播（中国传媒大学学报），2016（10）：126-129.

⑥ 殷乐. 电视模式创新的日韩路径分析[J]. 中国广播电视学刊，2016（02）：81-84.

⑦ 史凯. 英国电视模式输出的成功经验与启示[J]. 传媒，2016（18）：47-48.

⑧ 韩雪莹. 英国广播电视内容规制的模式[J]. 青年记者，2016（03）：90-91.

⑨ 李玥. 英国广电媒体的变与不变[J]. 新闻战线，2016（05）：142-145.

⑩ 王宇. 北欧媒介研究[M]. 北京：社会科学文献出版社，2010.

品的自由报业，对媒介的政府资助以及对作者补贴，媒介和文化的消费水平较高。作为国内第一本关于北欧国家媒介兴起及发展的著作，完整地梳理了北欧国家传统媒介及新兴媒体的产生、发展及特点。王虹光将珍妮特·斯蒂莫丝（Jeanette Steemers）的《营销电视——全球市场中的英国电视》[①]引入了中国。在这本著作中，作者将英国电视置于全球化和世界电视市场大变革的背景下，从市场运行、出口政策、海外贸易等角度对英国的电视营销做了全方位的阐释。栾轶玫翻译的詹姆斯·卡瑞（James Carren）等人的《有权无责——英国的报纸、广播、电视与新媒体》[②]，从媒介历史、政治、社会以及传播理论多个方面，透视了18世纪以来传播在不同阶段的意识形态和理论，分析了传播在全球体系的形成过程中的作用，批判地分析了互联网的实质与精神、网络对当今社会的影响与冲击、英国新媒体的崛起，以及英国、欧盟和国际关系体系塑造英国媒体特征的过程等。

关于广播电视管理和从业者研究，刘昶与张富鼎采用定量研究和实证分析的方法，以调查问卷为工具，面向全国、省级和市级广播电视媒体新闻部门的从业者（包括记者、编辑、部门领导和台领导等）展开具有社会学学理意义的"全国广播电视新闻人才现状调查"，发现我国广播电视记者群体呈现以下几个特点：年轻化和女性化趋势增强，记者群体的职业分工发生改变，我国广播电视记者群体中从事选题策划、综合性报道和专门性主题报道的人员分别占比16.1%、47.4%和36.5%，呈现从决策层到实践层的"金字塔"结构，并与新闻从业者的职称和职位分布相呼应；记者群体的职业道德认知或有悖论；记者群体新闻价值观和自身角色认知呈多元化。就我国广播电视新闻记者的社会生成来说，则

---

①[英]珍妮特·斯蒂英丝，营销电视——全球市场中的英国电视[M]. 王虹光，译. 武汉: 华中科技大学出版社，2016.

②[英]詹姆斯·卡瑞. 有权无责——英国的报纸、广播、电视与互联网[M]. 栾轶玫，译. 北京: 清华大学出版社，2016.

呈现出高学历和多学科相结合的教育背景、社会出身偏向于自由职业的特点。而就记者的工作状态而言，其职业满意度偏向于精神层面，职业压力来自政治、生产和技术场域，社会流动性表现为辞职和犹豫并行。就中国广播电视记者的生活状态而言，该群体虽然在业余生活及精神娱乐层面的消费相对单薄，在阅读这一知识消费层面与不同国家和地区的人相比有一定差距，但其互联网消费习惯业已呈现出多种样态。[1]薛永斌与牟行芳运用领导力理论，分析了省级电视媒体事业与企业双重治理结构、舆论宣传和盈利创造双重目标、局台合一或者局管台的体制、领导与员工无法形成共识等，都严重影响了省级卫视领导的领导力。文章也通过分析湖南卫视、长三角省级卫视的发展与成就同领导力之间的关系，提出作为省级电视媒体的领导者，其领导力由个人领导力、团队领导力和组织领导力三个层面的多种要素构成，以创新省级电视媒体干部选聘和人才选拔机制、建立健全省级电视媒体领导者激励约束机制、严格制度规范以提高全员执行力、鼓励创新等方法来提高省级电视媒体领导者的领导力。[2]专著方面，有学者从媒介管理的角度切入，探求传播效率、传播效果与行业内部组织管理间的关系。如张海涛的《广播影视行业组织的实践探索与理论思考》[3]。

广播电视历史研究方面，毕根辉等采用编年体例，对历年来中国电视社教节目奖、中国广播电视创新突破奖获奖作品进行了回溯和整理。[4]丁亚平等人从国家社科基金的立项和成果方面出发，考察了广播电视等领域"十二五"期间研究的历史，指出"十二五"期间的研究呈现出多

① 刘昶，张富鼎.中国广播电视记者现状研究——基于社会学的某种观照[J].现代传播（中国传媒大学学报），2016（03）：21-31.

② 薛永斌，牟行芳.省级电视媒体领导者领导力提升对策研究[J].现代传播（中国传媒大学学报），2016（08）：119-121.

③张海涛.广播电视行业组织的实践探索与理论思考[M].北京：中国广播影视出版社，2016.

④ 毕根辉，杨荣誉.中国广播电视文艺大系（2001-2010）电视纪录片卷[M].北京：中国广播影视出版社，2016.

元、务实和理性的活跃态势，开始从"学科意识"向"问题意识"转变，研究的对象和任务也比以前更为清晰、全面。电影、广播电视、动画与新媒体在史论、产业和理论研究等方面均有较大的飞跃：基础史论研究扎实推进，结合当下的实用性研究和前瞻性研究也得以拓展，从理论不断向实践层面推进；产业研究对电影、广播电视、动画与新媒体的现状、问题、对策以及面对未来的许多发展、挑战与机遇都具有实践指导价值。[1]陈刚与王姗则梳理了中国电视新闻的胶片电视新闻、模拟电视新闻、数字新闻三个主要阶段，指出技术在很大程度上塑造了电视新闻传播的观念演进、内容与形态，也为受众提供了更人性化的信息传播服务。[2]黄志辉则通过细致的考证，提出《电视之进步》既不是"中国最早介绍电视的文章"，也不是中国报刊上"电视"一词最早见诸文字的文献。中国第一篇电视文献应为《科学》杂志于1925年刊发的《无线电电影将成事实》。[3]

　　2016年广播电视研究在回应我国广播电视所面临的现实状况、促进广播电视业发展的学术思考方面，做出了一定的贡献，但这一年度在广播电视的政治经济学、国际广播电视发展与传播、文化研究、中国广播电视的全球传播以及新技术发展所可能带来的变化方面的理论研究和实证研究都还存在很多不足，有待进一步提高。

① 丁亚平，赵卫防，高小健，等.另一种历史：走向开放的视听艺术研究——近年来以"国家社科基金艺术学项目"为主的电影、广播电视、动画与新媒体研究的现状、问题及对策[J].当代电影，2016（04）：136-142.

② 陈刚，王姗.技术对中国电视新闻发展的影响[J].中国广播电视学刊，2016（02）：74-77.

③ 黄志辉.中国第一篇电视文献考[J].中国广播电视学刊，2016（02）：78-80.

第十四章 2017—2020 年广播电视研究综述

2017 年到 2020 年，是我国经济社会文化发展的重要时段，也是我国思想理论领域创新性发展的重要时段，党的十九大的召开、习近平新时代中国特色社会主义思想的系统提出、改革开放 40 周年、新中国成立 70 周年等对我国广播电视研究产生了深刻的影响，而脱贫攻坚、一带一路、人类命运共同体、实现中华民族伟大复兴、建设小康社会等方面的实践深入展开和理论建设的深入，都对我国思想理论界提出了新的理论建设的要求，对广播电视研究也提出了新的时代的命题和学术思考。

在 2017—2020 年的广播电视研究中，从习近平新时代中国特色社会主义思想的角度来观察中国广播影视，反思中国广播影视的发展，阐释该思想对中国广播影视实践和理论建设的重要性和创新性，构建习近平新时代中国特色社会主义广播影视理论，取得了许多成果。张延利和裴武军的《新时代背景下国产纪录片的社会价值》[1]、周红亚与李天胜的《新时代纪录电影的国家形象构建与传播策略》[2]、谢建华的《"新时代"国产剧英雄形象的美学取向》[3]、彭文祥与黄松毅的《辉映时代 斐然向

---

[1] 张延利，裴武军. 新时代背景下国产纪录片的社会价值[J]. 中国广播电视学刊，2018（10）：76-78+110.

[2] 周红亚，李天胜. 新时代纪录电影的国家形象构建与传播策略[J]. 出版广角，2018（09）：61-63.

[3] 谢建华. "新时代"国产剧英雄形象的美学取向[J]. 中国电视，2018（01）：25-29.

风——改革开放以来中国电视剧的审美现代性深描》①、余艳青的《新时
代国家主流价值观念的影像表征——以 2018 年央视春晚为例》②、黄瑞
刚的《新时代电视文艺创作的中国特色探析》③、周星的《新时代中国电
影的现实表现、现实感与现实性表达思辨》④ 等，将习近平新时代中国特
色社会主义思想运用到对我国广播电视节目和电影的分析之中，梳理了
新时代广播影视内容生产的特点。胡正荣的《讲好"新时代"的中国故
事》⑤、刘伟斌的《新时代主流意识形态视觉化传播探析》⑥、黄良奇的《新
时代广电传媒"讲好中国故事"的新理念》⑦、高晓红与赵希婧的《发挥
新时代舆论监督功能　营造风清气朗发展环境》⑧、黄书亭的《新时代广
电媒体高质量发展路径探析》⑨、赵雅雯的《新时代电视媒体核心价值观
的构建与传播》⑩、彭国远和刘星的《用创新助推新时代广播影视国际传
播能力建设》⑪ 等文章，则从习近平新时代中国特色社会主义思想出发，
结合了广播电视的国际传播、发展路径、融媒体、价值观、意识形态以
及传播内容与形式等方面，考察了构建中国广播电视传播新时代理论的

① 彭文祥，黄松毅. 辉映时代. 斐然向风——改革开放以来中国电视剧的审美现代性深描[J]. 中国电视，2019（01）：6-11.

② 余艳青. 新时代国家主流价值观念的影像表征——以2018年央视春晚为例[J]. 中国广播电视学刊，2018（04）：121-124.

③ 黄瑞刚. 新时代电视文艺创作的中国特色探析[J]. 电视研究，2018（07）：52-54.

④ 周星. 新时代中国电影的现实表现、现实感与现实性表达思辨[J]. 当代文坛，2018（06）：79-85.

⑤ 胡正荣. 讲好"新时代"的中国故事[J]. 人民论坛，2018（04）：125-126.

⑥ 刘伟斌. 新时代主流意识形态视觉化传播探析[J]. 马克思主义研究，2019（05）：104-112.

⑦ 黄良奇. 新时代广电传媒"讲好中国故事"的新理念[J]. 中国广播电视学刊，2019（04）：104-107.

⑧ 高晓虹，赵希婧. 发挥新时代舆论监督功能. 营造风清气朗发展环境[J]. 中国广播电视学刊，2018（06）：36-38.

⑨ 黄书亭. 新时代广电媒体高质量发展路径探析[J]. 中国广播电视学刊，2018（05）：89-92.

⑩ 赵雅雯. 新时代电视媒体核心价值观的构建与传播[J]. 中国电视，2018（04）：65-69.

⑪ 彭国元，刘星. 用创新助推新时代广播影视国际传播能力建设[J]. 中国广播电视学刊，2017（12）：31-33.

方法、对象、思想资源、主要问题等。

2018 年是我国改革开放 40 周年，2019 年是新中国成立 70 周年。这两个重要的年份都引起了学术界对广播电视历史的思考与总结。其中覃榕和覃信刚的《改革开放 40 年中国广播电视主要成就及启示》[①]、孙蕾蕾的《改革开放 40 年中国纪录片的转型》[②]、杨明品和胡祥的《改革开放 40 年中国电视剧创作的根本经验》[③]、宋青的《从广播长书到有声阅读——改革开放 40 年中国广播文艺发展媒介学解读》[④]、王赟姝的《峥嵘 40 载：改革开放以来中国电视剧艺术的发展与审美变迁》[⑤]、张新英的《乡土中国的镜像呈现：改革开放 40 年来农村题材电视剧创作流变》[⑥]、张玲的《改革开放 40 年来少数民族题材电视剧叙事研究》[⑦]、徐兆寿与曹忠的《家国情怀与儒商价值的重构——改革开放 40 年来商业题材电视剧的艺术表达》[⑧]、廖慧与邬鹏的《改革开放 40 年中国电视剧营销传播综述》[⑨]、何苏六与韩飞的《时代性互文互动：改革开放 40 年与中国纪录片的发展谱系》[⑩]、肖军的《嬗变·规律·价值：改革开放 40 年我国

---

① 覃榕，覃信刚. 改革开放40年中国广播电视主要成就及启示[J]. 中国广播电视学刊，2018（12）：71-77.

② 孙蕾蕾. 改革开放40年中国纪录片的转型[J]. 中国广播电视学刊，2018（12）：83-85.

③ 杨明品，胡祥. 改革开放40年中国电视剧创作的根本经验[J]. 中国广播电视学刊，2018（12）：78-82.

④ 宋青. 从广播长书到有声阅读——改革开放40年中国广播文艺发展媒介学解读[J]. 出版发行研究，2018（08）：15-20.

⑤ 王赟姝. 峥嵘40载：改革开放以来中国电视剧艺术的发展与审美变迁[J]. 民族艺术研究，2019（01）：48-57.

⑥ 张新英. 乡土中国的镜像呈现：改革开放40年来农村题材电视剧创作流变[J]. 中国电视，2019（01）：16-21.

⑦ 张玲. 改革开放40年来少数民族题材电视剧叙事研究[J]. 中国电视，2019（01）：22-26.

⑧ 徐兆寿，曹忠. 家国情怀与儒商价值的重构——改革开放40年来商业题材电视剧的艺术表达[J]. 中国电视，2019（01）：32-35.

⑨ 廖慧. 邬鹏. 改革开放40年中国电视剧营销传播综述[J]. 传媒，2018（12）：47-49.

⑩ 何苏六，韩飞. 时代性互文互动：改革开放40年与中国纪录片的发展谱系[J]. 现代传播（中国传媒大学学报），2018，40（12）：111-115.

刑侦剧创作回溯与传播考索》^①等文章回顾了改革开放40年中的中国电视剧、电视纪录片以及广播电视发展的成就，总结了我国广播电视40年改革开放的经验，分析了广播电视的文化与审美特征等。但关于改革开放40年中的中国广播电视研究的历史书写的、深刻的、全面的、反思性的研究成果比较少。比较改革开放40年对于中国广播电视所带来的理论与学术思考的影响，新中国成立70周年所引发的广播电视学术思考无疑更加深入，范围更广，也更具反思性，尤其是在关于中国广播电视70年的历史道路、发展经验、文化艺术成就和不足以及理论等方面，学术界都展开了一些学术梳理和理论反思。王福来的《文化形象与时代回响：70年来中国纪录片传播影响力研究》^②、刘晓萍与李雪的《"文化折扣"困境中的叙事革新与文化转向——新中国成立70年以来少数民族题材电视剧的创作趋势》^③、朱婧雯的《"农村"：作为媒介场域的影像呈现与变迁——新中国成立70年以来农村题材电视剧发展综述》^④、潘祥辉的《"广播下乡"：新中国农村广播70年》^⑤、张君昌与张文静的《新中国70年广播电视发展成就、经验与启示》^⑥、覃榕与覃信刚的《新中国70年广播电视发展理念的演进历程与主要特征》^⑦与《新中国成立70年

① 肖军. 嬗变·规律·价值: 改革开放40年我国刑侦剧创作回溯与传播考索[J]. 电影评介，2018（22）：93-97.

② 王福来. 文化形象与时代回响: 70年来中国纪录片传播影响力研究[J]. 电影评介，2019（19）：99-103.

③ 刘晓萍，李雪. "文化折扣"困境中的叙事革新与文化转向——新中国成立70年以来少数民族题材电视剧的创作趋势[J]. 电影评介，2019（19）：104-107.

④ 朱婧雯. "农村"：作为媒介场域的影像呈现与变迁——新中国成立70年以来农村题材电视剧发展综述[J]. 电影评介，2019（19）：108-112.

⑤ 潘祥辉. "广播下乡"：新中国农村广播70年[J]. 浙江学刊，2019（06）：4-13.

⑥ 张君昌，张文静. 新中国70年广播电视发展成就与经验启示[J]. 传媒，2019（20）：9-14.

⑦ 覃榕，覃信刚. 新中国70年广播电视发展理念的演进历程与主要特征[J]. 中国广播电视学刊，2019（10）：4-18.

来广播"自己走路"的理论意蕴、变迁脉络与特征研析》①、方德运的《新中国 70 年广播电视管理体制形成、特点及改革》②、尹菊娥的《声传祖国万里边疆 谱写民族进步华章——中央广播电视总台央广少数民族语言广播砥砺奋进 70 年》③、朱婧雯与欧阳宏生的《新中国 70 年广播电视理论研究的发展》④ 等文章，对广播电视发展的历史阶段、中国道路、广播电视文化历史、理论建设的历史等方面展开了研究，具有一定的学术价值。但与新中国成立 70 周年电影领域的研究相比，广播电视研究的数量，研究的广度、深度以及理论性的高度、创新性等方面都还有很大距离。晏青与黄小青在《新世纪以来电视文化节目的三种语态》⑤ 中，梳理了 21 世纪以来，因媒介功能认知、文化逻辑、策略选择的差异，使电视文化节目呈现出的不同的语态。电视语态是指电视媒体叙述的方式、风格形式，包括视听元素、表述方式等方面的综合呈现。不同时期有不同的语态特征。比较此前关键年代会有多种广播电视史方面研究著作出现的情况，2017—2019 年间也有哈艳秋主编的《当代中国广播电视史》、全国政协文史和学习委员会编的《第四战线——国民党中央广播电台掇实》、常江著的《中国电视史：1958—2008》等，⑥ 但是这些广播电视史方面的著作，已经不再采取将大事件作为重新思考广播电视史的方法，尤其是常江的研究将纪实、审美和规训三者的关系作为中国电视史研究的理论，其方法具有反思的、批判的、理论的特点，对于中国广播电影电视史研究具有开拓性。

---

① 覃信刚，覃榕. 新中国成立70年来广播"自己走路"的理论意蕴、变迁脉络与特征研析[J]. 编辑之友，2019（09）：84-92+101.

② 方德运. 新中国70年广播电视管理体制形成、特点及改革[J]. 中国广播电视学刊，2019（10）：19-25.

③ 尹菊娥. 声传祖国万里边疆. 谱写民族进步华章——中央广播电视总台央广少数民族语言广播砥砺奋进70年[J]. 中国广播电视学刊，2019（10）：35-40.

④ 朱婧雯，欧阳宏生. 新中国70年广播电视理论研究的发展[J]. 中国广播电视学刊，2019（10）：45-52.

⑤ 晏青，黄小青. 新世纪以来电视文化节目的三种语态[J]. 中国电视，2018（11）：47-51.

⑥ 常江. 中国电视1958-2008[M]. 北京：北京大学出版社，2018.

随着实现中华民族伟大复兴实践的深化，民族文化自信的增强，我国广播电视中传统文化类节目兴起，并形成了不少具有影响力的节目，因此总结传统文化类节目的特点及其传播规律、分析传统文化类节目的文化价值与创新意义等，既是广播电视发展对于研究界提出的理论要求，也是广播电视研究自觉回应民族文化复兴大业、自觉以广播电视理论形式参与其中的努力。李洁在《融媒时代传统文化电视节目的创新传播》[1]中，总结了融媒时代，以中央电视台为代表的电视媒体利用媒介融合手段多元有效地传播传统文化的成功经验，张爱凤在《创文化类节目对中国"文化记忆"的媒介重构与价值传播》[2]中，以《中国诗词大会》《中国汉字听写大会》《中华好诗词》《传承者》等原创文化类节目为例，探讨原创文化类节目通过电视重构激活文化记忆、实现媒体公共文化服务价值、重塑文化自信、建构文化认同，同时进一步思考该类节目可持续发展以及文化向外传播的问题。张原在《文化记忆视角下传统文化与媒体节目内容生产的关系建构》[3]中，从文化记忆视角审视传统文化与媒介内容之间内在的关系，探讨媒体内容对中国传统文化的媒介化解读和重构，既包含着传统文化当代性建构的书写方式，也体现出媒介文化对传统文化的依存和归属性，从而确立了传统文化的主体性，传统文化不仅是媒介内容获得文化归属的主要源头，而且还构建了新媒体技术下中国媒体节目内容生产的话语逻辑，这种创新也是全球化时代努力构建媒介内容生产中国逻辑的价值选择和路径方向。总之，这类研究从实现中华民族伟大复兴、民族文化自觉和自信理论出发，广泛地研究了传统文化与广播电视传播之间的关系、传统文化的广播电视传播与文化身份建构、文化认同等的关系，等等。王婷在《意义生成与语境建构："语域"视阈下传

① 李洁. 融媒时代传统文化电视节目的创新传播[J]. 当代电视，2019（08）：80-83.

② 张爱凤. 原创文化类节目对中国"文化记忆"的媒介重构与价值传播[J]. 现代传播（中国传媒大学学报），2017（05）：85-90.

③ 张原. 文化记忆视角下传统文化与媒体节目内容生产的关系建构[J]. 中国电视，2019（03）：103-106.

统文化类节目研究》①中，结合传统文化类电视节目独特的媒介话语表达系统，从节目意义得以体现的三个语境变量，即文化语场、文化语旨和文化语式，进一步分析电视节目在传统文化概念传播、文化关系构建和文化主位传递等人文教育层面的功能价值和影响效果，进而考量传统文化类电视节目的意义实现路径和策略。

　　新技术、新媒体的发展正在以惊人的速度改变传媒的格局，并对传统的广播电视的传播、生存与发展提出挑战，也对广播电视研究提出了新的理论问题，对广播电视的研究对象、研究方法、研究视角、问题意识等都提出了诸多重要问题，广播电视研究界也从新媒介理论、融媒体理论、媒介技术理论、跨学科理论等多方面，对广播电视面临的新问题、新挑战、新机遇、新的可能性、新形式等展开广泛研究。就 2017 年至 2019 年的研究而言，可以将有关研究答题分成两大方面。一大方面是考察新媒体对广播电视等传统媒体的冲击和由此带来的困境，探索传统媒体的创新路径和改革方向。另一大方面是通过分析电视媒体与新媒体互动和融合的成功案例，确定新媒体和传统媒体的良性竞争和互补的关系，为媒介的融合和各自发展提供借鉴。赵楠与杨承智在《体育电视节目与新媒体的多维互动——以 2018 年世界杯为背景》②中，以央视为个案，探索央视和线上网络平台合作报道体育节目的成功经验，为更好地利用新媒体平台进行传统体育电视节目的创新、为电视媒体的转型升级提供借鉴。戴清与何晨光在《网络综艺：融媒体业态下的多维创新及其症结反思》③中，探索网络综艺的伴生问题，批判垄断的媒介格局，关注新媒体的"隐性权力"。张媛媛在《媒介融合背景下的电视综艺节目产播流

① 王婷. 意义生成与语境建构："语域"视阈下传统文化类节目研究[J]. 现代传播（中国传媒大学学报），2019（01）：103-107.

② 赵楠，杨承智. 体育电视节目与新媒体的多维互动——以2018年世界杯为背景[J]. 当代电视，2018（12）：13-15.

③ 戴清，何晨光. 网络综艺：融媒体业态下的多维创新及其症结反思[J]. 中国电视，2017（06）：12-15.

程再造》①中，聚焦传统电视综艺节目面临来自网络自制综艺节目等的多种挑战，在媒介融合背景下探讨电视综艺节目的生产与传播流程与以往的明显差异，和这种差异背后的原因及产生的必然性，试图为电视综艺节目未来的产播流程再造提供一些建议。张雯雯的《融媒体时代中国电视文化身份论》②、肖盈盈的《互联网时代：电视的变革与迁徙》③、中国广播电影电视社会组织联合会编的《融媒体时代广电媒体生存逻辑解析》④、翟建东与黄玉婷的《数字时代广播电视编导专业人才培养研究》⑤、孟伟的《广播内容传播——媒体融合视域下广播节目模式创新研究》⑥、吕鹏的《专业、市场与规制——移动互联网时代的广播节目体系建构》⑦、高洪波的《电视媒介融合论：融媒时代的大电视产业创新发展》、赵双阁的《三网融合背景下中国广播电视组织权制度的反思与重构》⑧等，⑨将融媒体、互联网、新媒体等作为既定的时代背景、趋势、视角与方法，来重新审视广播电视从节目制作到人才培养、从业务管理到行业发展、从媒介融合技术到广播电视文化、从创新到政策规制等，展开了比较广泛的研究，对于广播电视行业在融媒体时代的发展具有一定的理论概括和推动意义。但这些研究在理论创新以及对于新媒体时代广播电视发展所带来的一系列社会与传播关系问题很少涉及，尤其是从批判等角度展

---

① 张媛媛. 媒介融合背景下的电视综艺节目产播流程再造[J]. 中国电视，2018（05）：58-61.

② 张雯雯. 融媒体时代中国电视文化身份论[M]. 昆明：云南大学出版社，2018.

③ 肖盈盈. 互联网时代：电视的变革与迁徙[M]. 北京：知识产权出版社，2016.

④ 中国广播电影社会组织联合会. 融媒体时代广电媒体生存逻辑解析[M]. 北京：中国广播影视出版社，2018.

⑤ 翟建东，黄玉婷. 数字时代广播电视编导专业人才培养研究[M]. 石家庄：河北美术出版社，2019.

⑥ 孟伟. 广播内容传播——媒体融合视阈下广播节目模式创新研究[M]. 北京：中国广播影视出版社，2017.

⑦ 吕鹏. 专业市场与规划——移动互联网时代的广播节目体系建构[M]. 中国广播影视出版社，2016.

⑧ 高洪波. 电视媒介融合论：融媒体的大电视产业创新发展[M]. 北京：社会科学文献出版社，2018.

⑨ 赵双阁. 三网融合背景下中国广播电视组织权制度的反思与重构[M]. 北京：社会科学文献出版社，2016.

开的研究更是少之又少。

近些年来，由于前期资本大量进入广播电视领域，再加上视频网站的发展，广播电视节目的创新性竞争确实有所加强。尽管由于政府治理、媒体竞争、制作成本上升以及观众与广告的分流等多种原因，广播电视行业的分化非常严重，头部广播电视机构还具有一定的竞争力，而其他广播电视机构的生存与发展则遇到一定的困境，但整个行业在压力下不得不展开的节目创新在加速，由此，广播电视研究界因应行业竞争与创新性发展的研究也是层出不穷。对于广播电视节目的类型分析更加异彩纷呈，市场上所有的节目类型几乎都有涉猎，包括情感调节类节目、文化类节目、健康类节目、音乐类节目等、谈话类节目，一些小众电视节目也开始受到关注，在同一节目类型下，分类也更趋精细。例如文化类节目下，又分为朗读类节目、文博类节目、脱口秀相声节目等；研究的焦点主要还是在探索现状上，反思优势和不足并探索路径，以期实现各类电视节目的健康发展。唐培林与周蕊在《中国健康类电视节目发展现状与展望》[①]中，对2017年在播的健康类电视节目做了梳理，探索我国健康类电视节目普遍存在的弊端，并以此为依据为健康类节目的发展提出建议和展望。何春耕、王作剩、张连红在《中国少儿音乐类真人秀节目制作的探索与反思》[②]中以少儿音乐类真人秀节目为研究对象，从这些节目的制作现状出发，具体分析了其制作理念、制作方式、制作意义等方面的独特性。在肯定坚持以儿童为本位、以表现与传递爱等正能量为主导、采用"零淘汰"的赛制形式，以及运用高新技术包装节目等方面取得的成功经验的同时，也批评了这些儿童节目将少儿成人化与动机功利化、教育娱乐化与电视神圣化、语言媚俗化与形象符号化等问题。徐

---

① 唐培林，周蕊.中国健康类电视节目发展现状与展望[J].中国电视，2018（06）：60-64.

② 何春耕，王作剩，张连红.中国少儿音乐类真人秀节目制作的探索与反思[J].现代传播（中国传媒大学学报），2017，39（01）：102-106.

大文与李胜利在《文博类电视节目的价值及其创新策略研究》^①中，立足于文博类电视节目的创作实际，从价值论视角，分析文博类电视节目的精神品格和文化内涵，理性审视创作中存在的一些问题，助推文博类电视节目的创新性和可持续发展。宋凯、侯娅珂在《音乐类电视节目创新创意研究》^②中，以湖南卫视《声入人心》作为案例，总结该节目的创新创意点，为我国音乐类电视节目进一步发展提供一定的借鉴。郭瑛霞、赵璐在《中外电视情感调解类节目话语方式的对比分析——兼论文化语境和社会结构如何影响传播主体的话语策略》^③中，以电视情感调解类节目为研究对象，进行话语方式的对比研究，从中外代表性节目案例中剖析节目主持人的话轮控制方式、专家团的调解策略等差异性特点，从跨文化传播的视角来看文化语境及其背后的社会关系结构对节目话语在创作理念、表达方式上的影响，从而探索提高改进节目主持人、专家等传播主体的话语素养，为中外节目模式互相借鉴提供可能性。刘琴的《主流媒体直播探索的理论诠释与实践解读》、石曙卫等主编的《气象影视技术论文集》、夏颖的《真人秀节目的知识传播与再生产——论〈咱们穿越吧〉的创新策略》等，^④对于直播节目、娱乐节目、气象节目等方面所展开的节目生产、文本和传播研究，具有开拓性。

我国广播电视研究从20世纪90年代就形成了比较丰富的批判研究传统，经常对广播电视节目以及电视文化现象进行马克思主义的、符号学的、批判理论等分析研究。学术界通过分析广播电视的生产方式、所生产的文本以及现象、广播电视文化意义等，对我国广播电视的文化价值、

---

① 徐大文，李胜利. 文博类电视节目的价值及其创新策略研究[J]. 中国电视，2019（03）：45-49.

② 宋凯，侯娅珂. 音乐类电视节目创新创意研究——以《声入人心》节目为例[J]. 当代电视，2019（06）：23-25.

③ 郭瑛霞，赵璐. 中外电视情感调解类节目话语方式的对比分析——兼论文化语境和社会结构如何影响传播主体的话语策略[J]. 现代传播（中国传媒大学学报），2018（11）：115-120.

④ 夏颖. 真人秀节目的知识传播与再生产——论《咱们穿越吧》的创新策略[J]. 新闻界，2015（22）：51-55.

意义等方面展开了多种分析与批判。时统宇、吕强、聂书江的《电视节目低俗化批判研究》①，陈文敏的《复现中的迷思：电视节庆仪式化传播及其认同研究》②，李绍元的《消费时代的电视真人秀研究——基于表演学视角》③，徐展的《电视娱乐奇观的多维度透视：内容生产、文本与受众》④ 等，从电视的生产机制与资本、文本的文化与审美特点、受众与电视之间的关系等出发，展开了对电视娱乐文化的分析与批判。学界在电视节目中的性别研究，仍然以批判学派为主，除了继承法兰克福学派和伯明翰学派的研究传统，还融合了女性主义、解构主义、后现代主义的理论范式。目前仍然聚焦在电视节目对女性的异化和物化上，并开始关注异化女性的新的呈现方式和当代变体。内容大多分析女性形象、女性话语、女性叙事，女性性别意识等，考察女性被异化和边缘化的复杂因素，旨在批判不平等的性别秩序和权力体系，重新定位女性在大众传播中的主体地位。马彦在《网络综艺节目中女性主义话语的显现和消隐》⑤ 中，以《中国新说唱》《奇葩说》《创造101》为例，考察节目中青年女性选手的形象及其特征，探究现下流行的网络综艺节目中女性主义话语的表征方式，探索其在性别秩序中的位置，对网络节目中性别话语的建构方式展开反思与批评。张懿程在《相亲交友类节目的女性意识分析》⑥ 中，通过对《新相亲大会》节目中关于女性意识的内容进行整理记录和典型个例的列举，对节目涉及的女性意识进行具体阐述和分析，确定女性性别意识重建的趋势。郑坚，陈俊朋在《现象级综艺节目中的"女性成长"

①时统宇，吕强，聂书江.电视节目低俗批判研究[M].北京:中国社会科学出版社，2017.

②陈文敏.奥特曼现中的迷思:电视节庆仪式化传播及其认同研究[M].北京:中国社会科学出版社，2018.

③李绍元.消费时代的电视真人秀研究:基于表演学视角[M].北京:中国书籍出版社，2016.

④徐展.电视娱乐奇观的多维度透视:内容生产、文本与受众[M].北京:中国传媒大学出版社，2018.

⑤马彦.网络综艺节目中女性主义话语的显现和消隐——以《中国新说唱》为例[J].视听，2019（11）:65-67.

⑥张懿程.相亲交友类节目的女性意识分析——以《新相亲大会》为例[J].视听，2019（10）:134-135.

叙事研究》① 中，从媒介和性别的角度探寻此类节目中的"女性成长"叙事，借助叙事学和心理学的研究，探查女性养成类综艺节目中"女性成长"的实质。刘锦滢在《女性主义视野下的多重凝视探析》② 中，以《妻子的浪漫旅行》为例，探索不同凝视对女性行为表现的规范与塑造。

学界对我国的广播电视节目传播、跨文化传播、全球格局等也做了一定的思考和研究。刘波、高森在《我国电视节目模式对外输出的困境与突破路径》③ 中，对我国电视节目模式对外输出的现状进行梳理，正视其面临的现实困境，寻求电视节目模式中国制造软实力的提升路径。蔡骐，唐亦可在《电视节目模式：在全球化与本土化之间》④ 中，梳理了自2014年之后的"现象级"本土化综艺，分析节目模式与中国电视市场兴盛的关系，对哪些节目类型适于全球流通以及如何利用电视节目模式促进本土化创新等关键问题进行了分析，对我国电视节目的创新和突破有一定的借鉴意义，也为我国电视节目的对外输出探索了路径。张建珍、彭侃、吴海清的《国际电视节目模式观察》⑤、刘琛的《海外电视节目的本土化传播——借鉴、引进与改造》⑥ 等，研究了国际电视节目模式的历史、国际传播路径与格局、产业发展、国际节目模式的版权保护等，分析了国际节目在中国的传播与本土化发展的情况。

总之，2017—2019年的广播电视研究扩大深化了包括广播电视融媒体研究等在内的研究领域，并结合时代的需要开拓了广播电视的新时代中国特色社会主义实践和理论研究等，提出了一些新问题，但纵观这三年的广播电视研究，实践总结研究居多、理论创新与深化研究不足的局面依然没

① 郑坚，陈俊朋. 现象级综艺节目中的"女性成长"叙事研究[J]. 传媒观察，2019（06）：38-45.

② 刘锦滢. 女性主义视野下的多重凝视探析——以《妻子的浪漫旅行》为例[J]. 新闻研究导刊，2019. 10（10）：59-60.

③ 刘波，高森. 我国电视节目模式对外输出的困境与突破路径[J]. 中国电视，2017（02）：63-67.

④ 蔡骐，唐亦可. 电视节目模式：在全球化与本土化之间[J]. 中国电视，2017（03）：42-46+7.

⑤ 刘琛. 海外电视节目的本土化传播——借鉴、引进与改造[M]. 北京：新华出版社，2016.

⑥ 张建珍，彭侃，吴海清. 国际电视节目模式观察（第一卷）. 长春：吉林大学出版社，2017.

有改变。

2020 年应该是广播电视学发展的一个关键之年。新冠疫情作为全人类的灾难，不仅要求广播电视作为权威媒体及时、准确、全面地参与到疫情信息的传播中，参与到全球疫情信息的传播与建构中，也要求广播电视媒体在激烈的信息竞争、自媒体信息芜杂繁多等情况下，能够将权威、正确的信息送达受众的手中。因此，广播电视媒体作为传统的权威信息媒体，一方面需要发挥主流媒体的宣传、传播与社会动员作用，另一方面需要更加积极主动地发展媒介融合、新媒体建设等，从而在同新媒体、自媒体的竞争中能够及时、准确地把正确的信息送达受众手中。广播电视媒体在疫情信息传播中的权威性和送达性建设，也因此成为广播电视学研究的重点对象。

胡智锋等人的《中央广播电视总台：疫情下的主流媒体内容生产》[①]、《全媒体传播中新闻报道的创新与突围——总台〈新闻 1+1〉〈面对面〉等节目疫情报道分析》[②]、《新冠肺炎疫情期间传媒艺术媒介性功能的彰显》[③]等多篇文章分析了中央广播电视总台以全媒体传播方式全力开展新闻报道和一系列实践活动，以《新闻 1+1》《面对面》为代表的抗击疫情报道，通过具有权威感、主体性和参与式的内容生产实现了主流媒体的创新和突围。他们通过研究发现，2020 年的新冠肺炎疫情防控期间，传媒艺术的媒介性功能相较其常规艺术性功能得到进一步彰显，为疫情防控营造出良好的舆论氛围，有效地凝聚起社会共识，坚定了人们战胜疫情的信心和决心。胡正荣等人的《抗疫中全媒体效用与抗疫后媒体生

---

① 胡智锋，王昕. 中央广播电视总台：疫情下的主流媒体内容生产[J]. 电视指南，2020（04）：16-19.

② 胡智锋，王昕. 全媒体传播中新闻报道的创新与突围——总台《新闻1+1》《面对面》等节目疫情报道分析[J]. 电视研究，2020（06）：14-17.

③ 胡智锋，陈寅. 新冠肺炎疫情期间传媒艺术媒介性功能的彰显[J]. 艺术评论，2020（03）：7-19.

态关系重构》①《大考与迭代：疫情防控期间的全媒体》②《基于新技术新手段的合作传播与话语权争夺——中央广播电视总台抗疫国际传播策略分析》③《中国国际传播讲好抗疫故事的三重内涵》④等文章则从新媒体可能导致的疫情信息鱼龙混杂，提出了广播电视等主流媒体建设智慧全媒体，以向社会传播正确、权威的信息，并从"信息疫情"全球话语权的角度出发，研究分析了广播电视媒体既要以合作的方式向国际传播正确的权威的信息，也要以亮剑的态度展开国际舆论斗争，同时要以新技术、新手段对外讲好中国的抗疫故事等。曾祥敏等人的《场域重构与主流再塑：疫情中的用户媒介信息接触、认知与传播》⑤《全媒体整合效应下的全方位疫情信息传播——中央广播电视总台新冠肺炎疫情报道分析》⑥《全媒体语境下突发公共事件信息传播路径探析——基于新冠肺炎疫情报道的研究》⑦《视听传播的价值提升与创新———疫情防控期间视听生产传播的创新探究》⑧等文章通过调查发现，广播电视媒体在这次新冠疫情信息的传播中因其主流性、权威性、动情性、可信性等成为受众获得新冠信息的主要渠道，分析了广播电视媒体在此次疫情信息传播中主动设置议程、深度挖掘、情感共振、全媒体矩阵发力、对外讲好中国

① 胡正荣，李荃.抗疫中全媒体效用与抗疫后媒体生态关系重构.传媒，2020（15）：26-27.

② 胡正荣.大考与迭代：疫情防控期间的全媒体.新闻与写作，2020（04）：1.

③ 田晓，胡正荣.基于新技术新手段的合作传播与话语权争夺——中央广播电视总台抗疫国际传播策略分析.国际传播，2020（02）：6-14.

④ 潘登.胡正荣:中国国际传播讲好抗疫故事的三重内涵.当代传播，2020（03）：54-57.

⑤ 曾祥敏.张子璇:场域重构与主流再塑：疫情中的用户媒介信息接触、认知与传播[J].现代传播（中国传媒大学学报），2020（05）：65-74+83.

⑥ 曾祥敏，刘思琦.全媒体整合效应下的全方位疫情信息传播——中央广播电视总台新冠肺炎疫情报道分析.电视研究.2020（03）：21-25.

⑦ 曾祥敏，周杉.全媒体语境下突发公共事件信息传播路径探析———基于新冠肺炎疫情报道的研究.当代电视，2020（04）4-10.

⑧ 曾祥敏，刘日亮.视听传播的价值提升与创新——疫情防控期间视听生产传播的创新探究[J].新闻战线，2020（08）：45-48.

故事等方面所做的努力，强调了新冠疫情之下，公众共同见证了一场大众参与的突发公共卫生事件。我国各级媒体在此次突发公共事件中，适应公众获取信息渠道的变化，努力守好舆论引导根基，讲好中国抗击疫情故事，也为后疫情时代的新闻媒体坚定正向舆论引导，适应公众获取信息渠道变化，创新传播话语和手段积累了丰富的现实经验和提升思路。分析了在大考之下，视听节目也暴露出信息呈现浅表化、话语表达缺乏共情、节目内容同质化、把关不严、新闻失实、过分煽情等问题。提出了随着媒体融合语境下的视听产品层出不穷，各信息终端更要找准自己独特的定位和适配的场景，在差异化竞争中创新表达，深挖媒体传播力、影响力、引导力与公信力，这才是疫情大考之后，视听传播发展应得的经验之举、创新之要。

2020年广播电视学领域的另一个热点研究对象是广播电视融媒体化、智慧全媒体化。其中一些研究注重从融媒体、全媒体或者智慧全媒体对于广播电视以及整个媒体领域的影响出发，深入地研究了媒体技术的发展在人才培养、体制机制、经营方式、媒介格局、媒介与社会关系以及广播电视内容生产力等方面提出的挑战和发展战略。胡正荣的《媒体融合向纵深发展的抓手》[1]《完善推进四级融合布局加速全媒体传播体系建设》[2]、胡正荣、李荃的《锐意求变以破局 因时而动方有为——2019年媒体融合年度回顾与展望》[3]《创新体制机制，培养全媒体人才——媒体融合迈向纵深发展的"任督二脉"》[4]《深化融合变革，迎接智慧全媒

---

① 胡正荣. 媒体融合向纵深发展的抓手[J]. 广播电视信息，2020（10）：11-12.

② 胡正荣. 完善推进四级融合布局加速全媒体传播体系建设[J]. 广播电视信息，2020（11）：12-13.

③ 胡正荣，李荃. 锐意求变以破局 因时而动方有为——2019年媒体融合年度回顾与展望[J]. 新闻战线，2020（03）：29-33.

④ 胡正荣，李荃. 创新体制机制，培养全媒体人才——媒体融合迈向纵深发展的"任督二脉"[J]. 青年记者，2020（27）21-22.

体生态》①《发力全媒体人才培养推动深融发展》②等文章指出，2019年，面对正在到来的智慧全媒体时代，各级主流媒体守正创新，因时而动，在推动媒体融合迈向纵深方面卓有成效。但媒体融合是一场全面、深刻的社会变革，我们不能仅仅将其局限地看作是主流媒体应对时代潮流、实现转型发展的行业选择，而应该从更为宏大的国家安全层面去把握它，将其视作是社会治理现代化、保障意识形态安全的关键抓手。因此，他们提出了智慧全媒体，这意味着全媒体应当是一个全时空的载体，人与信息交流的整个过程都应当被覆盖在其中，能实现媒体的全现实传播，是媒体传播的全连接，能够实现各种场景效果。智慧全媒体生态下的体制机制体系打破了旧有传统体制机制的桎梏，通过将各个生产要素有意识地置于整体规划中，按照产品与服务围绕用户需求为导向，实现各生产要素之间的效率关系最优化，实现统筹、考虑、发展的一体化。总之，通过顶层设计、组织重构、流程优化、平台聚合、资源共享，智慧全媒体生态将会实现对"两微一端"这种物理式融合的突破，并以技术、模式的创新为抓手，激发机构内部活力，为媒体融合实践的不断推进提供体制机制保障。而要实现这种智慧全媒体，就需要尊重事物发展的自然规律，开放积极地拥抱互联网，创新体制机制，注重培养全媒体人才，将融合转型的推进落到实处，迎接即将到来的智慧全媒体生态。余苗的《5G时代广播融媒发展新趋势》③，匡野、陆地的《5G视域下主流媒体融合创新发展的进路》④都将5G与广播电视媒体的发展关系作为研究对象，提出以5G为首，包括大数据、云计算、物联网、人工智能在内的技术创新带动广播向智能媒体转变，技术的创新带动广播媒体受众结构、传输渠道、呈现方式等发生变化，媒介融合呈现出听众年轻化、终端智能化、

① 胡正荣，李荃.深化融合变革，迎接智慧全媒体生态[J].传媒，2020（03）：9-11+13.

② 胡正荣，李荃.发力全媒体人才培养推动深融发展[J].青年记者，2020（31）：9-10.

③ 余苗.5G时代广播融媒发展新趋势[J].中国广播电视学刊，2020（06）：18-20+60.

④ 匡野，陆地.5G视域下主流媒体融合创新发展的进路[J].中国编辑，2020（07）：14-28.

传播场景化等趋势。同时随着城市堵车现象的日益严重，广播媒体的堵车红利在逐渐消退，经营理念随之发生变化，广播媒体融合进入了提质提效、存量听众的深耕、传媒格局巨变的时代。强调通过新技术赋能，新闻媒体内容的全流程生产将向智能化、自动化、数据化方向发展。未来，新闻媒体机构将从内容驱动型向技术研发与创新驱动型变迁，而以新技术为支点开展新闻内容的策划与创新将成为5G时代媒体从业者的核心业务能力。与此同时，随着媒体融合发展的深化，传媒行业马太效应将逐渐显现，头部主流媒体平台化发展势在必行。曾祥敏等人的《论媒体融合纵深发展"合"的本质与"分"的策略——差异化竞争、专业化生产、分众化传播》①强调，在以"先进技术为支撑，内容建设为根本"的媒体融合一体化发展进程中，随着改革发展进入深水区，新型主流媒体打造进入攻坚期，融媒体和全媒体的技术标准和战略格局已经形成。未来的发展需要真正面向市场的差异化竞争战略，真正面向喧哗众声的专业化生产能力，真正面向用户需求的分众化传播。在融合发展中，贯穿"合"与"分"的思想，既要把握"融为一体，合而为一"的普遍性和规律性，也要因地制宜，因人而异，注重战略战术上的灵活性，进行差异化发展，共同构建协同高效的现代传播体系。

也有一些研究更加侧重从广播电视媒体出发，分析广电媒体在新媒体技术发展时代所遭遇的困境，广播电视人需要转变认识，正视新媒介技术的霸权，清楚从媒体内容生产到受众接受与使用都在发生的巨变，真正构建以受众有效传播为核心的媒介素养，从而实现主流媒体传播、新媒介技术发展和用户需求统一的广电媒体转型。李永健与杨苏丽的《媒介融合时代广播电视学专业人才核心素养探究》②则依托理论建构和

---

① 曾祥敏，杨丽萍. 论媒体融合纵深发展"合"的本质与"分"的策略——差异化竞争、专业化生产、分众化传播[J]. 现代出版，2020（04）：32-40.

② 李永健，杨苏丽. 媒介融合时代广播电视学专业人才核心素养探究[J]. 现代传播（中国传媒大学学报），2020（05）：164-168.

实证研究，以中央及省级四家电视台新闻中心为调研对象，采用问卷调查法和焦点小组访谈法开展研究，提出广播电视学专业人才的核心素养是一个双轮驱动、两翼齐飞的综合体——双轮是政治素养和受众互动素养，两翼是以专业理论为基础的文化科技素养和以视听文化为基础的新媒体素养。廖祥忠的《从媒体融合到融合媒体：电视人的抉择与进路》[①]研究指出，当下，我们正处在融合媒体的中期，基于技术融合的融合媒体正在出现。未来，VR将颠覆接收端，5G将统一传输平台，AI将重组生产端。在高速移动互联网的汪洋大海中，任何单一的传媒技术体系都将不复存在，电视业将面临技术标准、组织结构和运行机制的大转型。媒体融合的本质是技术融合、人人融合、媒介与社会融合。基于此，媒体转型时期的电视人需要从四个方面做出抉择和思考进路：高度重视技术驱动力，直面技术强权；清醒认识媒体融合的本质和媒体融合的分期，做好定位和谋划；重视和接受二次元文化，精准把握网络原住民的心理和文化特征对传媒业态的影响力；传承好电视人独特的媒体基因，履行好新型主流媒体的责任与担当，迈向融合媒体主战场，开辟新的发展空间。

在我国广播电视媒体的新媒体转型过程中，探索最为广泛、影响极大、涉及面最广的无疑是地方广电等主流媒体的融媒体化建设。如同当初的四级办电视，当今地方的融媒体建设也是四级办融媒体，总结地方主流媒体的融媒体化和融媒体建设经验，对于媒体更好地服务于党和国家的建设，更好地满足人民群众信息与文化艺术的需要，是近两年广播电视研究重要课题。谢新洲、朱垚颖、宋琢的《县级媒体融合的现状、路径与问题研究——基于全国问卷调查和四县融媒体中心实地调研》[②]基于

① 廖祥忠. 从媒体融合到融合媒体: 电视人的抉择与进路[J]. 现代传播（中国传媒大学学报），2020（01）：1-7.

② 谢新洲，朱垚颖，宋琢谢. 县级媒体融合的现状、路径与问题研究——基于全国问卷调查和四县融媒体中心实地调研[J]. 新闻记者，2019（03）：56-71.

2018 年 10 月至 12 月全国县级融媒体中心的问卷调查，在分析全国县级
融媒体中心建设概况的基础上，进一步选取浙江省长兴县、江西省分宜县、
甘肃省玉门市（县）、吉林省农安县进行调研，采取深度访谈法了解四
县融媒体建设重点。研究发现技术、政治和市场三者是决定县级融媒体
建设的主要力量，县级融媒体主要使用市场方式、与省级媒体平台合作、
以县级电视台为建设主体、县委宣传部主导建设等方式，进行融媒体建
设。在目前已经建成的县级融媒体中心，绝大多数已经可以实现多端分
发（52.60%）、素材共享（54.40%）、移动采编（50.90%）、大屏指挥
（40.40%）、舆情监测（38.60%）、数据分析（35.10%）等职能。目
前实现了 7 个以上功能的县级融媒体中心比重达 19.30%，实现 4~6 个功
能的县级融媒体中心比重达 31.60%，实现 2~3 个功能的比重为 7.00%，
仅实现 1 个及以下功能的比重为 42.10%。对于未建成县级融媒体中心的
各个县级基层单位来说，人才储备有限（88.90%）、财政能力有限（78.
30%）、机构融合困难（59.40%）、各级单位重视程度不足（19.70%）
等为当前最主要的建设难点。殷乐与王丹蕊的《2019 年中国县级融媒体
发展报告》① 总结了 2019 年县级融媒体从东部发达地区向西部地区扩大
的趋势，分析了县级融媒体解决人才、资金、技术等问题的方式，归纳
了县级融媒体重新定位与社会治理之间的关系、技术带来的流程再造以
及行业规范不断完善等方面的特点。提出了县级融媒体发展的自我造血、
深耕农村受众以及重视新媒介技术下传播场景的变化等问题。

　　2020 年广播电视融媒体化、全媒体化研究还出现了大量围绕新闻、
综艺、文化、影视等方面的成果。这些成果与上述成果共同构成了蔚为
壮观的广播电视学研究的 2020 年热点。

---

① 殷乐，王丹蕊.2019年中国县级融媒体发展报告[J].中国广播电视学刊，2020（02）：15-19.

参考文献

[1] 赵玉明. 中国广播电视通史 [M]. 北京：北京广播学院出版社，2004.

[2] 陆地. 中国电视产业的危机与转机 [M]. 北京：中国人民大学出版社，2002.

[3] 黄升民等. 数字电视产业经营与商业模式 [M]. 北京：中国物价出版社，2002.

[4] 徐光春. 中华人民共和国广播电视简史 [M]. 北京：中国广播电视出版社，2003:3.

[5] 崔亚娟. 数字化时代公共电视的危机 [M]. 北京：北京大学出版社，2013.

[6] 於青. 中国电视节目主持三十年研究（1980—2010）[M]. 北京：中国传媒大学出版社，2013.

[7] 陈虹. 电视节目形态：创新的观点 [M]. 上海：复旦大学出版社，2013.

[8] 赖黎捷. 媒体奇观视域下的中国电视娱乐文化转型研究 [M]. 广州：暨南大学出版社，2013.

[9] 于烜. 转向：中国电视生活服务节目之变迁 [M]. 北京：清华大学出版社，2013.

[10] 胡立德. 电视新闻摄像 [M]. 杭州：浙江大学出版社，2013.

[11] 郝朴宁. 广播电视新闻评论 [M]. 重庆：重庆大学出版社，2013.

[12] 黄雅堃. 广播电视新闻：写作、报道与制作·5 版 [M]. 北京：清华大学出版社，2013.

[13] 石长顺. 中国广播电视公共服务 [M]. 北京：光明日报出版社，2013.

[14] 易旭明. 中国电视产业制度变迁与需求均衡研究 [M]. 上海：上海交通

大学出版社，2013.

[15] 雷跃捷，刘学义，段鹏，沈浩 . 广播电视传媒公信力研究 [M]. 北京：
社会科学文献出版社，2013.

[16] 李智 . 全球化语境下电视的修辞与传播 [M]. 北京：社会科学文献出版
社，2013.

[17] 卿志军 . 电视与黎族生活方式的变迁 [M]. 北京：中国传媒大学出版社，
2013.

[18] 张梓轩 . 走向世界的中国电视：国际文化贸易的视角 [M]. 北京：清华
大学出版社，2014.

[19] 臧具林，卜伟才 . 中国广播电视"走出去"战略研究 [M]. 北京：中国
国际广播出版社，2014.

[20] 于勇 . 互联网电视 [M]. 北京：高等教育出版社，2014.

[21] 李宇 . 变革与超越：数字时代的电视 [M]. 北京：中国广播电视出版社 .
2014.

[22] 刘利群，张敬婕 . 中美女性电视节目比较研究 [M]. 北京：中国传媒大
学出版社，2014.

[23] 胡明川 . 电视公共领域的结构转型 [M]. 成都：西南交通大学出版社，
2014.

[24] 孙秋云 . 电视传播与乡村村民日常生活方式的变革 [M]. 北京：人民出
版社，2014.

[25] 李琦 . 多元媒介环境下的儿童与儿童电视 [M]. 北京：中国广播电视出
版社，2014.

[26] 张朴宽 . 发展中国家广播电视概况暨管理体制研究 [M]. 北京：中国广
播电视出版社，2014.

[27] 仲呈祥 . 中国电视文艺发展史 [M]. 北京：中国电影出版社，2014.

[28] 金宜鸿 . 新中国文艺政策与中国当代电影发展 [M]. 广州：世界图书出
版广东有限公司，2014.

[29] 谢建华．台湾电影与大陆电影关系史 [M]．北京：人民文学出版社，
2014.

[30] 李清．中国电影文学改编史 [M]．北京：中国电影出版社，2014.

[31] 吴海勇，"电影小组"与左翼电影运动 [M]．上海：上海人民出版社，
2014.

[32] 史可扬．新时期中国电影美学研究 [M]．北京：北京师范大学出版社，
2014.

[33] 张锐．视听变革：广电的新媒体战略 [M]．北京：新华出版社，2015.

[34] 周毅．广播电视数字化网络化的理论创新与科学实践 [M]．北京：北京
邮电大学出版社，2015.

[35] 李宇．传统电视与新兴媒体：博弈与融合 [M]．北京：中国广播电视出
版社，2015.

[36] 冯晓临．西部农村广播电视影响力研究 [M]．武汉：武汉大学出版社．
2015.

[37] 泽玉．电视与西藏乡村社会变迁 [M]．北京：中国传媒大学出版社，
2015.

[38] 周斌，厉震林．中国影视文学发展的历史、现状与前景 [M]．北京：中
国电影出版社，2015.

[39] 周斌，厉震林．新时期以来国产影视戏剧发展的状况与流变 [M]．北京：
中国电影出版社，2015.

[40] 张弛．社会变迁与中国电视公益广告的发展 [M]．长沙：湖南人民出版
社，2015.

[41] 张振宇．知识分子与电视：角色变迁、功能转型及其反思（1988—
2011）[M]．武汉：华中师范大学出版社，2015.

[42] 赵子忠．中国广电新媒体 10 年 [M]．北京：中国传媒大学出版社，
2015.

[43] 李宇．数字时代的电视国际传播：路径与策略 [M]．北京：中国广播电

视出版社，2015.

[44] 毕根辉，杨荣誉. 中国广播电视文艺大系（2001—2010）电视纪录片卷 [M]. 北京：中国广播影视出版社，2016.

[45] 常江. 中国电视 1958—2008[M]. 北京：北京大学出版社，2018.

[46] 赵双阁. 三网融合背景下中国广播电视组织权制度的反思与重构 [M]. 北京：社会科学文献出版社，2016.

[47] 徐展. 电视娱乐奇观的多维度透视：内容生产、文本与受众 [M]. 北京：中国传媒大学出版社，2018.

[48] 殷乐. 电视娱乐：传播形态及社会影响研究 [M]. 北京：中国社会科学出版社，2011.

[49] 尹鸿. 通变之途：新世纪以来的中国电影产业 [M]. 北京：中国社会科学出版，2019.

[50] 尹鸿. 百年中国电影史 [M]. 长沙：湖南美术出版社，2014.

[51] 尹鸿. 跨越百年：全球化背景下的中国电影 [M]. 北京：高等教育出版社，2007.

[52] 张建珍，彭侃，吴海清. 全球电视节目模式观察：第一卷，2016 年 [M]. 长春：吉林大学出版社，2017.

[53] 吴海清，张建珍. 秩序与正义：中国电影的全球化想象和文化认同建构 [M]. 北京：中国电影出版社，2013.

[54] 吴海清，张建珍. 全球电影产业与文化格局研究 [M]. 北京：中国电影出版社，2012.

[55] 王丹彦. 中国电视艺术发展报告. 首卷（2012）[M]. 北京：中国广播电视出版社，2010.

后 记

　　我国广播电视学术研究经过近百年的发展，已经在广播电视学、广播电视史、广播电视批评、广播电视文化研究等方面取得了相当丰富的成果，并在一定程度上构建了中国特色的马克思主义广播电视学术体系。因此，尽管我国广播电视研究成果浩如烟海，但有三个特点还是比较明显的。第一，我国的广播电视研究具有鲜明的意识形态特色。在广播电视研究成为重要的学术课题之时，学术界非常重视从意识形态出发来研究广播电视。无论是学术视角、学术理论还是学术方法上，也无论是进行广播电视批评还是广播电视史的研究，甚至在引进海外广播电视学术成果的时候，人们都非常注重将意识形态作为其学术的基础。例如在对海外广播电视学术成果的评价上会鲜明地运用意识形态的方法，广播电视史研究也将意识形态作为历史书写的重要指导。另外，这也体现在尽管人们试图从传播学、经济学等不同学科角度来研究广播电视，但宣传、舆论等意识形态视角依然是广播电视研究的重中之重的特点上。第二，我国广播电视研究极为重视实践研究。尽管我国广播电视，尤其是广播出现的时间比较世界广播出现的时间没有多少差距，但由于我国广播电视事业的发展过程受到多种因素的影响，发展并不顺利，再加上我国广播电视建设体制机制的特殊性等，因此，解决我国广播电视发展中的现实问题、实践问题一直是广播电视研究颇为重视的学术对象，特别是在20世纪90年代以来经济体制改革所造就的广播电视业的竞争，将诸多广播电视实践问题推到学术研究面前，例如地方广播电视生存与发展实践、广播电视产业化发展、广播电视制作实践等都成为学术界颇为关注的研究课题。近年来，新媒介技术的发展既带来广播电视发展的新机遇，也造成了广播电视传统发展模式、生存方式、生产方式、体制机制等方面的危机，也因此向广播电视学术研究提出了众多现实而重要的实践问题，故广播电视实践依然是学术领域颇感兴趣的课题。第三，我国广播电视研究具有鲜明的时代性特点。我国广播电视研究对象的变化、学术理论与方法的使用、学术资料的范围、问题意识的形成等方面都受到时代的深刻影响。例如广播电视的娱乐化研究、广播电视的产业研究等成为研究的热点、重点，很大程度上是为了回应、满足时代所提出的要求和问题，也因此导致学术研究很难做到与时代保持一定的学术距离。

在我国广播电视学术史的梳理过程中，可以看到经验性研究强而学理性研究比较弱的现象，尽管这一现象在近年来有所转变。同时也可以看到广播电视研究中真正的批评性研究比较弱的问题，例如人们关于广播电视受众的研究更愿意为收视率出谋划策而对于受众的公平研究则比较少。再有就是广播电视领域的经典性学术成果比较有限。就国内广播电视研究的方法、批评、理论等方面的学术活动而言，学术界都还没有形成比较丰富的经典性研究成果，学者们所运用的理论、方法等还以西方的为主。

目前中国的广播电视发展不仅达到了很大的规模，可以媲美西方大国的广播电视事业，而且随着中国文化自信与国际影响力进入大国间的平等对话时代，以及新技术所带来的整个世界包括传媒更包括广播电视领域的巨大变化所促成的中国广播电视问题与世界广播电视问题同步等，中国广播电视也进入了一个重要的时期，保持对于这一时期广播电视发展的思想与理论的敏感、创造性地提出理解世界广播电视和中国广播电视发展新问题的话语、积极展开广播电视批评前沿的探索等，将为我国广播电视学术带来新的、历史性的发展空间。

需要说明的是，本书尽管以广播电视学术史研究为对象，但因为本书内容是断断续续展开的，最早开始于研究改革开放30年中国广播电视学术史，随后分年度进行当年广播电视学术研究成果的总结，故本书2009年之前的广播电视学术史写作与2010年开始的广播电视年度学术总结的写作是不一样的，但这两个阶段的写作可以构成自广播电视学术活动出现以来的历史的大体面貌。另外，由于多种原因，2010年之后的广播电视学术概貌研究也时而是关于广播电视的年度学术研究成果总结，时而是影视的年度学术成果总结，时而仅仅是电视的年度学术成果总结。这些不一致也致使本书关于广播电视学术史的研究存在诸多不足。同时，广播电视学术史不仅已有近百年历史，而且研究者之众、研究成果之多，也使得我们很难对这一学术史做比较全面的描述，这也是本书甚为遗憾之处。因此，本书对于我国广播电视学术史的描述也只能是概略性的，仅仅为之提供一个草图吧！

张建珍

2021年4月于北京